Claire-Louise Bennett
Kasse 19

Claire-Louise Bennett

Kasse 19

*Aus dem Englischen
von Eva Bonné*

Luchterhand

»Glauben Sie mir, Ausdruck ist Wahn, entspringt aus unserem Wahn. Es hat auch mit dem Umblättern zu tun, mit dem Jagen von einer Seite zur anderen, der Flucht, der Mittäterschaft an einem wahnwitzigen, geronnenen Erguß, es hat zu tun mit der Niedertracht eines Enjambements, mit der Versicherung des Lebens in einem einzigen Satz, mit der Rückversicherung der Sätze im Leben.«

Malina, Ingeborg Bachmann, 1971

»Manchmal besitzt die Gleichheit einer Stellung etwas Magisches, sie gehört zu den Dingen, die uns von ewiger Kameradschaft kündigen. Sie veränderte die Lage ihrer Ellbogen, ehe sie fortfuhr: ›Wie ich mich benommen habe – das war lächerlich.‹«

Zimmer mit Aussicht, E. M. Forster, 1908

I.

Eine dumme Angewohnheit

»Die Zukunft jeder Errungenschaft ist unvorhersehbar.«

Erinnerungen eines Mädchens, Annie Ernaux

Später hatten wir dann oft ein Buch dabei. Später. Als wir endlich ein bisschen größer waren, aber natürlich längst nicht so groß wie die anderen, nahmen wir immer Bücher mit. Sehr viele Bücher! Und setzten uns damit ins Gras unter dem Baum. Eigentlich war es nur *ein* Buch. Nur ein einziges, ganz genau. Viele Bücher, aber immer nur eins zur Zeit. Jawohl, eins zur Zeit. Haufenweise Bücher – das hätte uns nicht gefallen, oder? Nein, gar nicht, und das ist bis heute so geblieben. Wir mögen *ein* Buch. Ja, wir mögen *ein* Buch, heute wie damals. Beispielsweise haben wir es uns in der Bücherei ziemlich schnell wieder abgewöhnt, nicht wahr, Bücher über Bücher auszuleihen. Ja. Ja, so war das. Anfangs haben wir natürlich so viele mitgenommen wie möglich. Bestimmt an die acht Stück. Es waren immer entweder sechs, acht oder zwölf, außer es handelte sich um Sammelbände, in dem Fall waren es eher nur vier. Und anfangs haben wir so viele Bücher ausgeliehen wie möglich. Oh, ja. Dieses und dieses und dieses, und das und das hier auch. Und so weiter. Ja. Aufgestapelt auf dem hohen Tresen, damit der Wackeldackel sie stempeln konnte. Und kein einziges lasen wir von Anfang bis Ende. Das ging gar nicht. Wir konnten uns überhaupt nicht darin vertiefen. Egal, welches Buch wir gerade in der Hand hielten – wir fragten uns pausenlos, welche Wörter wohl in den anderen Büchern standen. Wir waren machtlos dagegen, nicht wahr. Wir konnten einfach nicht anders, als über die anderen Bücher und die Wörter darin nachzudenken, und wenn wir dann eins der anderen Bücher in die Hand nahmen, um nachzusehen, ging alles von vorn los. Es war immer dasselbe, egal, zu welchem Buch wir griffen. Solange da noch andere Bücher waren, mussten wir nonstop an die Wörter denken, die wohl in ihnen standen, was uns davon abhielt, uns in das Buch in unserer Hand zu vertiefen. In eben dieses Buch. Eine dumme Angewohnheit. Wirklich zu dumm. Ein Buch weglegen, ein anderes nehmen, auch das beiseitelegen und ein neues nehmen und so weiter, und kein Stück weiterkommen. Kein Stück. Immer und immer wieder. So ging das eine ganze Weile, nicht wahr, bis uns etwas klar wurde: Dass wir sechs Bücher acht Bücher zwölf Bücher vier Bücher ausleihen durften, bedeutete noch lange nicht, dass wir es auch mussten.

Nein, natürlich nicht. Also liehen wir nur eins aus. Was die anderen natürlich aufregte. Ja. Oh, ja. Und wie. Ohne Ende. Ist das alles, riefen sie. Das ist viel zu wenig. Nur eins – das reicht doch höchstens bis morgen, hieß es, wir kommen diese Woche nicht noch mal her. Na und? Als könnte man mit einem Buch nichts anderes tun, als es zu lesen. Ja, genau. Wir konnten ziemlich lange neben einem Buch sitzen, ganz ohne es aufzuschlagen, so war es doch. Keine Frage. Und das war sehr erbaulich. Auf jeden Fall. Wie wir feststellten, ließ sich einem Buch sogar jede Menge abgewinnen, ganz ohne es aufzuschlagen. Es einfach nur neben uns liegen zu sehen, war schon etwas Besonderes. Weil wir uns dann nämlich fragen konnten, nicht wahr, welche Wörter wohl darin standen, statt uns in einen lächerlich verzückten Zustand hineinzusteigern. Mit nur einem Buch konnten wir im Gras sitzen und in aller Ruhe und ausführlich über die Wörter nachdenken, die wohl darin standen, so dass sich wie von allein und von wer weiß woher die klarsten Bilder einstellten. Das war schön. Wirklich. Die Bilder ähnelten nur selten Dingen, die wir gesehen hatten, trotzdem wirkten sie kein bisschen unscharf oder weit hergeholt. Kein bisschen. Vielleicht um sicherzustellen, dass die Bilder, die sich wie von allein einstellten, nicht zu sehr von Thema, Ton und Zeit des neben uns liegenden Textes abwichen, nahmen wir das Buch gelegentlich in die Hand, schlugen es dort auf, wo der Daumen hängen blieb, und lasen ein oder zwei Wörter der Zeile, auf der unser Blick zufällig gelandet war, und diese ein oder zwei Wörter reichten schon aus, nicht wahr, um noch spannendere Bilder heraufzubeschwören.

Wenn wir ein Buch aufschlagen, wandert unser Blick fast immer zur linken Seite. Oh, ja – aus Gründen, über die wir noch nie nachgedacht haben, fühlen wir uns von der linken Seite stärker angezogen als von der rechten. Aber zuerst blicken wir auf die rechte Seite hinunter. Die rechte zuerst, jawohl. Die Wörter auf der rechten Seite erscheinen uns viel zu dicht. Zu dicht beieinander und zu dicht vor unserem Gesicht. In der Tat sorgen die Wörter auf der rechten Seite dafür, dass wir unser Gesicht seltsam verziehen. Sind das wirklich wir? Ja? Nun? Die Wörter rechts wirken übereifrig und aufdringlich, ja in der Tat fast anbiedernd, und schon bald wenden sich unsere erschütterten Augen von der rechten Seite ab und suchen Zuflucht auf der linken. Auf die rechte Seite sehen wir hinunter und zur linken sehen wir auf. Im Ernst. Und fast immer lesen wir die linke viel langsamer als die rechte. Auf der linken ist anscheinend mehr Zeit. Ja. Oh, ja. Und wie! Auf der linken Seite ist mehr Platz, zu beiden Seiten der Begriffe und auch über und unter den Sätzen. Außerdem stehen auf der linken Seite fast immer die besseren Wörter. Genau – Wörter wie »strahlte«, »Geschöpf«, »Champagner«, »zottig« und »Klumpen« beispielsweise. Wörter, die keine weitere Erklärung brauchen. Die unser Auge eins nach dem anderen passieren, statt sich zusammenzurotten und uns von etwas überzeugen zu wollen, was gar nicht passiert. Wobei es doch eigentlich nicht sein kann, dass diese unterschiedlichen, durch die Wörter ausgelösten Vorgänge so treffsicher auf die linken und die rechten Seiten verteilt wurden, oder? Nein, vermutlich nicht. Viel wahrscheinlicher ist, dass wir für die Wörter auf der linken Seite sehr viel empfänglicher sind als für die auf der rechten, weil wir auf die rechte hinabschauen und zur linken aufblicken. Wirklich. Tun wir. Was wohl bedeutet, dass das Buch in unserer Hand sich bewegt. Ja, es bedeutet, dass wir das Buch, wenn wir die rechte Seite umblättern und sie zur linken wird, leicht in die Höhe heben. In die Höhe, ja wirklich.

Wir neigen dazu, die letzten Sätze der rechten Seite hastig zu lesen, nicht wahr. In der Tat. Wir genießen das Umblättern sehr, es erfüllt uns mit einer geradezu glühenden Vorfreude und nimmt unsere Aufmerksamkeit dermaßen in Anspruch, dass wir nicht anders können, als die letzten Sätze auf der rechten Seite hastig zu überfliegen und kein einziges Wort wirklich aufzunehmen. Ziemlich oft ergibt der Anfang einer linken Seite keinen Sinn. Nein. Nein, gar keinen. Und erst dann erkennen wir, wenn auch nur widerwillig, dass wir die letzten Zeilen der Seite davor nicht richtig gelesen haben. Ziemlich oft ist unser Widerwille so groß, dass wir einfach weiterlesen. Wir lesen weiter, jawohl, selbst wenn wir aus dem Gelesenen nicht schlau werden. Wir lesen weiter, weil wir vage davon überzeugt sind, dass sich uns, wenn wir nur durchhalten, der Zusammenhang zwischen den aktuellen und den bereits gelesenen Sätzen früher oder später vollständig erschließen wird. Wir kommen aber nicht sehr weit. Nein, leider nicht. Fast immer blättern wir zurück. Oh, ja. Und fast immer sind wir überrascht, wie viele augenfällige Details in den letzten Zeilen der vorherigen rechten Seite untergebracht sind, und noch überraschender finden wir den unpassenden, von wer weiß woher stammenden Gedanken, dass der Setzer des Buches wirklich keinerlei Verantwortungsgefühl besitzt, hat er doch zugelassen, dass am Ende einer rechten Seite so wichtige Sätze stehen. Dem Setzer muss doch bewusst gewesen sein, wie viel Freude den Leuten das Umblättern und wieder Umblättern macht; deshalb kann niemand von ihnen erwarten, dass sie die letzten Zeilen der rechten Seite mit der gebotenen Aufmerksamkeit lesen. Sollte man meinen. Umblättern. Umblättern. Umblättern und das Buch ein wenig höher halten. Und der Grund, nun da wir darüber nachdenken, ist wohl, dass wir nach dem Umblättern Lust haben, das Kinn zu heben und nach oben zu sehen. Und wir wollen nach oben sehen, weil sich das Blatt gewendet hat. Ein neues Blatt! – jawohl. Das Blatt hat sich gewendet, und wir fühlen uns schlagartig jung und wahnsinnig aufgeschlossen, und so nimmt unser Gesicht beim Umblättern ganz ungezwungen den erhabenen Ausdruck einer kultivierten, wenn auch leicht verwöhnten Göre an. Das neue Blatt. Ja. Bis zum Ende der rechten Seite sind wir um ungefähr zwanzig Jahre gealtert. Dann halten wir das Buch nicht mehr in die Höhe. Nein. Oh, nein. Das Buch ist gesunken, unser Kopf ist gesunken. Wir haben Hängebacken. Wirklich. Wir haben ein Doppelkinn. Jawohl. Wir suhlen uns. Wir suhlen uns. Wir suhlen uns in unseren Kinnfalten. Wirklich, wir sind um mindestens zwanzig Jahre gealtert. Da ist es doch kein Wunder, nicht wahr, dass wir die rechte Seite nicht ordentlich zu Ende lesen. Nein. Gar nicht. Gar kein Wunder, dass es uns in den Fingern juckt, endlich umzublättern. Überhaupt kein Wunder, dass wir uns so glühend aufs Umblättern freuen. In der Tat freuen wir uns, als ginge es um Leben und Tod. Um Leben und Tod. Leben und Tod. Und in der Tat geht es um Leben und Tod. Ja. Oh, ja. Die Seite umblättern. Die Seite umblättern. Wenn wir eine Seite umblättern, werden wir neu geboren. Wir leben und sterben, leben und sterben, leben und sterben, wieder und wieder. Und ganz ehrlich – so sollte es auch sein. So geht lesen. Ja. Oh, ja. Die Seite umblättern. Die Seite umblättern. Mit dem ganzen Leben.

Man könnte behaupten, dass es genau genommen keine linken Seiten gibt, sondern nur Rückseiten von rechten, nicht wahr. Das könnte man durchaus behaupten, wenn das Buch aufgeschlagen daliegt, mit dem Cover nach oben. Nach oben. Ja. Mit dem Cover nach oben im Gras. Ja. Dort im Gras ein Buch direkt neben uns. Mit dem Cover nach oben. Nach oben auf der Wiese in dem Gras neben dem großen, alten Baum. Nur ein Buch. Ja. Und in der Tat waren wir in unserer Vorstellung die Einzigen, die dieses Buch besaßen. Sonst niemand. Keiner. Keine Menschenseele. Niemand besaß dieses Buch, und darüber hinaus hatte niemand es je gesehen. Es gehörte uns allein. Nur uns. Wir wussten natürlich ganz genau, dass das überhaupt nicht stimmte, aber es fühlte sich trotzdem so an, und in der Tat stellt sich dieses Gefühl selbst heute noch ein, bei manchen Büchern. Wirklich. Irrtümlicherweise und dennoch zwingend. Dieses Buch gehört uns und uns allein. Vielleicht rührt das Gefühl der Exklusivität daher, dass es zu Hause nicht viele Bücher gab und die wenigen vorhandenen außer Sicht in einem Eckschrank im Esszimmer aufbewahrt wurden, zusammen mit Kerzen, Serviettenringen und einer Sauciere, gegen die unsere Mutter eine plötzliche und heftige Abneigung entwickelt hatte. Sie waren außer Sicht und gleichzeitig seltsam präsent. Verstörend präsent. Geradezu omnipräsent. Ja, präsenter noch als Reihen über Reihen von Büchern in offenen Regalen, an denen man x-mal am Tag vorbeigeht. Und *Der kleine Klaus und der große Klaus* war natürlich präsent, weil unsere Mutter uns damals die Treppe hinauf und bis ins Badezimmer folgte und uns dabei das schreckliche Märchen vom kleinen und vom großen Klaus und ihren irrwitzigen Betrügereien und herzlosen Streichen vorlas. Hü, alle meine Pferde! Hü, alle meine Pferde! Jawohl. Unsere Mutter liebte das. Hat sich schlappgelacht. Im Ernst. Und selbst als wir schon größer waren, ist sie hinter uns die Treppe hinaufgestiegen und hat sich schlappgelacht, in der Hand *Der kleine Klaus und der große Klaus*. Hü, alle meine Pferde! Das Buch stand oben im Extrazimmer in einem Regal zwischen unseren anderen Büchern. Im Spielzimmer.

♦

Ja. Während die Bücher unserer Mutter im Eckschrank vor sich hin schmollten wie dunkle Geheimnisse. Oh, ja. Ganz selten drehten wir vorsichtig den kleinen Messinggriff, öffneten lautlos die Tür des Eckschranks und warfen einen Blick auf die aufgeschreckten Bücherrücken neben den Kerzen, den Serviettenringen und der verbannten Sauciere, und jedes Mal verschlug es uns fast den Atem. Es machte uns nervös. Ehrlich. Was wir sahen, ging uns nichts an. Es war verboten. Ja. Oh, ja. Und das Verbotene erwiderte unseren Blick und sah etwas. Jawohl, etwas in uns, von dem wir tatsächlich nichts geahnt hatten. Die Bücher erwiderten unseren Blick, und in uns regte sich etwas. Ja. Eins davon war *Switch Bitch* von Roald Dahl. Oben in unserem Zimmer hatten wir Bücher von Roald Dahl, *Danny oder die Fasanenjagd* beispielsweise, unser Roald-Dahl-Lieblingsbuch; wir hatten sie alle gelesen, nicht wahr, alle außer diesem hier. Nein, über dieses wussten wir nichts. Rein gar nichts. Aber es war ziemlich offensichtlich, nicht wahr, dass dieses Buch anders war als die Roald-Dahl-Bücher oben in unserem Regal und nichts für uns. Nein, auf keinen Fall. Dieses Buch war etwas für Erwachsene. Jawohl. Das erkannten wir sofort. Innen im Umschlag gab es ein Foto von Roald Dahl, genau wie in den Umschlägen unserer Roald-Dahl-Bücher. Sogar fast an der gleichen Stelle. Oh, ja. Aber in dem Umschlag des Buches, das meine Mutter neben Kerzen, Serviettenringen und der ausrangierten Sauciere im Eckschrank aufbewahrte, sah er vollkommen anders aus. Wirklich. Erstens blickte er nicht direkt in die Kamera. Oh, nein. Und er saß auch nicht. Nein, er stand, und zwar draußen. Draußen im Wind. Im Wind, jawohl. Dass er im Wind stand, konnte man daran erkennen, dass sein eher schütteres Haar flatterte. Was uns auf den Gedanken brachte, nicht wahr, dass er wahrscheinlich neben einem kleinen Propellerflugzeug stand. Ja. Genau. Er blickte nicht in die Kamera. Nein. Und das verriet uns, dass er beim Verfassen des Buchs Erwachsene im Sinn gehabt hatte. Erwachsene, jawohl. Das, und der Titel. Der Titel, natürlich. *Switch Bitch.* Switch Bitch. Wenn unsere Mutter unserem kleinen Bruder *Sophiechen und der Riese* vorlas, hatten wir sofort das Bild einer Frau mit kleiner Stupsnase und schwarzem Netzschleier vor Augen, die ihr verschwommenes Spiegelbild betrachtet, während ihre dunkelrot glänzenden Lippen stumm das Wort *bitch* formen, was wir unglaublich aufregend fanden, ohne ganz zu verstehen, warum; die durch das Bild erzeugte Aufregung war von einer unbekannten Art und irgendwie verstörend, und schon bald fühlten wir uns schuldig und einsam und fürchteten uns wer weiß wovor. Wir wussten es nicht. Nein. Trotzdem hatten wir Schiss.

Ein Start ins Leben stand auch im Eckschrank. *Ein Start ins Leben*, ganz genau, allerdings von Alan Sillitoe und nicht von Anita Brookner. Das hatten wir eines Sommers im Garten hinter dem Haus im Nu durch. Im Garten hinter dem Haus standen zwei Sonnenliegen auf der Terrasse, und eines Sommers, als wir eigentlich Bücher von der Literaturliste unserer Schule lesen sollten, lagen wir in einem schwarzen Neckholder-Bikini und mit einer Schachtel Dunhill auf einer der Sonnenliegen und lasen stattdessen *Ein Start ins Leben* von Alan Sillitoe. Später an dem Nachmittag, als sie von ihrer Halbtagsschicht im Kaufhaus zurück war, kam unsere Mutter mit Sonnencreme auf die Terrasse, legte sich in ihrem neongelben, trägerlosen Bikini auf die Liege neben uns und ließ sich einzelne Passagen vorlesen, die wir schon kannten und besonders lustig fanden. Das gefiel ihr. Es gefiel ihr, und sie lachte. Sie lachte fast immer an den Stellen, an denen wir zuvor gelacht hatten. Das Buch war sehr unterhaltsam. Sie lag neben uns auf der Sonnenliege und rauchte Benson & Hedges. Lachend. Lachend schnippte sie die Asche auf die Terrasse. Das ist lange her. Wirklich. Es war einer der letzten Sommer. Mittlerweile können wir uns nicht mehr daran erinnern, wovon *Ein Start ins Leben* handelt. Wir haben keine Ahnung. Obwohl wir uns grob an die Stelle erinnern können, die wir so lustig fanden. Ja, an der Stelle, die wir so lustig fanden und unsere Mutter auch, gibt der Erzähler zu bedenken, dass nicht jeder Mensch dafür gemacht ist, tagein, tagaus zu faulenzen und dass man Leute, die den Tag vertrödeln, nicht mit Wut und Verachtung strafen, sondern mit höchster Wertschätzung behandeln sollte, denn tagein, tagaus rein gar nichts zu tun, ist nicht ansatzweise so leicht, wie es aussieht.

In der Tat ist Nichtstun eine hohe Kunst. Jawohl, es ist eine Kunst, und nur wenige Menschen haben den Mumm und die Stärke, es durchzuziehen. An einem Sommernachmittag im Freien lesen. Nach endlosen Wochen mit heißen Sonnentagen. Das ist wirklich mit nichts zu vergleichen. Nichts taten wir lieber. Manchmal kletterte ein kleiner, gepunkteter Käfer auf das Buch, das mit dem Cover nach oben neben uns lag. Das Buch, das niemand zuvor je gesehen, geschweige denn aufgeschlagen hatte. Der Käfer kam raus aus dem zerzausten Gras und rauf auf das ehrwürdige Tableau, auf das Cover von was eigentlich – von Platons *Phaidros* vielleicht. Die Säulen die Schalen das Zinngeschirr die Weinblätter die Trinkgefäße die dunklen Schienbeine die zitronigen Zitronen das Chiaroscuro. Wäre uns danach gewesen, hätten wir ihn mühelos mit einem sanften Daumendruck zerquetschen können. Ja. Ja, hätten wir. Da war er. Kleiner, gepunkteter Käfer. Hielt still, krabbelte weiter. In diese und in jene Richtung. Immer rundherum auf dem ehrwürdigen Tableau, ewig pünktlich. Immer rundherum und unfähig, sich in die verlockende, weise Finsternis der schwermütigen Szene zu vertiefen. Aber wir hatten nicht die Absicht, gepunktete oder andere Käfer zu plätten, nicht wahr. Nein, überhaupt nicht. Auch keine Ameisen. Nein. Nicht einmal Spinnen. Trinkgefäße. Trinkgefäße. Und irgendwie konnten wir nicht sagen, ob der kleine Käfer von jetzt war oder noch von früher. Nein, nicht genau. Nicht einmal, als er über die Kante fiel und abschwirrte.

II.

Heller Funken

»Eines Tages werden wir ihn zu einem Menschen zähmen, und dann werden wir ihn zeichnen können. So haben wir es auch mit uns selbst gemacht und mit Gott.«

»Federzeichnung eines Jungen«,
Clarice Lispector

Am Ende des Schuljahres versuchte der Fachbereich Englisch, die zu Beginn des Schuljahres so optimistisch an die Schülerschaft ausgegebenen Bücher wieder einzusammeln. Seit Beginn des Schuljahres hatte sich kaum jemand die Mühe gemacht, in die Bücher hineinzusehen, trotzdem fühlte sich jetzt, am Ende des Schuljahres, niemand verpflichtet, sie zurückzugeben. Für den Fachbereich muss das sehr ärgerlich gewesen sein. Die Schüler hatten einfach kein Interesse. Weder daran, die Bücher zu lesen, noch daran, sie zurückzugeben. Bis zum letzten Klingeln interessierte sie nur eins, nämlich den Fluss aus Informationen und Ideen, den die Lehrkräfte in jeder neuen Unterrichtsstunde anzuregen versuchten, durch alle möglichen, scheinbar endlosen Streiche zu stören. Dabei war ihr Repertoire trotz aller

Hartnäckigkeit nicht besonders abwechslungsreich. In der Tat legten sie sich gleich nach den Ferien auf ein bestimmtes Manöver fest, das dann mit großer Freude und in unveränderter Form durchgezogen wurde, Tag für Tag und bis ans Ende des Schuljahres. Es war ziemlich grotesk. Wie schon den Künstlern der Avantgarde war ihnen bewusst, dass durch ausdauerndes Wiederholen subtile und absurde Variationen entstehen, die ebenso lähmend wie subversiv wirken können. Das fortwährende Blödeln kam vor allem in den naturwissenschaftlichen Laboren zum Einsatz, wo die Hände der zündelnden Klasse mühelosen Zugriff auf eine große Auswahl an Geräten und Stoffen hatten, die sich untereinander kombinieren ließen und zuverlässig in eine spür- und halbwegs überschaubare Wechselwirkung traten – obwohl sich die exakte Reichweite der Reaktion weniger zuverlässig einschätzen ließ. Zu wissen, was passiert, ohne zu wissen, in welchem Ausmaß, ergab eine sehr aufregende Mischung, und nie kam am Ende eine Enttäuschung dabei heraus – im Gegenteil, wenn eine Mission scheiterte, war die Befriedigung höchstens noch größer. Für die Klasse schien selbst die Ernüchterung einen Reiz zu haben. Schwammkopf, der Chemielehrer, fand ihre Heiterkeitsausbrüche albern, irritierend und auch ein bisschen beunruhigend. Ihr Verhalten war idiotisch und, was noch schlimmer war, absolut unberechenbar. Warum nur klang das kurze, allzu prompte Johlen nach einer schönen, hellen Stichflamme so pflichtbewusst und leer, wohingegen ein Rohrkrepierer eine fast schon unheimliche, von Herzen kommende Kakophonie aus Jubel und Beifall auslöste? Es hatte fraglos etwas Finsteres. War den Schülern vielleicht klar, dass sie selbst es nie weit bringen würden? Sie wussten, das System war gegen sie, sie spürten es in ihren noch im Wachstum befindlichen Knochen – ihre Knochen, die auch die Knochen ihrer Mutter und ihres Vaters waren, und die Knochen der Mutter und des Vaters ihrer Mutter, und die Knochen der Mutter und des Vaters ihres Vaters und so weiter und so fort, ringsum nichts als lange Reihen aus angeknacksten, weggeschobenen, aufgeschichteten Knochen. Und so heckten die gegenwärtigen Hüter der ebenso blutjungen wie beherrschten Knochen ein kontrollierbares Szenario aus, das manchmal in einem blitzenden Knall gipfelte, meist aber nur jämmerlich zischte und dann tropfend verpuffte. Das Scheitern war programmiert, nicht wahr, deswegen konnten sie sich genauso gut einen Spaß daraus machen und ihm wieder und wieder ins mürrische Gesicht lachen, voll höhnischer Freude und so laut und so oft wie möglich. Ihre Zukunft war vorgezeichnet und passte auf einen winzigen Zettel. Wie schon die ihrer Eltern und der Eltern ihrer Eltern und der Eltern der Eltern ihrer Eltern und so weiter; warum sollte sich ausgerechnet jetzt etwas ändern? Wie gut oder wie schlecht sie in der Schule abschnitten, würde absolut keine Rolle spielen. Tagein, tagaus an einem Tisch in diesem oder jenem Klassenzimmer zu sitzen, auf alles zu lauschen und es sich einzuprägen war eine komplette Zeitverschwendung, die reinste Farce, sie mussten da nicht mitmachen, sie brauchten nicht so gehorsam, fleißig und stumm zu sein wie ihre Eltern und die Eltern ihrer Eltern und die Eltern der Eltern ihrer Eltern, denn die Lehrer hatten keine Macht mehr über sie. Einen harten Tafelwischer quer durch den Raum schleudern, bis er einen Kopf trifft, zehn Schläge auf den Hintern mit einem Rohrstock oder zwanzig mit einem Lineal auf die nackten Handflächen – die willkürliche Austeilung solch plumper körperlicher Strafen war schon seit Jahren verboten. Dauerhaft für Ordnung sorgen konnte nur, wer die Schüler zur Eigenverantwortung überredete und das Stillsitzen und Aufpassen zu ihrer persönlichen Aufgabe erklärte, was aber nur funktionierte, wenn sie glaubten, dass sich dadurch etwas bewirken ließ, nicht wahr, und deshalb wurde ihnen immer wieder gesagt, dass ihre Möglichkeiten grenzenlos wären und sie alles erreichen könnten, solange sie sich nur anstrengten; immer wieder wurde betont, dass die Stadt, in der sie lebten, die am schnellsten wachsende in ganz Europa war, in ganz Europa, und die Perspektiven, die sich ihnen eröffneten, folglich real und unbegrenzt waren, hoch und noch höher hinaus, und natürlich gab es einige wenige, die auf dieses weichgespülte Geschwätz hereinfielen, bereitwillig irgendwelchen wirklichkeitsfremden Fantasien nachhingen, hanebüchene Ziele anstrebten und sich gern anpassten, die kleinen Eierköpfe, und wohnten diese wenigen nicht ohnehin schon in Einfamilienhäusern am Ende von gewundenen Vorortsackgassen? Die große Mehrheit aber wollte partout nicht darauf hereinfallen, und so waren die meisten Unterrichtsstunden von Anfang bis Ende eine Katastrophe. Deshalb war jede Lehrkraft gezwungen, sich für den Fall, dass im Klassenraum alles aus dem Ruder lief, eine Methode zu überlegen, um die mutwillige Nachlässigkeit der Schüler zu stoppen und ihnen etwas Disziplin einzutrichtern, wie kurzlebig auch immer. Meistens lief das nicht ohne Gebrüll ab, oftmals begleitet von Schlägen auf das Pult. Zum Brüllen musste der Lehrer, ohnehin schon am Ende seiner Kräfte, sich natürlich von seinem Platz erheben, und während er brüllte, tastete er blindlings nach etwas Werfbarem; aber weil er keinen Tafelwischer und auch sonst nichts auf die Klasse schleudern durfte, konnte er den gefundenen Gegenstand nur auf das Pult knallen, wieder und wieder, was für sich genommen aber schon recht kathartisch wirkte und ziemlich oft für leicht betretenes Schweigen sorgte, auf das eine kurze, himmlische Ruhe folgte. Einer der Lehrer brüllte nur ungern. Vielleicht konnte er nicht; nicht jeder ist dafür gemacht. Er war groß, hatte einen weichen Bart, blaue, klare Augen und eine Vorliebe für Tweed. Er sah aus wie ein Schweizer oder wie ein Mann aus der Viktorianischen Zeit. Sprich, wie jemand, der nach draußen an die frische Luft gehört und im Mai zu ausgiebigen, gemächlichen Wanderungen über schöne Hügelketten aufbricht, bei denen er immer wieder innehält, um eine Blume, einen Schmetterling oder eine Flechte zu zeichnen. Dort hätte er sein sollen, hoch oben bei den blühenden Edelweiß, nicht hier unten im Klassenzimmer, wo Blödmänner mit brennenden Daumen herumliefen und sich Tesafilm um den Kopf wickelten. Der Lehrer hieß Aitken, und seine einzige Disziplinarmethode bestand darin, die Hand zu heben. Er sagte nichts, er stand nicht einmal auf. Er blieb einfach sitzen, stützte die Ellenbogen auf das Pult, hob einen Unterarm, für gewöhnlich den linken, und kehrte der Klasse die Handfläche zu. Seine Finger waren geschlossen. Lange, wohlgeformte Finger. Spitz zulaufende Finger. Geschickte Finger. Wie gemacht dafür, Brombeerranken von Kleidung zu zupfen und kleinere Dinge aus dem Gras aufzulesen. Angesichts dieser merkwürdigen Geste brachen die Schüler in Gelächter aus. Sie eilten zu ihrem Platz zurück, setzten sich rittlings auf ihren Stuhl und hoben ebenfalls die Hand. »Howgh«, riefen sie, »howgh!« Wieder und wieder, mit tiefer, getragener Stimme, und dann hob ihr Kriegsgeheul an: Sie legten den Kopf in den Nacken, jaulten und johlten und schlugen sich dabei auf den Mund. Aber Aitken sagte immer noch kein Wort. Unbeweglich und in geschmeidigem Tweed saß er da und zeigte der Klasse die Handfläche wie ein Friedensangebot, und seine wissenden Augen leuchteten vor erhabener Nachsicht. Manchmal schien der Klamauk ihn zu amüsieren. Fühlte er sich dazugehörig? Denn schließlich war es seine knappe und gleichzeitig ausdauernde Geste, über die sie sich so lustig machten. Nachahmung kann boshaft sein, aber wenigstens nimmt sie die Anwesenheit des Nachgeahmten zur Kenntnis. Der rätselhafte Humor der selbstgemachten Streiche grenzte ans Unverständliche und das eskalierende Lachen war verwirrend, wenn nicht gar verstörend, doch immerhin war der Lehrer hier in den Witz eingeweiht. In der Tat sah es manchmal so aus, als lächelte er hinter seinem weichen Bart. Zog er eine Grimasse, machte er gute Miene zum bösen Spiel? Oder trieben sie ihn langsam in den Wahnsinn? Wie schon Frau Floyd. Frau Floyd. Wo war sie hin? Eines Morgens war sie noch da gewesen wie seit Jahr und Tag mit ihrem ständigen *der, die, das*, aber dann war sie plötzlich weg und wurde nie wieder gesehen. Frau Floyd. Streng, humorlos, mit viel Holz vor der Hütte und – deutsch, jawohl. Die Klasse hatte einen Heidenspaß. Ihr kleinen Scheißer. Ihr Penner. Gebt die verdammten Bücher zurück! Aber die Schüler gaben die Bücher nicht zurück, nicht freiwillig. Sie mussten geschmiert werden. Und so kam es, dass der Fachbereich am Ende des Schuljahres versuchte, die zu Beginn des Schuljahres ausgegebenen Bücher wieder einzusammeln, indem er für jedes zurückgegebene Buch einen anständigen Schokoriegel versprach. Bis die Taktik verfing, dauerte es eine ganze Weile – zunächst waren die Jugendlichen misstrauisch und vermuteten irgendeinen Haken. Ihre Vorbehalte wurden erst durch den Anblick einiger unerschrockener Mitschüler zerstreut, die in der Pause lässig mit einem Twix wedelten. Da konnten die kleinen Scheißer ihre Bücher natürlich gar nicht schnell genug zurückgeben.

In einer Mittagspause, sagen wir an einem Mittwoch, trafen sich fünf oder sechs Mädchen in einem Klassenraum im Erdgeschoss des Englischtrakts und besprachen eine Präsentation, die sie in der darauffolgenden Woche vor der Klasse halten sollten. Sie schoben zwei Tische zusammen und setzten sich daran, und eins der Mädchen war ich. Was weiß ich noch über das Mädchen am Tisch, das später ich sein würde? Ich weiß, dass es lieber allein an der Präsentation gearbeitet hätte. Vielleicht hatte es den Lehrer sogar darum gebeten. Manchmal erlaubte Mr Burton eine Einzelarbeit, aber er konnte nicht jedes Mal nachgeben, egal, wie sehr das Mädchen litt und unabhängig davon, dass es in Einzelarbeit etwas Beeindruckendes zustande gebracht hätte. Das wusste er selbst, aber was sollte er machen – ich muss bestätigen können, sagte er, dass du in der Lage bist, gut mit anderen zusammenzuarbeiten. Aber ich konnte nicht gut mit anderen zusammenarbeiten. Gut mit anderen zusammenzuarbeiten bedeutete, den Mund zu halten, es sei denn, man hatte etwas absolut

Belangloses zu sagen. Wenn ich es wagte, einen hilf-reichen Vorschlag zu machen, war die Gruppe auto-matisch dagegen; anscheinend war ich nicht halb so schlau, wie ich glaubte, und die anderen waren immer sehr bedacht darauf, es mich spüren zu lassen. Es war seltsam, ohne den Rest der Klasse in dem Unterrichts-raum zu sitzen. Ohne Mr Burton. Wir fühlten uns wie Schiffbrüchige. In dem Raum gab es nichts als kalte Möbel und stagnierendes Denken; hier kreativ zu sein, gestaltete sich schwierig. Ich hatte keine Lust, lange zu bleiben. Es würde sowieso nichts dabei herumkommen. Anscheinend wollte niemand etwas sagen. Die wenigen Wortbeiträge waren vage und unzusammenhängend, die Diskussion stockte und nichts fesselte unsere Auf-merksamkeit. Schon nach kurzer Zeit wurden wir un-ruhig, und tatsächlich schien es, als würde die Situation bald ins Unangenehme kippen. Ich merkte, wie zwei oder drei Augenpaare mich fixierten, aber obwohl ich viele Ideen hatte, hielt ich lieber den Mund. Alles an-dere hätte sich einfach nicht gelohnt. Wahrscheinlich hatte ich nur eine einzige Idee, eine ziemlich naive Vi-sion davon, wie die Präsentation ablaufen könnte, von der Stimmung, dem Ton, von der Auflösung am Schluss und so weiter. Mehr als einmal hatte ich versucht zu erklären, wie das Ganze funktionieren könnte, aber so-bald ich meine Überlegungen laut aussprach, ergaben sie offenbar keinen Sinn mehr, ich erinnere mich sogar an ein bestimmtes Mädchen, das mich, während ich versuchte, meine Gedanken in Worte zu fassen, hasserfüllt ansah, was meiner Idee nicht gerade förderlich war. Manchmal frage ich mich, ob sich hinter meinem Hang zu abstrusen Ideen so etwas wie eine passive Aggressivität verbarg. Zu einer Seite des Raumes gab es ein breites, bodentiefes Fenster, von dem aus man über einen großen, asphaltierten Platz auf ein anderes Gebäude blicken konnte, wo sich die Umkleiden, die Aula und die Cafeteria befanden. Links vor dem Fenster standen ein paar dünne Bäume. In meiner Erinnerung tragen sie keine Blätter. In der Schule hatte ich oft ein mulmiges Gefühl. Einmal war während des Physikunterrichts, der Lehrer führte gerade einen Van-de-Graaff-Generator vor, meine Periode auf den Hocker durchgesickert. In der Mitte der hölzernen, lackierten Sitzfläche befand sich ein schmales Handloch; das Blut verteilte sich beunruhigend schnell auf dem Lack und tropfte dann durch das Loch auf den Boden. Ich hatte meine Periode erst wenige Male bekommen und gerade erst angefangen, Tampons zu benutzen, und diesen einen Tampon hatte ich offensichtlich zu lange getragen. Ich flüsterte dem Mädchen neben mir zu, dass ich auslief, und ohne den Blick von der haarsträubenden Metallkugel des Generators zu nehmen, steckte sie mir etwas aus ihrer Tasche zu, das ich zusammenknüllte und im Ärmel meiner Strickjacke verschwinden ließ. Ich hob eine Hand, die mit dem leeren Ärmel, und bat um die Erlaubnis, zur Toilette gehen zu dürfen. Der Lehrer sah mich über den Rand seiner Brille hinweg an und neigte auf gewohnt mürrische Weise den allmächtigen, seltsam elastisch aussehenden Kopf. Sein mürrisches Nicken erleichterte mich, bedeutete es doch, dass alles wie immer war. Dass niemand außer dem Mädchen neben mir die kleine Blutlache am Boden bemerkt hatte, warm und menschlich und direkt unter meinem Holzstuhl.

Ich stand an einem der makellos weißen Waschbecken, hielt meinen Rock in den kalten Wasserstrahl und sah zu, wie das Blut aus den Falten strömte und sich in wunderschönen, wirbelnden Schwaden um den silbrigen Ausguss drehte. Ich war gern während der Unterrichtszeit in der Mädchentoilette. Es war schön, allein zu sein und das eigene Gesicht vor einem Hintergrund aus sauberen, weißen Kacheln im Spiegel zu sehen. Waschräume gibt es überall, seit Jahrhunderten schon, und so fühlte es sich gar nicht mehr an, als wäre ich in der Schule oder auch nur Engländerin. Ich fühlte mich sicher und weit weg und verspürte deshalb den plötzlichen Wunsch zu singen. Ich wollte hören, wie meine Stimme wirklich klang. Ich hatte keine Ahnung, was aus meinem Mund herauskommen würde, nun da ich aus der Zeit gefallen war. Vielleicht war ich eine norditalienische Nonne, die lange Streifen blutiger Verbände auswäscht, während draußen im Wald erschöpfte, verdreckte Männer zwischen regennassen Bäumen herumschleichen und aufeinander schießen, und sie alle werden wie angewurzelt in ihrem Elend stehen bleiben, sobald sie mich singen hören. Dass Blut sich am besten mit kaltem Wasser ausspülen lässt, lernt man schon früh. Am besten geschieht es sofort, wenn das Blut flüssig und rot ist und noch kein hartnäckiger, bräunlicher Fleck. Ich weiß nicht, wie oft ich schon Blut rauswaschen musste – aus Unterhosen und Jeans, von der Rückseite eines Rocks, aus Bademänteln, Laken, Kissen und von Autositzen. Mindestens ein Mal pro Monat, zwölf Monate im Jahr und das seit siebenundzwanzig Jahren; wäre ich gut in Mathe, könnte ich ausrechnen, auf wie viele Male sich das insgesamt beläuft. Und es geht immer weiter. Erst vor zwei Wochen musste ich meinen Hosenrock ausziehen und in der Küchenspüle waschen. Danach habe ich ihn ausgeschlagen und untersucht, Vorder- und Rückseite, weil ich nicht mehr wusste, welche welche war, und das Teil anschließend übers Balkongeländer gehängt. Keine Spur mehr von den Flecken! Außerdem war der Nachmittag sonnig und der Hosenrock im Nu getrocknet. Ich habe mich trotzdem über mich selbst geärgert. Seit so vielen Jahren bekommst du deine Periode, und immer noch schaffst du es, dein Blut überall zu verteilen. Inzwischen solltest du wissen, wie es geht. In meinen Zwanzigern zog ich eine Zeit lang eine wollüstige Befriedigung daraus, herumzulaufen und überall Blutflecken zu hinterlassen. Ich bin ein blutendes Wesen, verdammt, seht nur, wie ich blute und blute, seht das viele Blut, wie es in Schlieren aus mir herausläuft, auf meine Knöchel, auf den Boden, auf die Straße, auf eure schicken Schuhe. Hell wie ein Rubin, dunkel wie ein Granat. Meine Schulkameradin hatte mir einen Schlüpfer mitgegeben, säuberlich um die Binde gewickelt, die sie mir zugesteckt und die ich mir in den Ärmel geschoben hatte. Aber ich hatte nichts von dem Schlüpfer gewusst, und so stand ich da und hielt ihn verwundert in der Hand. Ich warf einen Blick aufs Etikett, weil ich wissen wollte, welche Größe sie trug und wo sie ihre Wäsche kaufte. Der Schlüpfer war mir eine Nummer zu groß, mit winzigen Blumen oder Ballons oder Dackeln bedruckt und sehr sauber. Weil keine Bleistiftspäne daran klebten, vermutete ich, dass sie ihn separat aufbewahrt hatte, in einem kleinen Geheimfach mit Druckknopf im Innern ihrer Schultasche. Es war aufregend, während des Unterrichts mit getrocknetem Blut an den Schenkeln und einem fremden Schlüpfer in der Hand ganz allein vor den kleinen, leuchtend weißen Kacheln der Mädchentoilette zu stehen. Es erinnerte mich an den Ersten Weltkrieg, wobei mich zu der Zeit alles an den Ersten Weltkrieg erinnerte. Im Sommer lässig auf dem Rad an langen Hecken und dem braunen Farmhaus mit den hohen Schornsteinen in der Nähe von Purton vorbei – da musste ich fast immer an den Ersten Weltkrieg denken. Sonntägliche Krähen auf einem harten, leeren Acker – auch das erinnerte mich an den Ersten Weltkrieg, aber auf eine ganz andere Art, denn wenn man mit in die Taschen geschobenen Hän-

33

den in der eisigen Kälte steht und zuschaut, wie Krähen über gepflügte Felder flattern, macht man sich natürlich ganz andere Vorstellungen vom Ersten Weltkrieg, als wenn man in der Julisonne auf einem Fahrrad über eine schmale, leere Landstraße rollt. Ich musste an den Ersten Weltkrieg denken, wenn ich abends Brot über dem Kaminfeuer röstete und aus den Augenwinkeln meine Mutter sah, die mit einer Zigarette und einem Buch auf dem grün-goldenen Sofa saß. Oder wenn ich an einem Schultag früh aufstehen musste und es draußen noch dunkel war. Das Geräusch des warmen Wassers in den Leitungen, der dunkle Badezimmerspiegel und das Medizinschränkchen, das sich mit einem satten, sanften Klicken schloss; all das erinnerte mich an den Ersten Weltkrieg. Auch die leeren Milchflaschen in der Küche der Mutter meiner Mutter, nicht aber die Milchflaschen bei uns, wahrscheinlich weil unsere so absolut sauber waren, sie blitzten fast, wogegen die in der Küche meiner Großmutter aussahen wie mit Nebel gefüllt. Im Winter mussten wir alle zum Geländelauf. Jeden Donnerstagnachmittag liefen wir durch Regen und Schlamm, Woche für Woche bis Weihnachten. Schlamm und Regen spritzte gegen unsere Beine und auf unsere Turnschuhe, über viele Paare, allesamt später abgestreift und an der Wand in der Umkleide aufgereiht, schlammverkrustet. Komplett mit Schlamm verdreckt. Und der Schlamm erinnerte mich natürlich wieder an den Ersten Weltkrieg. Die Gegend, in der wir wohnten, hatte dagegen lehmigen Boden. Er war grau und roch sauber, und es fühlte sich herrlich an, die Hände hineinzudrücken und darin zu wühlen. Lehm verhält sich vollkommen anders als Schlamm und hat mich nie an den Ersten Weltkrieg erinnert, im Gegenteil. Er hat mich an Töpferwaren und Steinzeug und schreckhafte Spinnen erinnert, die im Winkel eines abgeblätterten Fensterrahmens sitzen, an schmale, überwucherte, von zuckenden Motten bedeckte Gartenpfade, an Strickjacken über Stuhllehnen und Marmeladengläser randvoll mit warmem Regenwasser – alles Dinge, die ich immer mit der Zwischenkriegszeit in Verbindung gebracht habe. Hohe Haufen durcheinandergeworfenen Schuhwerks mit baumelnden Schnürsenkeln und faltigen Zungen erinnern mich an den Zweiten Weltkrieg, und damit meine ich eigentlich die Todeslager. Berge von Kleidern und persönlichen Gegenständen, vor allem Uhren, Regenschirme und Schuhe, erinnerten mich immer an die Todeslager, und als ich zum ersten Mal mit meiner Großmutter den Flohmarkt im Gemeindezentrum besuchte, stockte mir der Atem beim Anblick der aufgetürmten dünnen Strickjacken, Polyesterschals und klaffenden Schuhe auf Tapeziertischen, die sich über die gesamte Länge und Breite des Saals erstreckten, weil ich an die Hunderttausende von Frauen und Männern und Kindern denken musste, die Woche für Woche in schäbigen, überfüllten Viehwaggons aus ganz Europa direkt ins barbarische, unentrinnbare Herz der Todeslager

35

verfrachtet worden waren. Wie ich schnell merkte, war es beim Flohmarktbesuch das Beste, eine Weile in der Nähe der beiden Damen im blauen und im rosa Rollkragenpullover stehen zu bleiben, die Apfeltaschen und Cupcakes verkauften. Und dann, wenn sie lange genug über die Weight Watchers und Rheuma und Rhododendren und so weiter geredet hatten, schoss ich unvermittelt los, stellte mich an einem der Tische neben meine Großmutter und durchwühlte emsig Stapel um Stapel aus ausrangierter Kleidung, immer auf der Suche nach einem Stück mit aparten Knöpfen. (Wie ein adleräugiges kleines Ding vom Kanada-Kommando.)

Tampons verwendete ich fast schon seit Beginn meiner Periode, auch weil ich sie bekam, als alle anderen ihre schon längst hatten und mir deswegen keine Zeit blieb, mit Binden zu hantieren. Als ich zum ersten Mal meine Tage bekam, waren Damenbinden alles andere als cool, im Gegensatz zu Tampons, mit denen man ganz normal weitermachen konnte und nichts in der Unterhose hatte als ein weißes Bändchen, und das würde all den Aktivitäten, denen menstruierende Mädchen in der Tamponwerbung nachgingen, kaum in die Quere kommen, beispielsweise Pirouetten auf Rollerskates drehen, in die Höhe springen und neonpinke Frisbees fangen, auf einem weißen Pferd über einen riesigen goldenen Sandstrand reiten und so weiter. Die reinste Propaganda. In der Realität bedeutete normal weiterzumachen eher:

Denk nicht mal dran, den Sportunterricht zu schwänzen oder heimlich zu verschwinden – krümm dich nicht am helllichten Tag zu einer Kugel zusammen – kein Stöhnen und kein Jammern über Unterleibsschmerzen, zu keinem Zeitpunkt des Tages – erwarte nicht, früher vom Tisch aufstehen zu dürfen oder vom Abtrocknen befreit zu werden – geh hin, mach mit, sei produktiv – nicht aus der Reihe tanzen, keinen Tag verpassen. Binden hingegen, da waren sich alle einig, kamen einem nur in die Quere. Angeblich fühlte eine Binde sich an wie ein Schaf zwischen den Beinen. Nur Außenseiterinnen, mit denen sowieso niemand etwas zu tun haben wollte, klemmten sich freiwillig den ganzen Tag ein dickes, stinkendes Schaf zwischen die Beine. Später, nach vielen Jahren, in denen ich es jeden Monat aufs Neue mit Tampons in unterschiedlichen Größen probiert und nie richtig hinbekommen hatte, sattelte ich dann auf Binden um. Mir dämmerte, dass ich meine Periode nicht ewig bekommen würde – irgendwann würde sie zwar noch zunehmen, dann aber schwächer und unregelmäßig werden und zuletzt ganz ausbleiben. Ich sollte meine Blutungen nicht blockieren, sondern, solange sie noch regelmäßig und stark waren, das Beste daraus machen. Das Blut sollte fließen dürfen, statt gestoppt zu werden, schließlich stammt es nicht von einer Wunde. Seltsam, wie man etwas jahrelang und aus reiner Gewohnheit tut, und wenn man dann damit aufhört, sein Verhalten ändert und an die lange Zeit davor zurückdenkt, kann man es nicht glauben – dass man sich auf die banalisierende und manipulative Darstellung einer Sache eingelassen hat, die in Wahrheit ein wesentlicher Bestandteil der eigenen intimen Wirklichkeit ist. Anlauf, Absprung, Drehung, Landung. Peinlicher, eingetrichterter Unsinn. Keinen Tag verpassen! Ich hatte nie innegehalten, um es zu hinterfragen, sondern einfach mitgemacht und keinen weiteren Gedanken daran verschwendet. Bis ich eines Nachmittags im Badezimmer stand, die Schlieren aus Blut und Gebärmutterschleimhaut auf dem Klopapier sah und dachte: Das wird mir fehlen, wenn es vorbei ist. Und da wurde mir etwas klar, ich wollte nicht mehr, dass das Blut unsichtbar in mir gerinnt. Die Binden sind aber auch nicht ganz unproblematisch. Ich mache es fast nie richtig und schaffe es immer wieder, die blöden Dinger zu weit hinten an den Zwickel zu kleben.

Am ersten Tag ist die Farbe sehr hübsch – ein Rot, wie ich es schon seit Ewigkeiten als Lippenstift suche. Weder zu dunkel noch zu hell. Nicht zu pink, nicht zu braun und auch nicht zu orange. Ich habe mehr als ein Mal mit dem Gedanken gespielt, mit der blutigen Binde in ein Kaufhaus zu gehen, bei Chanel oder Dior oder Lancôme an den Tresen zu treten und zu sagen: »Sehen Sie mal, dieses Rot suche ich, genau dieses, ein perfekteres Rot gibt es nicht auf der Welt. Zeigen Sie mir endlich einen Lippenstift in diesem perfekten Rot.« Dass ich das nie getan habe, muss ich wohl nicht dazusagen. Monat für Monat lasse ich den perfektesten aller Rottöne ins Klo fallen und spüle ihn weg. *Quel dommage!* Ich bilde mir ein, dass Marilyn Monroe, wenn sie ihre Periode bekam, im Bett blieb und die Laken vollblutete, weiß allerdings nicht, wie ich darauf komme. Ich habe das Bild im Kopf, seit ich zehn war. Meine Großmutter hegte eine große Vorliebe für die alten Hollywoodstars, besonders für Vivien Leigh und Marilyn Monroe, also habe ich die Geschichte möglicherweise von ihr. Dann wiederum kann ich mir nicht vorstellen, dass meine Großmutter mir so etwas erzählt haben soll. Vielleicht sagte sie es zu meiner Tante, und ich habe es nur zufällig mitangehört – ich habe nie gelauscht, besaß aber ein sehr gutes Gehör. Grausige Geschichten waren in meiner Familie sehr beliebt, auch wenn ich meistens immer nur Fetzen aufschnappen konnte, die – abgetrennt vom Rest der Erzählung – verstörend drastisch wirkten und in mir ein nachhaltiges und bösartiges Eigenleben entwickelten. Beispielsweise werde ich nie das abscheuliche Bild vergessen, das sich mir ins Gehirn einbrannte, als meine Großmutter zu ihrem Sohn, meinem Vater, sagte: »Und sie hatte sich die ganze Haut von den Fingern gekaut. Stell dir das mal vor – die eigenen Hände zu essen.« Dummerweise wiederholte ich die Sätze im Stillen, wortgetreu und immer wieder. Meine Neigung, alles Gehörte absolut wörtlich zu nehmen, führte paradoxerweise dazu, dass ich die alltäglichsten Dinge falsch interpretierte – sicher hatte ich die Sache vollkommen falsch interpretiert – sicher hatte dieses Mädchen, wer immer sie war, nicht die eigenen Hände gegessen. Irgendwann wurde mir klar, dass ich die Worte meiner Großmutter wahrscheinlich nur missverstanden hatte und dass sie etwas anderes, vollkommen Harmloses bedeuteten. Doch anstatt den schrecklichen Satz einfach zu vergessen, überlegte ich mir, dass er vielleicht seine wahre, harmlose Bedeutung offenbaren würde, seine belanglose Gewöhnlichkeit, wenn ich ihn nur oft genug wiederholte, und dann würde sich die blutige Erscheinung des Mädchens, das gierig die eigenen Hände verschlingt, während das Blut über die Unterarme kriecht und in dicken Tropfen von den Ellenbogen fällt, prompt in nichts auflösen. Doch so weit kam es nie. Ganz im Gegenteil, ein neuer Schrecken wurde auf mich losgelassen, ironischerweise in der Form eines denkbar langweiligen Wortes. Nach unzähligen Wiederholungen blieb mir das einleitende »und« im Hals stecken und dehnte sich erbarmungslos aus, ich erstickte sozusagen daran: *Und?! Und* sie hatte sich die ganze Haut von den Fingern gekaut?? – Also hatte sie, bevor sie die eigenen Hände zerkaute, etwas anderes getan, etwas womöglich noch viel Schlimmeres. Hätte meine Großmutter dieses Schlimmere an den Anfang gesetzt? Wahrscheinlich. (Die Mutter meines Vaters war sehr theatralisch und legte es beim Erzählen auf die maximale Wirkung an, wohingegen die Mutter meiner Mutter selbst die skandalöseste Neuigkeit umständlich formulierte, als ewiges Vor und Zurück aus Ungewissheiten und unwichtigen Details; doch trotz ihrer offenkundigen Unfähigkeit – nun komm endlich auf den Punkt – schaffte auch sie es, mir hartnäckige Flöhe ins Ohr zu setzen.) Was genau hatte das Mädchen also getan, bevor es sich die Haut von den Fingern kaute? In diesem konkreten Fall nahm meine Vorstellungskraft ungewöhnlich viel Rücksicht auf mein schwaches Gemüt, und statt das absolut Schlimmste heraufzubeschwören, entwarf sie blitzschnell das relativ zahme Bild eines sich blonde Haarsträhnen ausreißenden Mädchens und verhinderte damit die Entstehung einer Horrorvision, die mich zu Tode erschreckt hätte. Die ausgerissenen Haare passten zudem ins Bild: »Sie hatte sich die Haare büschelweise ausgerissen, und sie hatte sich die ganze Haut von den Fingern gekaut. Stell dir das mal vor – die eigenen Hände zu essen.« Ja, das ergab einen Sinn. Meine Großmutter hatte meinem Vater vor allem von den gegessenen Händen erzählen wollen, deshalb war die vorangegangene Handlung vielleicht immer noch teuflisch, aber nicht schlimmer als das. Und nun, da das Hände-Essen sich an einen anderen makabren Akt der Selbstverstümmelung anschloss, war es ehrlich gesagt nicht mehr halb so beängstigend. Ehrlich gesagt konnte ich sogar darüber lachen.

Ich weiß nicht, ob Marilyn Monroe damals im Bett geblieben ist und die Laken vollgeblutet hat, aber falls es so war, könnte ich es ihr nicht vorwerfen. Vor allem, da sie an Endometriose litt, was bedeutete, dass sie während der Periode heftige Bauchschmerzen und unerträgliche Krämpfe erdulden musste. Geschlechtsverkehr mit männlichen Liebhabern wäre während dieser Zeit wahrscheinlich ebenfalls sehr unangenehm gewesen. Vermutlich hätte meine Großmutter mir so etwas nie erzählt, sie verriet mir jedoch, dass Marilyn Monroe eine eifrige Leserin war: »Man sah es ihr nicht an, aber sie hatte die Nase ständig in einem Buch. So wie du.« Wenn sie über andere Frauen sprach, sagte meine Großmutter ziemlich oft »man sah es ihr nicht an«. Anscheinend bereitete es ihr ein enormes Vergnügen, sich vorzustellen, wie Frauen Dinge taten oder ein Verhalten an den Tag legten, das in einem absoluten Widerspruch zu ihrem Erscheinungsbild stand. Über Männer sagte sie so etwas selten, eigentlich nie. Über Männer redete sie kaum. Im Hinblick auf Männer war sie wohl der Meinung, dass man ihnen ihre Absichten problemlos ansehen konnte. Und natürlich hatte sie damit recht, schließlich liefen Männer herum und taten bedenkenlos alles, wonach ihnen der Sinn stand – Frauen hingegen waren diskret und heimlichtuerisch, und während es so wirkte, als täten sie das eine, waren sie in Wahrheit oft mit etwas vollkommen anderem beschäftigt. Als ich auf die Welt kam, war meine Großmutter schon seit vielen Jahren geschieden, und noch vor meinem ersten Geburtstag fand sie sich abermals allein wieder, weil der jüngere Mann, mit dem sie das längst überfällige Glück gefunden hatte, kurz nach Weihnachten an Leukämie gestorben war. Seither lebte sie allein, bis zu ihrem Tod etwa vierzig Jahre später, und ich hoffe, dass ihr Traum in Erfüllung gegangen und sie wieder mit dem Mann vereint ist, den sie in all der Zeit so sehr vermisst hat. Für eine Frau ihrer Generation war es ungewöhnlich, so viele Jahre lang allein zu leben, was mir als Heranwachsender aber nie aufgefallen war. Wir sahen sie oft, denn sie wohnte ganz in der Nähe. Ich ging sie regelmäßig besuchen, nicht zuletzt weil ihr selbstgebackener Früchtekuchen nach Orangenmarmelade und Zigaretten schmeckte. Wenn ich in die Küche kam, war er schon fertig; in große Scheiben geschnitten lag er in einer rot-cremeweißen Tupperdose zu meiner Rechten, oder auch nicht, weil sie an dem Tag keinen gebacken hatte – immer eine Enttäuschung, selbst wenn sie mir etwas anderes anbot, denn was immer es war, es schmeckte nicht nach Rauch und Orangenmarmelade. Wenn ich in ihrer Küche saß und Früchtekuchen aß oder Corned Beef mit Roter Bete und einem hartgekochten Ei, leerte sie ihre Manteltaschen und legte alles auf den Tisch. Ständig hob sie Sachen vom Gehweg auf. Traf ich sie auf der Straße, sagte sie: »Ich glaube, deine Oma hat dort unter der Bank etwas verloren, sei so gut und sieh mal nach.« Natürlich hatte sie nichts verloren – ich war einfach gelenkiger als sie und konnte Blicke in Winkel werfen, die ihr nicht zugänglich waren. »Sieh ganz genau nach«, sagte sie, während ich unter der

Bank herumtastete, aber sie verriet mir nie, wonach ich eigentlich suchen sollte. Jeden Stein umdrehen. Ja. Ja. Als ich älter war, jobbte ich an den Wochenenden als Kassiererin im örtlichen Supermarkt, und sie kam oft vorbei und bewunderte mich gedankenverloren, während ich Tiefkühlgemüse und Konserven über den Scanner zog. »In der Uniform siehst du ja so fesch aus«, sagte sie. Einige Jahre später zog ich in ein anderes Land und sah meine Großmutter nicht mehr so häufig. Gelegentlich schrieben wir einander. In ihren Briefen erwähnte sie fast immer, dass die Frau vom Kiosk nach mir gefragt hatte. Wenn ich da war, besuchte ich sie auf einen Tee, ein Stück Früchtekuchen und eine Mentholzigarette der gerade bevorzugten Marke, und wenn es für mich an der Zeit war, mich wieder, wie wir es nannten, »auf die Socken zu machen«, tänzelte sie durch den Flur und bot mir Gegenstände an, die sie, bevor sie sie mir zeigte, mit dem Strickjackenärmel entstaubte – ein Telefon, Geschirrtücher, Hausschuhe, ein Bügeleisen, Backwerk mit Zuckerguss, Regenschirme, Kerzenhalter, Lufterfrischer, Fotoalben, Handschuhe, braune Feinstrumpfhosen in 15 den, Stricknadeln, Maniküreetuis. Ich musste ihr jedes Mal erklären, dass ich mit dem Flugzeug reisen würde und leider nicht viel mitnehmen könne. »Du bist ein Freigeist«, sagte sie. »Ich nehme es dir nicht übel, Liebes. Du bist glücklicher so.« Ihre Wohnung war eine wahre Fundgrube. Manche Objekte waren rätselhaft, andere gewöhnlich und wieder andere heillos veraltet. Die meisten Erwachsenen in meiner Familie waren der Ansicht, sie sollte einmal »gründlich ausmisten«. Ich vermute jedoch, dass der Comte de Lautréamont – makabrer Dichter und Liebling der Surrealisten – diese leichtfertigen Entrümpelungspläne gar nicht gutgeheißen, sondern sich in ihrer Wohnung sehr wohlgefühlt hätte, wären doch eine Nähmaschine und ein Regenschirm auf einem Operationstisch in seinen Augen eine Zufallsbegegnung von beträchtlicher Schönheit gewesen. Auch ihre Büchersammlung hätte er bestimmt sehr inspirierend gefunden. Neben rührseligen Biografien von Hollywoodlegenden besaß meine Großmutter eine beeindruckende Auswahl von sensationellen Fotobänden, welche die grausamsten Morde der Viktorianischen Epoche dokumentierten. Eben jene Einzelstücke machten das ansonsten eher durchschnittliche Wohnzimmer so spannend, wenigstens für ein Kind. Sobald ich auch nur in der Nähe der aufgeschlitzten, geschundenen, in zartem Schwarz-Weiß abgebildeten Leichen saß, schlug mir das Herz bis zum Hals. Als würde ein verkrüppelter Troll mit glitschigem Leib versuchen, mit seiner einzig verbliebenen, von Rüsselkäfern zerfressenen Hand aus einem vermeintlichen Wunschbrunnen zu klettern. Ich schluckte angestrengt, um die Angst zu unterdrücken, wieder und wieder, bis mir die Ohren dröhnten.

Ich stehe mit einem Bein im Grab.

Ich stehe mit einem Bein im Grab.

Ich hatte mich daran gewöhnt, dass meine Groß-mutter diesen Satz murmelte, zum Beispiel wenn sie auf das Pfeifen des Teekessels wartete. Das dumpfe, endlose Rumpeln von Wasser, das sich zitternd in Dampf verwandelt, ist weiß Gott geeignet, Sehnsüchte nach dem Himmel zu wecken. Manchmal murmelte sie ihn erst später, im Sitzen, wenn sie Zucker in ihren Tee rührte und ich, den Kuchenteller auf den Knien, mit der kleinen, gepolsterten Spitze meines Mittelfingers die Krümel zusammenschob. Einmal sagte sie den Satz, als wir im Wohnzimmer meiner Tante – sie wohnte neben einem Bach – auf den Pudding warteten, woraufhin meine Tante mit dem dampfenden Kochlöffel in der Hand aus der Küche gestürmt kam und sehr verärgert rief: »Mum! Sag so was nicht vor dem Kind!« Aber mir machte es nichts aus, es störte mich kein bisschen. Ehrlich gesagt gefiel es mir sogar sehr gut, und wenn ich später zu Hause auf der Bettkante saß, wiederholte ich ihre Worte. Ich stehe mit einem Bein im Grab. Ich stehe mit einem Bein im Grab. Schon zu der Zeit hatte ich das Gefühl, außerhalb der Welt zu leben und in sie hineinzuschauen, und die stärksten Empfindungen, die dieser Zustand in mir auslöste, waren Verlassenheit und seelischer Schmerz. Aber wenn ich auf dem Rosenknospenmuster des Bettüberwurfs saß und mir das Mantra meiner Großmutter aufsagte, kam ich mir vornehm, geheimnisvoll und unabhängig vor. Als wäre ich ohnehin nur zu Besuch auf dieser Welt und als hätte ich einen Ort, der tausendmal besser war und an den ich zurückkehren könnte. Ich stehe mit einem Bein im Grab. Ich stehe mit einem Bein im Grab.

An jenem Mittwoch, in der wenig anregenden Mittagspause, stand auf einem der Klassenzimmerschränke ein ganz nach hinten an die Wand geschobener Karton, und in dem Karton befanden sich viele Exemplare eines Buchs. Dasselbe Buch, das der Fachbereich den Schülern vor Kurzem und mithilfe der unwiderstehlichen Schokoladenriegel abgenommen hatte. Mein Blick – ständig auf der Suche, vor allem jetzt, da mein geistiges Auge vernebelt war – wanderte zum Karton und konnte nicht anders, als an ihm und was er bedeutete hängen zu bleiben. Mein Mund klappte auf, mein Finger zeigte. Ja, es war mein Mund. In der Tat, es war mein Finger. Blitzschnell war das Mädchen, das immer irgendeinen Grund fand, mich hasserfüllt anzusehen, oben auf dem Tisch neben dem Schrank, und dann holte es mit einem Affenzahn die Bücher aus dem Karton und gab sie an die Mädchen weiter, die ihr gefolgt waren und nun mit gespreizten Fingern wedelten und grabschten. Ich rührte mich nicht vom Fleck und sah alles mit an. Das Mädchen sprang wieder herunter, der Tisch wackelte. Ich sah ihren aufgeblähten Rock und den wackelnden Tisch, und noch während ich versuchte, die plötzlichen Turbulenzen im Karton, auf dem Tisch und in der Luft drumherum zu verarbeiten, wurde mir mit solcher Wucht ein

Buch gegen die Brust gerammt, dass es mir meinen kleinen Anteil Luft aus der Lunge drückte. Plötzlich tauchten direkt vor meinem Gesicht zwei dunkle Augen auf. Aus ihnen sprach Verachtung. Ich sah in eins davon hinein, und rund um die Iris entdeckte ich etwas noch viel Beunruhigenderes als Hass: einen mit winzigen, funkelnden, spiegelnden Obsidianschuppen bedeckten Ouroboros. Etwas in meinem rechten Auge zuckte heftig. Was immer es war, es biss sich auf keinen Fall in den eigenen Schwanz. Das Zucken ging weiter, bis mein Lid sich darüberschob. Ich kniff das Auge zusammen. »Es war deine Idee«, sagte das Mädchen und drückte mir das in Schutzfolie eingeschlagene Buch an die kaum vorhandene Brust. Ich hatte viele Ideen, aber die meisten blieben, wo sie waren, denn für mich gab es nichts Schöneres, als im Gras zu sitzen und sie wieder und wieder zu durchdenken. Sie in diese oder jene Richtung zu drehen und mit dem fransigen Zipfel meiner Vorstellungskraft zu polieren. Nicht einmal im Traum wäre ich darauf gekommen, sie mit jemandem zu teilen – wie hatte diese eine Idee dann den Weg nach draußen geschafft? Sie hatte wohl nicht tief genug gesessen. Nur meine Augen waren beteiligt gewesen, und dann mein Mund und mein Finger. Die Extremitäten! Oder hatte sich zuerst der Finger gemeldet und dann der Mund? Ja, natürlich, erst der Finger und dann der Mund – ich hätte ja wohl kaum »seht mal« gesagt, ohne vorher den Finger zu heben. »Seht mal«, sagte ich, als mein Mund den

Finger eingeholt hatte, der auf den Karton zeigte, den meine Augen oben auf dem Schrank entdeckt hatten. Die Augen, der Finger und der Mund, ja, der Mund und was er ganz zum Schluss sagte: Seht mal. Nur das, kein Wort mehr. Und obwohl das streng genommen noch keine Idee war, wusste ich genau, wohin solche Gesten führen können – kein Kind sagt »seht mal«, ohne dass etwas passieren soll. Instinktiv und unermüdlich sucht der Kinderblick nach der Nadel im Heuhaufen, und dann bricht das Chaos los. Ich starrte das Mädchen aus einem weit geöffneten Auge an. Ich staunte darüber, wie leicht es mir fiel, das rechte Augenlid so fest verschlossen zu halten. Ich fühlte mich unsterblich und unangreifbar – wie auf der Schwelle zu etwas. Natürlich zwinkerte ich ihr nicht zu – das war kein Zwinkern, nicht im Entferntesten, und sie wusste es. Sie wusste, es gab dort etwas, was ich ihr nicht zeigen wollte. Aber dass in meinem rechten Auge eine zusammengerollte Kreatur lauerte, ging sie nichts an.

Alle Gedanken an die nicht existierende Präsentation flogen zum Fenster hinaus und verfingen sich in den unheilvoll kahlen, wippenden Zweigen der Bäume, dort zur Linken auf dem leeren Asphalthof.

Die anderen rennen durch den Flur zum Büro der Schulsekretärin, und diejenige, die jetzt das Kommando innehat, klopft ungeduldig, unablässig, erwartungsvoll und viele Male an die Tür. Schockierend, wie gebieterisch es klingt.

Die Tür geht auf, kein Wort wird gesprochen.

Die Bücher werden übergeben und eine kleine Gestalt teilt die Schokoriegel aus, ohne Dank und ohne weitere Fragen, und dann sind die Mädchen wieder weg.

Einfach so.

Rennen zurück durch den Flur, dem hellgrauen Sonnenlicht entgegen.

Wo bin ich? Ich habe mich kaum bewegt. Ich stand mit einem Bein im Flur und habe ihre Rücken gesehen, während sie zum Büro der Schulsekretärin gerannt sind, jede mit einem Buch in der Hand. Halte ich ein Buch in der Hand? Wahrscheinlich nicht. Ich habe vergessen, was ich mit meinem gemacht habe. Ich bin nicht auf den Tisch geklettert, um es wieder in den Karton zu legen. Das wäre lächerlich gewesen. Unmöglich. Es gab kein Zurück. Was sollte ich damit anfangen? Vielleicht habe ich es auf dem Tisch liegen lassen. Ja, natürlich. Ja. Es lag auf dem Tisch, genau dort, wo ich während des Unterrichts immer sitze. Und so stand ich da, mit leeren Händen und einem Bein im Flur und dem anderen im Klassenraum, während die anderen zum Sekretariat rannten. Ich sah, wie die Tür aufging und das helle Zimmer dahinter. Wer immer die Tür geöffnet hatte, war nur eine kleine, gedrungene Silhouette. Ich hörte nichts, denn nichts wurde gesagt. Die Tür schloss sich, und das Licht erlosch. Plötzlich war der Flur wieder kalt und dunkel, die Mädchen kamen zurückgehopst und hielten nun keine Bücher mehr in der Hand, die sie null interessierten, sondern Gratisschokoriegel. Einfach so. Und ich war außen vor, unsichtbar. Ein Bein drinnen, eins draußen. Die anderen gingen an mir vorbei. Nur der Ouroboros sah kurz in meine Richtung. Das graue Tageslicht überzog die Mädchen mit einem seltsam körnigen Glanz, der sie in schwarze, gallertartige Tropfen – Tintenkleckse oder Kaulquappen – verwandelte und dann ganz verschluckte. Ich sah weder nach links noch rechts, durchquerte den Flur und verschwand in der Toilette. Ich stellte mich dicht vor den Spiegel, und darin erkannte ich das einzige Mädchen auf der ganzen weiten Welt. So ein ängstliches Ding! Ich klammerte mich mit beiden Händen am eiskalten Waschbeckenrand fest, und das war etwas, was ich noch nie getan hatte. Trotzdem fühlte es sich an, als hätte ich das Waschbecken immer schon so fest umklammert und als würde ich es mindestens bis ans Ende meines Lebens nicht mehr loslassen. In meinem Mund der Geschmack von Gurken und Gummibändern. Mir war nicht nach singen.

Alle liebten Mr Burton, er war der mit meilenweitem Abstand beliebteste Lehrer. Er war kein bisschen wie die anderen Lehrer, und sein Unterricht war kein bisschen wie ihr Unterricht, denn Mr Burton war lebhaft und sein Unterricht folglich lebhaft, spannend und lustig. Er konnte sehr witzig sein. Die Jungs liebten das, sie bissen jedes Mal an. Die Jungs hielten sich selbst für witzig, was einige von ihnen tatsächlich auch waren, aber er war natürlich viel witziger, ganz ohne sich anstrengen zu müssen. Sein Humor wirkte vollkommen mühelos, und er war ihnen immer ein paar Schritte voraus, was sie natürlich wussten, sie konnten es spüren, was das Ganze umso aufregender machte. Es war eine Art Sport, dieses Geplänkel, bei dem er ihnen stets voraus war, es sei denn, einer von ihnen schätzte die Lage falsch ein und ging zu weit. Der Grat war schmal, und manchmal überschritten sie ihn. Sie merkten zu spät, dass sie zu weit gegangen waren, zu weit und möglicherweise in die falsche Richtung. Gab es eine Richtung, führte das Ganze irgendwohin? Wer konnte das schon wissen, tja, nun war es vorbei und der Unterricht wurde fortgesetzt. Recht so. Manchmal nahm das Geplänkel furchtbar viel Zeit in Anspruch, ein paar Schritte vor, ein paar Schritte zurück, und anfangs war es noch aufregend gewesen, ja, die ersten paar Monate hatte auch sie es unheimlich lustig gefunden, diese Unbeschwertheit war nämlich etwas vollkommen Neues – in seinem Klassenzimmer fröstelte niemand, ganz im Gegenteil –, aber irgendwann war es nicht mehr neu, und sie war genervt. Sie fragte sich sogar, ob er vielleicht zu einer Karikatur seiner selbst wurde. Wie die anderen spürte sie, dass er ihnen immer ein paar Schritte voraus war, gleichzeitig hatte sie das Gefühl, dass er sich auf das Niveau der Klasse hinunterbegab. Ein paar Schritte voraus, ja gern – aber doch bitte nicht auf demselben Niveau, wo er doch eigentlich auf einer ganz anderen Stufe hätte sein müssen. Oder? Sie wurde den Eindruck nicht los, dass er vor ihnen katzbuckelte und sich zum Narren machte, und das ärgerte sie, es machte sie richtig wütend, sie wollte ihn nicht als Narren sehen, und so beschloss sie, nicht länger mitzuspielen. Sie lachte nicht mehr mit den anderen, denn eigentlich war es gar nicht so witzig, was sollte daran witzig sein, immer und immer wieder, sie hatte es satt, sie hatte seine Beliebtheit satt, ehrlich gesagt hatte sie für Beliebtheit nur Verachtung übrig, was brachte es, von allen gemocht zu werden, sie verstand nicht, was daran so reizvoll sein sollte. Wenn Leute dich mochten, suchten sie deine Nähe; manchmal knabberten sie dabei etwas penetrant nach Essig Stinkendes, und nicht selten waren sie in Begleitung einer dritten Person, die sie ebenfalls mochten, aber nicht so sehr wie dich, und natürlich konnte diese Person, wer immer sie war, dich nicht besonders gut leiden, weil ihre Freundin dich am meisten mochte, und du wiederum mochtest keine von beiden besonders gern. Aber da waren sie nun, und eine von ihnen mampfte krachende Chips in der Form winziger Space Invaders, die sie dir und der anderen Person anbot – dir wahrscheinlich zuerst, denn dich mochte sie lieber. Aber du hättest nicht im Traum daran gedacht, deine Hand in die eklige Tüte zu stecken, an deren Innenseite widerliche, fettige Krümel klebten – und obwohl du weggesehen hast, wusstest du, dass die andere Person es kaum erwarten konnte, ihre Hand da reinzustecken, bis zum Gelenk, und dann wühlte sie lautstark und gierig in der ekligen Tüte, bis der Handrücken von widerlichen Krümeln in leuchtendem Orange bedeckt war. Da standen die beiden und knabberten ihre stinkenden, knisternden Chips, und du warst mittendrin und irgendwie zwischen ihnen gefangen, obwohl du kein einziges Wort gesagt hattest. Exakt die Art von unangenehmem Szenario, in dem beliebte Leute sich wiederfinden, das wusste sie genau – sie wusste, Beliebtheit bedeutet, jederzeit in die Falle zu gehen – nein, so etwas barg keinerlei Reiz, und sie hatte es satt zu sehen, wie Mr Burtons Beliebtheit dazu führte, dass die anderen pausenlose Witzigkeit von ihm erwarteten. Was, wenn ihm einmal nicht danach war? Hatte er Angst, er könnte sie enttäuschen? Die Jungs hielten sich für die Größten, ehrlich, es war unfassbar. Sie wurden die eigenen Stimmen niemals leid, nicht mal für eine Minute, außerdem hatte der Klang ihrer Stimmen sich verändert – anscheinend waren sie im Stimmbruch. Wenn sie diesen seltsamen Ausdruck hörte, stellte sie sich vor, wie tief unten in der Kehle etwas zerreißt, eine dünne, rosafarbene Membran möglicherweise, einem Jungfernhäutchen gleich. *Darüber* wusste sie Bescheid, sie wusste, auf welche Weise *das* zerrissen wird, alle wussten es, aber sie hatte keine Ahnung, was die Stimme eines Jungen brechen lässt. Vielleicht war ständiges

Reden die Ursache, vielleicht konnten sie deswegen keine fünf Minuten lang den Mund halten. Dann wiederum sagte Woody kaum je ein Wort und hatte trotzdem die tiefste Stimme von allen; wer wollte also wissen, was das dünne rosa Häutchen in der Kehle eines Jungen zerreißt und dafür sorgt, dass seine Stimme aus tieferen Regionen kommt und eine dunklere, seriösere Klangfarbe annimmt? Die männliche Stimme bricht, das weibliche Jungfernhäutchen reißt – und dann? Wie ihr aufgefallen war, kasperten die Jungs im Stimmbruch weniger herum, gerade so, als wären sie jetzt zu erwachsen dafür. Jawohl, sie waren jetzt erwachsen, und alle sollten es erfahren, auch Mr Burton. Vor allem er. Aber den Klang der eigenen Stimme mochten sie immer noch, auch das war ihr aufgefallen. Vielleicht mochten sie ihn jetzt sogar noch lieber, weil er tiefer war und eine tiefere Stimme natürlich kräftiger und viel männlicher klingt, was bedeutete, dass diese Jungs sich für Männer hielten, und tatsächlich redete er ein bisschen anders mit ihnen. Manchmal raunte er ihnen eine Bemerkung zu, und dann lachten sie alle zusammen, was sie richtig anwiderte – diese aufgesetzte männliche Kameradschaft brachte sie wirklich auf die Palme. Wie leicht es für die Jungs war, ernst genommen und eingeweiht zu werden – hätte sie selbst so etwas bei einer Lehrerin versucht, wäre es ihr sehr übel genommen worden. Die Lehrerinnen wollten nicht, dass man ihnen zu nahe kam, sie schwankten zwischen kalt und heiß – meistens waren sie kühl, und dann plötzlich gaben sie sich aus heiterem Himmel warm, warm und parfümiert und absolut strahlend, bevor sie einem wieder die kalte Schulter zeigten. Das große Frösteln. Als hätte man sie mit einem Trick aus der Deckung gelockt. Es war ganz erstaunlich. Eine hatte eine federförmige Narbe quer über dem Hals, die sie fast immer unter einem Tuch versteckte, und dann eines Tages nicht mehr. Eines Tages stand sie ohne Tuch um den Hals vor der Klasse und alle konnten die federförmige Narbe sehen, aber das wirklich Unvergessliche an ihr waren die Augen. Ihre Augen waren hellgrün. Wahrscheinlich war sie noch überhaupt nicht alt. Sie trug fast immer Stiefel, lange Röcke und lange Tücher. Und dann, nachdem sie zwei Jahre lang Mrs Hurly gewesen war, änderte sie ihren Namen. Jawohl, von nun an sollten alle sie Miss Selby nennen, was viel hübscher klang und besser zu ihr passte. Das ist ihr Mädchenname, sagte irgendjemand. Ihr Mädchenname – kein Wunder, dass er so seidig zischte und so gut zu ihr passte. Sein Name würde sich hingegen niemals ändern, sein Name war und blieb derselbe, Burton, immer nur Burton, seit er ein kleiner Junge war, und für die anderen würde es ebenso sein, nicht wahr, auch ihre Namen würden sich niemals ändern. Die Jungs würden immer so heißen wie jetzt, Robert Ellis, Liam Sykes, Paul Carter, Mark Kuklinski und so weiter. Ehrlich gesagt hatte sie von jedem Einzelnen die Nase voll und spürte einen heftigen Ärger darüber, dass sich mehr und mehr von ihnen durch eine plötzlich tiefer gewordene Stimme bei Mr Burton einschleimen konnten, gerade so, als hätten sie es ihrer Intelligenz und Bildung zu verdanken. Es traf sie bis ins Mark. War er wirklich so dumm und glaubte, das allein mache sie zu Männern, die irgendeine Ahnung hatten? Denn von ihrem Platz aus wirkten und klangen diese Jungen nicht im Entferntesten wie Männer mit einer Ahnung von irgendwas. Nein, er war nicht dumm, natürlich nicht. In der Tat war er sehr schlau, und gelegentlich blaffte er die Jungs sogar an, oh ja, sie waren zu weit gegangen, also gab es doch Grenzen, immer noch, aber sie wussten natürlich nicht, wo diese Grenzen lagen, sie merkten nie, wann sie sich zu viel erlaubten. Er hingegen wusste es. Und ob! Er war derjenige, der die Kontrolle behielt, und gelegentlich blaffte er sie an und wies sie zurecht, und das gefiel ihr. Es gefiel ihr, wenn er sie in die Schranken verwies. Er konnte dabei sehr verletzend sein, was ihr wirklich eine große Genugtuung verschaffte. Dann saßen die Jungs da und fühlten sich lächerlich, sie konnte fast spüren, wie lächerlich und wie verletzt sie sich fühlten. Sie wagte es aber nicht, zu den Jungen rüberzusehen. Wenn man im Moment der Demütigung zu ihnen rübersah, zog man ihre Verachtung auf sich, und später nach der Schule, auf dem Heimweg, würden sie etwas sagen oder tun und einen auf eine Weise demütigen, über die man niemals hinwegkäme. Sie wusste es, sie wusste es genau, und obwohl es ungeheuer verlockend gewesen wäre, in ihre dummen, verletzten Gesichter zu sehen, warf sie, wenn der eine oder andere von ihnen zurechtgewiesen wurde, nicht einmal einen flüchtigen Blick hinüber.

Die Schadenfreude wäre weniger verlockend erschienen, hätte es draußen vor dem Fenster etwas zu sehen gegeben, womit sie sich hätte ablenken können. Doch abgesehen von den kümmerlichen Zweigen zur Linken gab es vor dem riesigen, breiten Fenster rein gar nichts zu sehen. Ihr Arbeitsheft lag natürlich die ganze Zeit aufgeschlagen vor ihr auf dem Tisch. Ja, da lag es und wartete auf den einen oder anderen Eintrag. Eigentlich war es kaum auszuhalten – um Gottes willen, nun kommt endlich in die Gänge. Kein Wunder, dass sie so oft zum Stift griff und auf den hinteren Seiten herumkritzelte. Das war es, was sie eigentlich wollte: etwas auf Papier festhalten. Auf den hinteren Seiten herumzukritzeln war immer eine willkommene Abwechslung – kleine, filigrane Kritzeleien, während um sie herum der Blödsinn weiterging. Wäre sie talentierter gewesen, hätte sie vielleicht etwas Konkretes gezeichnet, vielleicht hätte sie dagesessen und ihre Umgebung skizziert, Federmäppchen und Gesichter, aber sobald es darauf ankam zu zeichnen, was sie vor Augen hatte, erwies sie sich als hoffnungsloser Fall. Manchmal fragte sie sich, ob ihr mangelndes Interesse an der Umwelt sich womöglich aus ihrer Unfähigkeit ergab, diese Umwelt akkurat abzubilden. Oder vielleicht war es umgekehrt, vielleicht war ihre Unfähigkeit, die Dinge akkurat abzubilden, eine Folge mangelnden Interesses. Dabei interessierte sie sich sehr, sie interessierte sich für fast alles, nur eben nicht dafür, wie es aussah. Sie misstraute dem Schein, kein Wunder, hielt ihre Großmutter mütterlicherseits doch fast jeden Menschen für einen Wolf im Schafspelz, eine doppelt verwirrende Haltung, weil ihre Großmutter väterlicherseits ständig sagte, Soundso tue immer so lammfromm, kriege sich aber mit allen in die Wolle; und betonte ihre Mutter nicht bei jeder Gelegenheit, es stecke mehr dahinter, als man auf Anhieb erkennen könne? Und tatsächlich hatte sich vieles, was auf den ersten Blick absolut in Ordnung schien, im Nachhinein als durch und durch verdorben entpuppt, und so war es kaum verwunderlich, wenn sie hinter die Fassade gelangen und herausfinden wollte, was wirklich dahintersteckte. Vielleicht war es am Ende dieser Wunsch – zu erfahren, woraus eine Sache wirklich gemacht ist –, der auf den Stift einwirkte und ihn hemmte. Das erschaffene Abbild hatte kaum Ähnlichkeit mit seinem Gegenstand, sie bekam einfach keine glaubhafte Darstellung hin und ärgerte sich darüber, es wieder und wieder versuchen zu müssen. Wozu eine Illusion reproduzieren? Eine Zeit lang hatte sie versucht, Vögel aus dem Gedächtnis zu zeichnen. Der Schnabel war kein Problem, auch nicht das kleine Knopfauge, dann dort hinten eine vorsichtige Schraffur für den Schwanz und irgendwo darunter zwei Tupfen für die Füße. Aber nie schaffte sie es, die Einzelteile zu verbinden, allein der Versuch erschien vermessen. Sie zeichnete Formen, sie zeichnete Symbole, sie zeichnete Muster. Muster und Schnörkel verstellten ihr nicht den Blick – sie verliehen einer Sache, die zu erahnen, aber nicht zu sehen war, eine Gestalt. Dann eines Nachmittags fielen ihr aus heiterem Himmel ein paar Wörter ein, nur ein paar Wörter unter einem Gesicht. Ein Gesicht, ja – sein Gesicht, obwohl er nicht in der Nähe war. Nein, an dem Tag war er nicht da, eine Vertretung leitete den Unterricht, reine Zeitverschwendung, denn er war unersetzlich. Alle hatten schlechte Laune, auch der Vertretungslehrer, im Klassenraum herrschte ein Tohuwabohu, wo um alles in der Welt steckte er, es herrschte ein totales Tohuwabohu. Niemand hatte ihnen erklärt, warum er fehlte, angeblich ging es sie nichts an, nächste Woche würde er zurück sein, und das war alles, was sie wissen mussten – das passte ihnen nicht, nein, das passte ihnen kein bisschen. Eisern schweigend und mit verschränkten Armen saßen sie da, gerade so, als hätte man ihnen unrecht getan. Als hätte er nirgendwo anders zu sein als hier. Sie merkte schnell, dass seine Abwesenheit ihr eigentlich ganz gut gefiel, denn jetzt konnte sie über ihn nachdenken; darüber, wo er wohl war und wie er sich dort gab. Dass er fehlte, geschah ihnen nur recht; sie war froh, dass er woanders war. Sie stellte sich vor, wie er sich die Jacke anzog, eine Jacke, die sie noch nie gesehen hatte. Sie stellte sich vor, wie er in einem blauen Auto herumfuhr, Sonnenlicht auf der Windschutzscheibe; sie stellte sich vor, wie er schnellen Schrittes eine Straße überquerte, wie er die glatten, grauen Stufen eines Verwaltungsgebäudes hinaufsprang, wie er an anderen Menschen vorbeiging, sie stellte sich die Schlüssel in seiner Hosentasche vor und wie andere Menschen draußen in der Welt ihn wahrnahmen. Frauen – sie stellte sich vor, wie Frauen ihn wahrnahmen. Ihn sich auf diese Weise vorzustellen, draußen in der Welt, war aufregend. Sie fragte sich, welchen Gedanken er da draußen wohl nachhing, während er sich die Jacke zuknöpfte, Straßen überquerte oder an Ampeln wartete. Sie stellte sich vor, an seiner Seite zu sein – im Auto, auf dem Gehweg, beim Überqueren der Straße – vielleicht nahmen sie einen Zug in den Nachbarort, oder sie fuhren in seinem blauen Auto an Bäumen und Hecken vorbei, bis in eins jener malerischen Dörfer draußen vor der Stadt – vielleicht hatten sie Kartons oder einen Koffer dabei – vielleicht trug sie einen Hut – vielleicht standen sie auf einer kleinen alten Brücke und sahen auf den Fluss hinunter – vielleicht ließ sie etwas ins Wasser fallen, ein Stück Schilf oder ein Weidenkätzchen, und was würde dann passieren – bestimmt würden sie ans andere Ufer laufen – vielleicht würden sie sich Schuhe und Strümpfe ausziehen und sie bekäme seine Füße und Knöchel zu sehen – stell dir nur vor – seine bloßen Füße und nackten Knöchel. Sie merkte, wie gut sie ihn sich vorstellen konnte, wenn er nicht da war, sie wollte gar nicht mehr aufhören. Sie hatte sein Gesicht vor Augen und konnte davon ablesen, dass er, wenn er nicht da war, gar nicht an die Jungen oder die Schule oder an Bücher oder etwas Witziges dachte. Draußen in der Welt führte er ein Eigenleben. Nun, da er fehlte, konnte sie ihn sehen, wirklich sehen, und ganz langsam begann sie, sein Gesicht auf die Seite zu zeichnen, damit es genau dort blieb, wo es jetzt war, im Zentrum ihres Denkens. Indem sie ihn zeichnete, hielt sie ihn im Zentrum ihres Denkens fest und holte ihn näher heran, so nah, dass alles andere verschwand. Er war nicht abwesend – er war keine Erinnerung – er war hier – er war wirklich hier und bewegte sich durch ihre Fantasie, die er wärmte und überfließen ließ, und natürlich konnte er alles sehen, was dort vor sich ging, wenn auch aus einem leicht schrägen Winkel – durchschauen konnte er das, was ihn umgab, natürlich nicht, noch nicht. Aber dann ging etwas schief, sie war wirklich ein hoffnungsloser Fall, außerdem war der Kugelschreiber falsch, ganz falsch, beziehungsweise das Gefühl, das er erzeugte. Ein Kugelschreiber ist ein unhandliches, fahriges Gerät, das zu führen keine Freude bereitet, und in ihrer ungeschickten Hand offenbarte es gnadenlos ihre fehlende künstlerische Begabung. Das eine Auge war viel zu groß, gerade so, als gehöre es einem anderen Lebewesen, und das Haar, sein schönes, leicht gewelltes Haar, stand nach allen Seiten ab, mal hierhin und mal dorthin, ein Gewirr, das sie mit brennender Scham erfüllte. Es war beschämend – es musste ausgelöscht werden – keine Spur durfte davon übrig bleiben. Sie strich es aus, der Stift fuhr immer rundherum und zog kleine, enge, alles auslöschende Spiralen, wieder und wieder. Wirklich seltsam, wie ihre Faust unentwegt im Kreis herumfuhr – sie wollte partout nicht aufhören. Dann blieb sie auf dem Blatt liegen und malte Wellenlinien, die die engen Spiralen auflockerten und sich zu überbordenden Schleifen ausweiteten, zu einer Art Stahlwolle, die das beschämend misslungene Gesicht auslöschte. Auch die Schleifen streckten und beruhigten sich wieder, ja, sie wurden abermals zu einer Linie, einer glatten Linie, die sich entspannt auf dem Blatt ausdehnte und dann in Wörter ausschlug, nur ein paar Wörter und dann noch ein paar mehr, und die Wörter ergaben eine Geschichte, als wäre sie von Anfang an da gewesen. Binnen Momenten war sie da, die ganze Geschichte – klein, abgeschlossen und unzerstörbar. Sie schlug das Heft zu, drehte die Vorderseite nach oben und legte den erschöpften Kuli darauf. Ihr war irre heiß. Niemand konnte ihrem Arbeitsheft ansehen, was darin stand, es sah ganz gewöhnlich aus, aber sie saß da, betrachtete es von oben und wusste, es enthielt mehr, es enthielt etwas, das überhaupt nicht dort sein musste, etwas Freiwilliges aus heiterem Himmel, ein Geheimnis, das klein war und dennoch den Eingang zu einem verlockenden, unerforschten Reich freigelegt hatte.

Hier entlang, hier entlang, und kein Blick zurück. Sie wollte keine Schokolade, nein, wenn sie Schokolade wollte, würde sie sich selbst welche kaufen, sie trug Zeitungen aus, zweimal wöchentlich sogar, einmal unter der Woche und einmal am Sonntag, sie konnte sich eigene Schokolade leisten, wann immer sie wollte, aber das war es nicht, dafür tat sie das nicht, das war nicht die Idee dahinter, es war überhaupt nicht, was sie wollte. Sie hatte flüchtige Blicke auf ihn erhascht und manchmal etwas unter seiner Haut gesehen, tief in seinen Augen, suchend und unruhig, abschweifend. Sie war noch nicht fertig mit ihm, sie war weit davon entfernt. Sie war es leid, sich abspeisen zu lassen, sie fühlte sich ruhelos und hungrig – etwas musste passieren, jenseits von diesem Tisch, außerhalb dieses Klassenraums. Für die anderen war es in Ordnung, sie lachten sich kaputt und gingen dann beschwingt und selbstzufrieden nach Hause. Etwas musste passieren. Sie wollte ihm die Maske herunterreißen, also verriet sie ihn.

»Seht mal«, sagte ich.
   Die Augen, der Finger und der Mund,
   ja,
   und was er sagte,
   ganz zum Schluss.

Den Schlüpfer eines anderen Mädchens zu tragen war nichts, was man einfach so ausblenden konnte. Es war wie ein Geheimnis, das man für sich behalten musste, das alles an sich riss und die Struktur des Tages komplett veränderte. Was sollte man damit machen, wenn man nach Hause gekommen und sofort nach oben in sein Zimmer gesprintet war, um eine Schublade voller Schlüpfer zu öffnen und einen frischen, eigenen anzuziehen? Einige Mädchen wollten den Schlüpfer nicht wiederhaben, andere glaubten, man gebe ihn nicht zurück, weil man ihn behalten wolle, und wer fremde Wäsche unterschlug, war entweder geizig oder sonderbar. Eine ziemlich vertrackte Angelegenheit. Außerdem sollte meine Mutter nach Möglichkeit nicht erfahren, dass ich den Schlüpfer eines anderen Mädchens getragen hatte. Wenn ich ihn in die Schmutzwäsche gab, würde sie ihn sofort bemerken und fragen, woher er kam. Was die Herkunft der Dinge anging, war meine Mutter sehr eigen, sie mochte es nicht besonders, wenn etwas quasi aus dem Nichts auftauchte. »Wo um alles in der Welt kommt die denn her??«, rief sie und hielt mit spitzen Fingern und auf eine Armlänge Abstand eine Hose mit Garfield-Muster in die Höhe. Meine Mutter mochte es nicht, wenn die Sachen fremder Leute mit unseren Sachen in Berührung kamen, und weil ich vermutete, dass es dafür einen guten Grund gab, war ich mir unserer Sachen und der Sachen anderer Leute sehr bewusst und immer wieder erstaunt, wie wenig die anderen auf ihre Sachen achteten – wie ich bemerkte, gingen sie geradezu nachlässig damit um, wohingegen mir beigebracht worden war, meine Sachen pfleglich zu behandeln. Diese Ungleichheit im Umgang mit den Dingen führte dazu, dass fremde Sachen, mit denen leichtfertig herumgeschludert wurde, eine völlig andere Aura besaßen als jene, die mir gehörten. Ihre Sachen wirkten billiger, entbehrlicher, während meine besonders und kostbar waren, geradezu unersetzlich, und deswegen hatte ich eine Heidenangst, sie zu verlieren oder kaputtzumachen. Dennoch hatte ich die furchtbare Angewohnheit, Dinge einfach »liegen zu lassen«. Etwas auszuziehen und beispielsweise im Gras zu vergessen. Aus den Augen, aus dem Sinn, wie es so schön heißt. Wenn ich die Treppe hinaufstieg, stand mein Vater oft unten im Flur und sagte mit einem Anflug von fröhlichem Sarkasmus, wie er in vielen markigen Proletariersprüchen mitschwingt: Aus den Augen, aus dem Sinn, hm? Die mir unterstellte Gleichgültigkeit konnte er, der sich im Leben so weit hochgearbeitet hatte, letztlich nur missbilligen, doch im Innern freute er sich darüber, wie wenig es mir bedeutete, dieses, das oder jenes zu besitzen. In meinem Vater schwelte ein Dauerkonflikt: Einerseits war er zu Recht stolz darauf, wie weit er es in seinem Beruf gebracht hatte, und auch auf die materiellen Annehmlichkeiten, die er seiner Familie deshalb bieten konnte; andererseits kam er sich manchmal aber auch wie ein Trottel vor, weil er das alles mitmachte – arbeiten und kaufen, arbeiten und kaufen – mehr arbeiten und teurer kaufen – am Ende war alles nur ein großes Spiel, nicht wahr, das wusste er selbst, und er wusste auch, dass er aus diesem Spiel wohl kaum als Sieger hervorgehen würde, und so rumorte sein innerer Konflikt immer weiter vor sich hin. Natürlich kam es manchmal vor, dass jemand etwas Schöneres besaß als ich, aber ich war nur selten neidisch, weil das gute Stück nach spätestens ein paar Wochen ganz gewöhnlich aussehen würde, während mein Besitz kostbarer wurde, je mehr Zeit verging. Ich begriff, dass meine Mutter tatsächlich ein gutes Auge für die schönen Dinge hatte, und sie betrachtete es als ihre Aufgabe, für uns alle nur das Allerschönste auszuwählen. Ich will nicht behaupten, sie wäre materialistisch oder habgierig gewesen, aber schöne Dinge zu besitzen, war ihr wichtig. Vielleicht weil meine Eltern, als sie heirateten und ich zur Welt kam – beides passierte kurz hintereinander –, praktisch nichts besaßen. Überhaupt nichts, und soweit ich weiß, wurde ihnen auch nichts geschenkt. Wenigstens nichts, was sie hätten haben wollen. Sie mussten bei null anfangen, und da wurde es natürlich wichtig, Besitz anzuhäufen. Besitz hilft einem dabei, das Unerwartete geplant und sogar wünschenswert erscheinen zu lassen. Die Dinge geben dem Leben einen Halt. Wie Steine auf einem Strandtuch verhindern sie, dass es weggeweht wird oder dir um die Ohren fliegt. Schöne Dinge vermitteln dir das Gefühl, einen guten Job zu machen, und ganz nebenbei bringen sie die anderen zum Schweigen. Solange du von schönen Dingen umgeben bist, kann niemand etwas sagen. Niemand kann dir etwas anhaben. Und im Laufe der Jahre kamen immer mehr schöne Dinge hinzu, wirklich hübsche Stücke. Ein weißes Baumwolljäckchen mit gestreiftem Revers und großen, quadratischen Taschen, und im September ein schicker, marineblauer Mantel mit doppelter Knopfreihe und abgerundetem Samtkragen. Cocktailkleider mit glatter Schärpe. Ochsenblutfarbene Slipper, Socken mit Rautenmuster, ein Krug und eine Schale im Rosenknospendessin, sonntags Croissants, Shampoo mit Bananenduft, Frauenhaarfarne, Urlaub auf den Kanarischen Inseln, vergoldete Badarmaturen, Baisers, Levi's 501, Blumenfeen, Ray-Bans, Eiscreme von Feast und Tennisschläger von Slazenger, maßgefertigte Jalousien, Betty-Boop-Sweatshirts, Barbour-Jacken, Pineapple-Leggings, Wedgwood-Porzellan, Mahagonimöbel von Stag, Laura-Ashley-Tapeten, ein Rennrad von Raleigh, Ballettschuhe, Clinique und Volvo, Thorntons-Ostereier und Fish und Chips von Chez Fred. Ich schlief in der gleichen Bettwäsche wie Helena Bonham Carter. Ich traute meinen Augen nicht, als ich das Foto in der Wochenendbeilage der *Sunday Times* sah. Sie saß mit offener, immenser Haarpracht auf ihrem Bett, und der Rosenknospenbezug der Überdecke war der gleiche wie der Rosenknospenbezug, auf dem ich in dem Moment saß. Am liebsten hätte ich die Seite herausgerissen und in meinen Rosenknospen-Kissenbezug gesteckt, genau der gleiche wie ihr Rosenknospen-Kissenbezug.

Helena Bonham Carter auf einem Bett sitzen zu sehen, das aussah wie mein Bett, war berauschend. Plötzlich konnte ich glauben, dass es zwischen uns eigentlich keinen großen Unterschied gab, und während ich ihre romantischen, üppigen, glänzenden Locken betrachtete, meinte ich zu spüren, wie meine stumpfen Schnittlauchhaare sich auf das Herrlichste verdickten. Neben meinem Zimmer war das Bad, und kurz bevor ich von zu Hause auszog, um in London zu studieren, entdeckte ich eines Tages eine Ente an der Badezimmerwand, direkt über dem Spülkasten. Ich konnte es nicht fassen – wo kam die denn her? Meine Mutter hatte sie selbst gemalt. »Was meinst du?«, fragte sie. »Sieht es sehr bescheuert aus?« Die Ente war plötzlich und unerwartet aufgetaucht und sorgte für viel Wirbel. Kurz nach ihrem Erscheinen wurden all die schönen, von meinen Eltern so mühsam zusammengetragenen und so sorgfältig arrangierten Dinge aus dem Leben hinausgefegt, dem sie einen Halt gegeben hatten; sie wurden in Zeitungspapier gewickelt und in getrennten Kartons verpackt, von denen einige wer weiß wo landeten und andere auf dem Dachboden der Mutter meines Vaters, und nun kann sich niemand mehr an ihren Inhalt erinnern. Seither ist viel Zeit vergangen, aber manchmal merke ich, dass ich an wenig geliebten Dingen festhalte aus dem einzigen Grund, dass ich sie schon so lange besitze. Irgendwie dreht sich diese Argumentation im Kreis, aber so geht es immer weiter.

Mr Burton war sehr wütend. Man hatte die Bücher natürlich durchnummeriert, und die zurückgegebenen waren von der Liste gestrichen und in Kartons verstaut worden. Als er das Klassenzimmer betrat, schwang die Tür so weit auf, dass sie gegen die Wand knallte. Schnell und mit gesenktem Kopf ging er direkt zu seinem Pult. Mir wurde übel. Ich spürte ein Pochen am ganzen Leib. Überall. Es war sehr aufregend. Ich weiß nicht mehr, was er sagte. Er sprach mit gesenktem Kopf. Er blickte auf sein Pult und schob Zettel hin und her, und was er sagte, ergab nur für unseren Tisch einen Sinn; die anderen Mädchen interessierte es nicht, und sie nahmen kaum Notiz davon. Hasserfüllte Augen bekam natürlich alles mit. Sie lächelte mich in ironischer Innigkeit an, ihre Lippen formten ein stummes »gut gemacht«. Ich konnte den Blick nicht von ihm abwenden. Von seinem Gesicht. Wie die Haut sich vor Entrüstung kräuselte und zuckte. Ich fühlte mich unglaublich schlecht. Und dann fühlte ich mich einfach nur noch schlecht. Was hatte ich getan? Er sah mir nicht in die Augen. Während der gesamten Unterrichtsstunde sah er mich kein einziges Mal an. Vielleicht würde er mich nie wieder ansehen. Wenn es irgendwo einen Platz zum Schluchzen gegeben hätte, wäre ich sofort hingegangen, um mir die Seele aus dem Leib zu schluchzen und für immer dort zu bleiben, doch weil es so einen Ort nicht gab, musste ich mich stattdessen durch den verbliebenen Tag schleppen und die aufgestauten Tränen hinunterschlucken wie Galle. Möglicherweise würde ich darin ertrinken. Es geschähe mir nur recht. Vielleicht wäre es das Beste – was, wenn er mich nie wieder ansah? Weil ich den Gedanken nicht ertragen konnte, blieb mir nichts anderes übrig, als zu ihm zu gehen; war mir nicht, während ich den Finger gehoben hatte, bewusst geworden, dass ich eine Kettenreaktion in Gang setzte, an deren Ende mir nichts anderes übrig bleiben würde, als zu ihm zu gehen? Es war Freitag. Freitage fühlten sich sowieso anders an, besonders die Nachmittage. Alle konnten es spüren, die Schüler und die Lehrer auch. An einem Freitagnachmittag durfte man sich mehr herausnehmen als sonst, weil die anderen mit ihren Gedanken längst woanders waren. Alle standen vor einer Art Schwelle und taten und sagten die ungewöhnlichsten Dinge, denn es herrschte ein stilles Einvernehmen darüber, dass alles, was am Freitagnachmittag gesagt und getan wurde, im kalten Licht des Montagmorgens wie aus einer anderen Welt erschien und dass es, sobald wir wieder in den vertrauten, langweiligen Alltag zurückgefunden hatten, nicht noch einmal erinnert oder erwähnt werden würde. Das Lehrerzimmer lag am Ende eines Flurs im Erdgeschoss des Englischtrakts. Ich sage Flur, was nach einem schmalen Gang klingt, dabei war er gar nicht schmal, sondern breit. Ich kann mich nicht erinnern, dass es in irgendeinem der Gebäude einen schmalen Flur gegeben hätte, außer natürlich im Verwaltungsflügel, den aber niemand je betrat, obwohl er den Sprachentrakt mit der Eingangshalle verband – in dem Flur hielt man sich höchstens auf, wenn man warten musste, entweder auf die Krankenschwester oder auf den Schulleiter. Ich weiß nicht, woraus der Bodenbelag im Englischtrakt bestand, aber in meiner Erinnerung ist er dunkel und harzig und voller beweglicher Lichtreflexe, und dazu voller Spiegelungen und Schatten. Der Boden ist präsenter als die Türen, die nach allen Seiten zu den Klassenräumen und zum Lehrerzimmer abgehen. Ich klopfte an die Lehrerzimmertür, und sie wurde prompt geöffnet, also ja, ich hatte tatsächlich geklopft. Er stand drinnen, ich stand draußen und sah ihn an, und dann sah ich an ihm vorbei. Alles war still. Außer uns war niemand da. Ich konnte bis zum hinteren Ende des Lehrerzimmers sehen und entdeckte ein bodentiefes Fenster, ähnlich dem im Klassenraum. Davor wuchsen hohe, buschige Sträucher, deren dichtes Blattwerk einen eigenen Bereich schuf, unzugänglich und privat. Wenn die Lehrkräfte sich hier aufhielten, wollten sie uns nicht sehen, was vollkommen verständlich war. Ihnen außerhalb des Unterrichts zu begegnen, fand ich ohnehin seltsam, geradezu unangenehm – und doch hatte ich mich danach gesehnt, ihm woanders zu begegnen, meine Vorstellung von ihm passte nicht mehr ins Klassenzimmer, sie war dem Zimmer entwachsen, oh ja, und wie. Ich trat ein, und er schloss die Tür hinter mir, und dann war ich mit ihm im Lehrerzimmer allein, da war nur er und niemand sonst. Das Lehrerzimmer wirkte eher klein. Alles schien so still und wachsam. Überall standen Bücherregale und davor Stühle mit Schaumstoffpolster und hellen Holzlehnen. Einige der Bezüge waren blassblau, andere apricotfarben. Ich sehe meine Jacke auf einem der Stühle. Manchmal ist sie grün, manchmal lila. Ich kann mich an beide Jacken erinnern, sie hatten Schulterpolster und stoffbezogene Knöpfe. Die eine gehörte meiner Mutter, die andere hatte ich im Ausverkauf bei McIlroy's gekauft. Sie war mir viel zu groß. Welche auch immer es war – wenn sie auf einem Stuhl lag, hatte ich sie wahrscheinlich über dem Arm getragen, denn ich wäre niemals auf die Idee gekommen, sie auszuziehen. Warum habe ich sie nicht einfach festgehalten? Sie war weder schwer noch sperrig. Wahrscheinlich hatte er mir angeboten, sie abzulegen. Vielleicht hat er sie mir abgenommen und selbst auf den Stuhl gelegt. Aber warum? Weil ich geweint habe, weil ich mir endlich das Herz aus dem Leib schluchzen konnte, und vielleicht war der Anblick, wie ich mir das Herz aus dem Leib schluchzte und mich dabei an eine Erwachsenenjacke klammerte, einfach zu erbärmlich. Vielleicht war sie, obwohl sie weder schwer noch sperrig war, trotzdem im Weg. Etwas wurde in die Höhe gehoben, ja, es wurde entfernt, es wurde genommen und auf einen Stuhl gelegt. Eine grüne oder lila Jacke auf einem apricotfarbenen oder blassblauen Stuhl. Ich erinnere mich an kein einziges meiner Worte.

Ich weiß noch, dass er den Kopf gesenkt hielt, weil er ziemlich groß war und ich eher klein, er sah auf mich herab, und wir hatten noch nie so dicht beisammengestanden wie in dem Moment. Er zog ungläubig die Augenbrauen hoch und sagte etwas wie: so viele Tränen aus einem so kleinen Mädchen, was mich wahrscheinlich noch mehr zum Weinen brachte, weil es liebevoll und komisch klang und weil ich unglaublich erleichtert war, ihn so reden zu hören, denn als er mich ignoriert hatte, war mir die Welt öde, gleichgültig und unendlich groß erschienen und ich selbst einfach nur verabscheuungswürdig. Wahrscheinlich sagte ich ihm, dass es mir leidtue, und er sagte, er wisse, es sei nicht meine Idee gewesen, worauf ich sehr empört reagierte, ich versicherte ihm, es sei durchaus meine Idee gewesen, meine allein; ich habe keine Ahnung, warum ich das unbedingt klarstellen wollte. Wahrscheinlich wollte ich nicht, dass er mich für durch und durch gut hielt. Oder ich wollte ihm zeigen, dass ich vielleicht klein war, aber trotzdem sehr viel in mir steckte. Ich war fleißig und gewissenhaft, ja, aber das hinderte mich nicht daran, auf wilde und unvernünftige Ideen zu kommen. Ich vermute, dass er die Sache herunterspielte und sagte, das Ganze sei kein Weltuntergang, wir alle täten hin und wieder Dinge, auf die wir nicht stolz seien, das sei nur menschlich – in der Tat habe auch er etwas zu beichten. Er habe, sagte er, hinten in mein Arbeitsheft geschaut. Ja, daran erinnere ich mich. Natürlich erinnere ich mich, denn ich war schockiert. Was zum Teufel?! Die Lehrer sahen nie hinten ins Arbeitsheft, weiß der Himmel, was er hinten in meinem Heft gesucht hat. Allein die Vorstellung. Aber eigentlich war es nicht sein Geständnis, das mich so schockierte, sondern der Klang seiner Stimme. So weich, verletzlich, beinahe flehend – unerträglich liebenswert. Noch nie hatte jemand so mit mir gesprochen. Ich wollte die Arme heben und sein Gesicht in meine Hände nehmen. Er war gewesen, wo er nicht hätte sein sollen, und dort hatte er einen eigenartigen Fund gemacht. Eine seltsame Geschichte, sagte er, und dann wollte er wissen, ob ich sie mir selbst ausgedacht hatte. Ich bejahte, und er fragte, ob ich noch mehr solcher Geschichten hätte, und ich nickte, obwohl es gar nicht stimmte; und was fragte er dann? »Darf ich sie lesen?« »Möchtest du, dass ich sie lese?« Ich weiß die genaue Formulierung nicht mehr. Der Moment war sehr schön. Damals war er schön, und jetzt im Rückblick ist er vielleicht sogar noch schöner. Kostbar. Ein kostbarer Moment. Er hatte einen Ort besucht, an dem er nicht hätte sein sollen, und er wollte dorthin zurück – das war mein Eindruck damals. Okay, sagte ich, wenn Sie wollen, bringe ich Ihnen welche mit. Und genau das habe ich dann auch getan, ich schrieb Geschichten und brachte sie ihm, jeden Freitag eine.

Alle paar Jahre verspüre ich den Drang, mich an den Moment zu erinnern, und an die Ereignisse, die ihm vorausgingen. Ich will ihn nicht bloß erinnern, sondern aufschreiben, wieder und wieder. Ich möchte noch einmal aufschreiben, wie er auf den hinteren Seiten meines Arbeitshefts etwas Geheimes entdeckt und mich fragt, ob es noch mehr davon gibt. Er wünschte sich mehr von etwas, was ich erschaffen hatte, was mir gehörte, was ich war – ich konnte das eine nicht vom anderen unterscheiden –, die Aufmerksamkeit eines begehrten Mannes oder einer begehrten Frau lässt die Trennlinie verschwimmen. Ich erinnere mich daran, dass ich meine Geschichten auf lose, unlinierte DIN-A4-Blätter schrieb, die mein Vater von der Arbeit mitgebracht hatte. In Schreibschrift, wie heute noch, nur vermutlich viel sauberer. Anschließend tackerte ich die Blätter zusammen, was mir nicht immer auf Anhieb gelang – im Umgang mit Tackern war ich nie sonderlich geschickt, auch nicht mit Kopierern. Und am Freitag habe ich ihm die neue Geschichte überreicht. Worüber habe ich geschrieben? Über Kleinigkeiten. Über ein Wartehäuschen zum Beispiel, das durch unzählige übereinander gemalte Sätze und Bilder zur lebenden Galerie wird. Über einen Jungen mit AIDS, der in der Bücherei am Fenster sitzt und den Spielplatz draußen beobachtet; er sieht die aufgerissenen Münder brüllen und brüllen und kann doch nichts hören. Über eine verhasste Katze, die an einem Sommernachmittag im Garten, wo jemand lesen möchte, die Ruhe und Konzentration stört. Das versonnene Mädchen im weißen Unterhemd hört Bremsen quietschen und ein Jaulen; anscheinend wurde die Katze überfahren, und das Mädchen sinkt zufrieden auf die Liege und tiefer ins Buch hinein. Woher dieser Hass auf die Katze? Die Katze kommt zurück, tritt in die Milchschale, trippelt mit hoch erhobenem Schwanz durchs Haus und hinterlässt weiße Pfotenabdrücke, wie um zu sagen: Ich bin hier, ich bin hier, ich bin hier und dort und gehe nicht weg. Ich gab ihm die Geschichten am Freitag, damit sie drei Nächte und zwei Tage in seinem Haus verbringen konnten. Sie lagen dort irgendwo herum und absorbierten eine Umgebung, die ich nie zu sehen bekommen würde. Seine Samstage. Seine Sonntage. Wer war er an diesen Tagen? Welche Kleidung trug er? Wo saß er? Wo las er meine Geschichten? Allein an einem breiten Fenster, wo sonst. In einem Sessel, aber nicht in einem großen, weichen, nachgiebigen, sondern in einem kleinen, eleganten, der schräg zum Fenster ausgerichtet stand. Das Fenster war vielleicht eine Terrassentür, und der Garten dahinter war ein Dschungel voller Ranken und Triebe, voller Hagebutten, Holunderblüten, kleiner Vögel, Äpfel, Birnen, alter Bäume und spektakulärer Farne. Ich war bei ihm. Ich hatte es geschafft, ich hatte eine Grenze überwunden. Ich war dort, wo ich nicht sein sollte. Ich war bei ihm – und er war bei mir. Das ganze Wochenende über konnte ich ihn spüren, egal, wohin ich ging, den ganzen Tag und die ganze Nacht. Am stärksten, wenn ich im Dunkeln lag und es sich fast so anfühlte, als wäre ich aus ihm gemacht. Schreiben konnte das bewirken. Schreiben bot eine Möglichkeit, jemanden zu erreichen und ihm nah zu sein, obwohl man es nicht war und nie sein würde. Hier begegneten wir einander. Hier verschwamm die Trennlinie zwischen uns. Wenn er mir am darauffolgenden Dienstag die Geschichte zurückgab, war das Papier mit ihm beschichtet – es zu berühren war, wie seine Haut zu berühren. Langsam schoben sich meine Fingerspitzen auseinander und die Seite hinauf. Hier und dort hatte er mit einem Bleistift Anmerkungen eingetragen, knapp und anspornend. Sie bedeuteten mir nichts, aber ich mochte es, seine Handschrift neben meiner zu sehen, manchmal überschnitten sie sich sogar. Das Papier war unliniert. Ich schrieb mit Füller. Wie heute noch.

III.

Lass die Vögel herein

»Denn Bücher sind nicht absolut tote Dinge, sondern tragen doch eine Kraft des Lebens in sich, so rege wie jene Seele, deren Abkömmling sie sind; besser gesagt enthalten sie, einem Flakon gleich, die reinste Wirkkraft und die Essenz des lebendigen Intellekts, der sie hervorgebracht hat.«

Areopagitica, John Milton

Mit Anfang zwanzig schrieb ich eine Geschichte über einen Mann namens Tarquin Superbus. Tarquin Superbus war ein sehr eleganter Mensch, der irgendwann in einem vergangenen Jahrhundert in einer sehr eleganten Stadt in Europa lebte. In welchem Jahrhundert, ließ ich offen, ich setzte lediglich ein »Vor langer Zeit« an den Anfang und beließ es dabei, weil ich mir selbst nicht sicher war, wann oder wo genau die Handlung spielte. Ehrlich gesagt sprang meine Vorstellung vom Wann und Wo von Jahrhundert zu Jahrhundert und von einem europäischen Land ins andere. Manchmal schien es, als deute meine Beschreibung der Figur Tarquin Superbus', ihrer Wohnung und ihrer Heimatstadt auf das 19. Jahrhundert hin. An anderen Tagen fand ich, dass die Atmosphäre den Sitten einer viel früheren Zeit entsprach, der anbrechenden Renaissance vielleicht. Die Geschichte in einer Zeit anzusiedeln, in der Europa auf der Schwelle zur Moderne stand, ergab thematisch einen Sinn, aber wenn Tarquin Superbus dann den Mund aufmachte und sich beispielsweise mit dem Doktor unterhielt, bediente sich keiner von beiden der Ausdrucksweise jener Zeit; ihre Art zu reden erinnerte mich vielmehr an zwei Gentlemen aus der Mitte des 19. Jahrhunderts – umständlich, ulkig und anspielungsreich. Neben der Sprache gab es auch noch Tarquin Superbus' Kleidung und Wohnungseinrichtung zu bedenken. Mein Bild von ihm oszillierte. Bisweilen kam er mir wie eine herausgeputzte Figur aus der Commedia dell'Arte vor, in der nächsten Minute trug er einen kecken Dreispitz und wirkte sehr rüstig, mal steckte er in einer bauschigen Halskrause und mal in perlweißen Strümpfen – sieh an, da kommt er, leichtfüßig und mit auffällig gekreuzten Strumpfbändern à la Malvolio. Oft hatte er einen Spazierstock mit Silberknauf dabei. Gelegentlich war dieser Silberknauf geformt wie ein goyaeskes Eulenküken mit gierig gespreizten Flügeln, ein andermal wie die mürrische, spitz zulaufende Maske des Dottore und dann wieder wie eine kecke Wühlmaus. Unabhängig davon, welche eleganten Details seine Kleidung schmückten, trug Superbus darüber fast immer einen Mantel oder einen Umhang. Meistens einen flatternden Umhang, der sich, wenn er in dieser oder jener dunklen Gasse von einer schummrigen Laterne zur anderen eilte, hinter ihm blähte. Manchmal schien es, als verberge sich in den tiefen, dunklen Umhangfalten ein Dolch oder ein anderes unheimliches Utensil. Pausenlos fielen mir neue Accessoires ein, sie tauchten auf wie aus dem Hut eines Zauberers, und es ärgerte mich, dass der herrliche Überfluss an festlicher Kleidung und verborgenen Kleinodien, die ich mit Tarquin Superbus assoziierte, am Ende womöglich die Glaubwürdigkeit meiner Geschichte untergrub; doch ich hielt daran fest und notierte Anachronismus um Anachronismus, denn zum einen machte es großen Spaß und zum anderen war ich – ungeachtet der historischen Widersprüche – der Meinung, dass solche Details zur Atmosphäre beitragen und die Spannung steigern. Vor langer, vor sehr langer Zeit. Denn spielen nicht auch alle Märchen in diesem Moment – vor langer Zeit, und wann genau, weiß niemand? Was Tarquin Superbus' Wohnungseinrichtung betraf, so fiel mir dazu am ehesten eine Aubergine ein.

Für Auberginen hatte ich immer schon eine Schwäche, hauptsächlich weil sie so stramm in eine glänzende, kugelsichere Dunkelheit gehüllt sind. Als unglückliche Studentin in London habe ich oft davon geträumt, möglichst viele Auberginen unter die quadratische Decke meines schäbigen Schlafzimmers zu hängen. Man stelle sich nur vor, unter einem Kronleuchter aus

züngelnder Finsternis zu liegen – die tanzenden Lichtreflexe auf den glatten, hermetischen Schalen, die be-
ruhigenden Schatten, die die Früchte werfen, sobald der
Verfall sie in langsame, würdige Umdrehungen versetzt,
das Wispern, das Wispern, das Seufzen, das melancho-
lische Leuchten. Oft lag ich da und malte es mir aus,
aber natürlich konnte ich den Traum nie verwirklichen,
denn Auberginen waren teuer, und ich hätte mindestens neunzig Stück gebraucht. Meine Vorstellungen
vom Literaturstudium waren ziemlich wirklichkeits-
fremd gewesen. Ich hatte gemütliche Räume und neue
Ausblicke erwartet, dämmriges Licht und belebte
Stille, schleichende Patina und das allgegenwärtige Zeichen der Lilie, Fahrräder und kleine Brücken, ein um-
gekrempeltes Leben und vor allem blitzgescheite und
charmante neue Leute. Wie sich herausstellte, saßen die
meisten von ihnen am liebsten auf dem Bett, tagsüber
und im Schneidersitz, während sie bei sperrangelweit
geöffneter Tür australische TV-Soaps schauten. »Willst
du einen Tee?«, fragten sie manchmal, wenn ich mit
finsterem Blick im Türrahmen erschien. »Nein«, sagte
ich dann und setzte meinen Weg durch den Flur fort in
der Absicht, sein Ende zu erreichen und dort ein aus-
giebiges, heißes Bad zu nehmen. Die Gemeinschafts-
bäder in den Unterkünften waren einfach, nüchtern
und kalt. Die Spiegel waren dünn und rahmenlos, die
Fliesen weiß, die Fugen schwarz und bröckelig wie
Friedhofserde, die schlichten Wasserhähne verkalkt

und schrill. Aber das Wasser, das sich herausdrehte, war so klar und geräuschlos wie frisch geblasenes Glas. Natürlich gab es auch Duschen, aber die benutzte ich fast nie, weil Gemeinschaftsduschen mich immer an die Todeslager erinnern, also badete ich lieber. Ich glaube, es gab zwei Wannen, vielleicht auch nur eine. Mindestens eine. In einem kleinen Raum mit schräger Decke. Jawohl. Und daneben ein klappriger Holzstuhl. Die Badewanne war sehr tief und aus leicht verfärbter Emaille, das rauschende Wasser aus dem Warmwasserhahn brühend heiß. Nur in der Badewanne fühlte ich mich ungestört, weit weg von allem und jedem, und vielleicht habe ich mir, wenn ich dort lag, Sachen eingebildet. Vielleicht habe ich mir eingebildet, nun wäre ich also doch in einer Anstalt gelandet, wo es wenig zu tun gab und nichts von mir erwartet wurde. Oder ich bildete mir ein, ich wäre ein Dienstmädchen in einer großen Villa, das sich an einem trostlosen Sonntagabend einer Waschung unterzieht, bevor es zu einer kurzen und irgendwie gewaltsamen Verabredung mit dem Hausherrn auf halber Hintertreppe geht. Oft habe ich in meinem Zimmer Möbel umgeworfen und Sachen kaputtgemacht. Jemand, den ich noch aus dieser Zeit kenne, behauptet steif und fest, einmal hätte ich eine Kommode durchs Zimmer geworfen, mit nur zwei Fingern. »Übertreib nicht so«, sage ich. »Zwei«, wiederholt er bedeutungsschwer und hält zwei Finger in die Höhe – schwört er auf die Wahrheit oder will er mir zeigen, wie zwei Finger aussehen? Damals habe ich viel Lapsang Souchong getrunken und die halb leeren Becher überall abgestellt, sodass ein Möbelstück, wenn es umkippte, gleich mehrere Becher mit sich riss und makellos runde, samtige Schimmelteppiche verschleuderte, die durch die Luft wirbelten und wie gruselige kleine Spitzendeckchen auf dem schmuddeligen Bücherregal landeten. Außerdem habe ich die Wände bemalt – nichts Schlimmes, hauptsächlich Wellenlinien aus blauer Kreide vom Billardtisch des King's Head, die ich eines Abends heimlich eingesteckt hatte. Die Wände in Tarquin Superbus' Wohnung hatten jedenfalls die Farbe von Auberginen, ebenso die langen, schweren Vorhänge und auch der Parkettboden. Hier und da gab es weiße Objekte, und diese weißen Objekte schienen zu schweben; aus Handschuhen wurden Tauben und aus Tauben Totenköpfe, sozusagen aufgehängt in der glänzenden, versiegelten Dunkelheit.

Und wo genau war diese Wohnung? Stockholm, Malmö, Basel, Stuttgart, Lyon, Madrid, Turin, Triest. Niemals in England. Auf keinen Fall in England. In der Tat war sie meistens entweder in Wien oder in Venedig. Wenn Tarquin Superbus wieder einmal triumphierte, wenn er sich wie ein Schneekönig über ein neues, besonders filigranes Kleinod freute oder wenn erotischer Kitsch ihn vor lauter Vernarrtheit erbeben ließ, war er ganz sicher in Wien. Ebenfalls in Wien schiebt Tarquin Superbus einen zierlichen Silberlöffel in Wachteleier mit Kaviar, während er an einem kleinen runden Tisch mit strahlend weißem Tuch am geöffneten Fensterladen sitzt und einen unverstellten Blick auf Efeututen und Sternjasmin genießt, welche die schmiedeeisernen Schnörkel, Lorbeerblätter und Quitten des sehr eleganten Balkongeländers umranken. Ebenfalls in Wien macht Tarquin Superbus sich über Kuchen her. Über einen kleinen, klitschigen, intensiv duftenden Kuchen aus dem Osten, der ihm an Daumen und Zeigefinger kleben bleibt. Wenn Tarquin Superbus sich Finger und Daumen ableckt, ist er höchstwahrscheinlich in Wien. In Wien sitzen Tarquin und der Doktor entspannt beisammen und tauschen in freundschaftlichem Ton den neuesten Klatsch aus dem Konservatorium aus. Wenn aber mehrere Hühnereier auf einem kleinen, gedrungenen Herd in der öligen Pfanne brutzeln, ist Tarquin Superbus ganz sicher in Venedig. Spiegeleier spenden Tarquin zuverlässig Trost, und wenn Tarquin Superbus Trost braucht, ist er mit Sicherheit in Venedig. Wenn Tarquin Superbus schlechte Laune hat, ist er in Venedig. Wenn er beleidigt ist und sich ungerecht behandelt fühlt, ist er in Venedig. Wenn es Nacht wird und er die ganze Nacht nicht schlafen kann, ist er in Venedig. Wenn das erlöschende Feuer im Herd zuckt und sporadisch aufflackert. Wenn er sich das Weinglas wieder und wieder bis zum Rand füllt. Wenn er besonders fahrig ist. Wenn er vor Paranoia glüht. Wenn er nicht mehr weiß, wo seine Pantoffeln sind. Wenn die Gespräche mit dem Doktor ihm sprunghaft, kabbalistisch und doppelbödig erscheinen. Wenn sein Realitätssinn aus dem Gleichgewicht gerät, ist Tarquin Superbus in Venedig, denn welche Realität gäbe es dort schon zu finden? Venedig ist ein Ort, der dir ständig Streiche spielt. Du verfolgst deine Schritte zurück und schwörst, du bist aus dieser Richtung gekommen, du erkennst das Zifferblatt einer Uhr, den einbeinigen Bettler, eine Balustrade und ein Schild wieder – Moment, ist das nicht der Platz, auf dem du noch vor einer Stunde Kaffee getrunken hast? Du eilst, du eilst, du eilst zurück zur Unterkunft, aber mit jedem verhuschten Schritt entfernst du dich zuverlässig und immer weiter von deinem Ziel. Und in der Tat wird Tarquin Superbus hier häufiger zum Narren gehalten. Dazu braucht es nicht viel, und hinterher bekommt er einen solchen Wutanfall, dass es fast komisch ist – er ist reingefallen, schon wieder! Tarquin Superbus ist ein verwöhnter Trottel, der das riesige Familienvermögen für esoterische Marotten und kulinarische Spezialitäten verprasst, und natürlich geht er ständig irgendwelchen geschäftstüchtigen Hochstaplern auf den Leim, von denen es hier jede Menge gibt.

Sein einziger Verbündeter ist der Doktor, der Tarquin Superbus wahrscheinlich schon seit dem Tag seiner Geburt kennt und der Tarquins zartbesaiteter Mutter eine Art Versprechen gab, kurz bevor sie ihr Leben aushauchte – ein plötzlicher, tragischer Todesfall, als Tarquin Superbus noch ein kleiner Junge war, und ach, was war er doch für ein süßer, schmollmundiger Cupido! In einer Geschichte, die ich vor vielen Jahren schrieb, trug der Doktor einen Namen, vermutlich einen deutschen. Ich weiß noch, dass mit dem Doktor irgendwas nicht stimmte, und obwohl ich nicht mehr genau sagen kann, um welche Anomalie es sich handelte, durchfährt mich jetzt, wo ich daran denke, ein ungutes Gefühl. Doch der Doktor war kein unangenehmer Mensch. Vielleicht war er dreihundert Jahre alt. Auf jeden Fall war er extrem blass; seine langen Finger waren ganz weiß und seine Wangen kreidebleich. Vielleicht war das sein Problem – er war ein Arzt, sah aber aus wie der Tod. Da war eine innere Leere, ein Dunst, er war hohl wie ein Hologramm und bewegte sich nicht mihilfe seiner Gliedmaßen, sondern weil er aus einer Substanz bestand, die leichter war als Luft – dem Tod. Er schwebte, er waberte, er kräuselte sich, er versickerte und verschwand. War er also ein Geist? Nein, vermutlich nicht, und auch kein Vampir. Oder vielleicht doch. Vielleicht war er ein Geist, nur dass ich es nicht wusste. Ich erkenne es jetzt erst, im Nachhinein. Gespenstisch. In der Schwebe. Ich höre ihn sagen: »Ich bin nicht in Eile – ganz im Gegenteil, ich habe alle Zeit der Welt.« Und wie oft wiederholte er das am Tag? Seit wie vielen Tagen? Superbus hatte sich eine Bibliothek angeschafft – das zentrale Ereignis meiner Geschichte. Immer schon hatte er sich danach gesehnt, ernst genommen zu werden, und es ist allgemein bekannt, dass jemand, der zu Hause einen Haufen guter Bücher herumliegen hat, automatisch als ernsthafter Mensch gilt, der alles gründlich durchdenkt und seine kostbare Zeit am liebsten damit verbringt, sein Wissen über das zu vertiefen, was in der Welt geschah und in ihren zerstrittenen Regionen bis heute geschieht. *Das* sollten die Leute über Tarquin denken, *deswegen* bestellte er eine ganze Bibliothek, deren Bücher in Holzkisten angeliefert wurden; woher genau, blieb allerdings ein Rätsel. Ich habe diese Holzkisten vor Augen. Auch das lange Metallwerkzeug, mit dem die breiten Latten aufgestemmt wurden, seltsamerweise aber nicht die Person, die es in der Hand hält. Auch Wagenräder sind klar zu erkennen. Ich kann eine ganze Kutsche sehen, am deutlichsten treten die Räder hervor, insbesondere die Speichen. Sie sind cremeweiß und unglaublich sauber. Da ist eine dünne Peitsche, sie schnellt durch die Luft wie eine Schlangenzunge – doch auch hier sehe ich nicht den eifrigen Irren, der sie schwingt, nur die Spitze seiner speckigen Kapuze. Die Kutsche fährt wahnsinnig schnell, die riesigen Räder wirbeln viel Staub auf, die Straße windet sich, sie windet sich wie ein Fluss, wie die Zeichnung eines Flusses. Sonst wurde nichts weiter gezeichnet – keine an den Wegesrand getupften Büschel aus hohem Gras, kein klobiger Meilenstein, kein Gasthof mit Fachwerkfassade, keine Findlinge, keine Kumuluswolken, gar nichts. Ich stelle mir vor, dass es viele Kutschen brauchte, um Tarquin

Superbus' Bücher zu transportieren, es kann nicht anders gewesen sein, trotzdem sehe ich auf der kurvigen, kahlen Straße nur eine einzige. Anscheinend haben die Kisten die ganze Nacht im Rumpf eines schaukelnden Schiffs verbracht. Ich sehe, wie sie kurz vor Morgengrauen aus dem Frachtraum heraufgeholt werden, und auch das Wasser im Hafenbecken, dunkel, glänzend und unruhig. Die Unterschenkel eines Mannes, der breitbeinig dasteht. Ich kann seine Hände rechts und links an einer Kiste erkennen, nicht aber sein Gesicht. Das nicht, trotzdem weiß ich, dass sein Haar dunkelbraun ist und ihm oft in die Augen fällt, nur jetzt klebt es ihm an der Stirn, und ich weiß, dass sich in den Fältchen um seine Augen Schmieröl abgesetzt hat.

Kisten über Kisten über Kisten. Eine ziemlich große Sache. Die Leute kneteten ihre Taschentücher und linsten verstohlen um die Ecke, als die Kisten angeliefert und eine nach der anderen vor Tarquin Superbus' prächtiger Residenz abgeladen wurden. Die Vögel flitzten ans Ende ihres bevorzugten Asts, um besser sehen zu können. Tarquin war sehr aufgeregt und hüpfte selbst herum wie ein aufgeplusterter Vogel. Weil er keine wirkliche Aufgabe hatte, hämmerte er den silberbeschlagenen Stock voller Besitzerstolz gegen das Holz und stellte erfreut fest, dass er sich allein dadurch schon viel klüger und scharfsinniger fühlte, und so klopfte er immer weiter, hüpfte hierhin und dorthin und schlug den Spazierstock gegen alle Kisten. Er hatte ein paar Taugenichtse aus der Nachbarschaft zu sich bestellt und ihnen aufgetragen, die Kisten abzuladen und die vielen Tausend Wälzer in die Regale der maßgefertigten Ebenholzbibliothek einzuräumen. Oh ja, ganz genau, schwarz glänzende, deckenhohe Regale mit Intarsien aus Opalen, Tahiti-Perlen und Elfenbein. Aus Kupfer und Gold. Aus burmesischen Rubinen und Lapislazuli. Eine fensterlose, dunkel schimmernde, sechseckige Kammer in der Mitte seines Quartiers, die er gelegentlich betrat, um mit pummeligen Fingern über die weichen Lederrücken der prestigeträchtigen Sammlung zu streichen. Aber keine vierzehn Tage später kursierten die ersten Gerüchte; die beglückende, fast greifbare Ehrerbietung, mit der die Stadtbewohner Tarquin Superbus seit der edlen Anschaffung begegnet waren, begann zu bröckeln, und die Atmosphäre wurde so rau wie gegen den Strich gebürstet, und Tarquin, der es einige herrliche Tage lang genossen hatte, an den Kanälen spazieren zu gehen – denn all das trug sich fraglos in Venedig zu –, Hände zu schütteln, sich an den Dreispitz zu tippen, den Stock aufs Pflaster zu schlagen und ganz allgemein im ungewohnt wohligen Klima spät erlangter Bewunderung zu schwelgen, lief nun, wenn er das Haus verließ und seine Runden drehte, von einem Campo zum anderen, ein eisiger Schauder über den Rücken, denn kaum war er an den Waschfrauen, den *ragazze*, den Messdienern oder den Steinmetzen von

Cannaregio vorbeigegangen, hob in seinem Rücken ein silberhelles Gekicher an, das ihn verfolgte und ihm um Knöchel, Ellenbogen und Ohrläppchen schwirrte wie ein kleiner, aufgeregter Schwalbenschwarm. Was, zum Teufel, gab es da zu lachen? Superbus war wütend und ein bisschen verwirrt – eine schreckliche Mischung, die ihn dazu brachte, manisch durch seine Wohnung zu laufen, Türen aufzureißen, Katzen mit einem Tritt in staubige Ecken zu befördern und einzelne Sammlerstücke wahllos mit dem treuen Spazierstock umzustoßen. Ich habe eine undeutliche Vorstellung von den Objekten, die um ihn herum zu Boden fallen und zerbrechen, von trockenem, knittrigem Papier, das durch die Luft flattert, von blassgrauen Vögeln mit aufgefächertem Schwanz – wahrscheinlich Tauben –, die lautlos gegen die Fenster fliegen. Weintrauben, Aprikosen und Walnüsse aus Grenoble kullern über die Anrichte, Steppenläufern gleich. Eine Leuchte zerspringt, Zangen klappern, Quasten peitschen. Schnitzereien, die ihr Gewicht in Gold wert sind, beben auf ihren Marmorsockeln wie kleine Vulkane, die Porträts an den Wänden wackeln, Schlüssel in allen denkbaren Größen fallen aus erschreckten Schlössern, Wappenschilde verfinstern sich. In der Vorratskammer zanken sich die toten, Seite an Seite aufgehängten Junghasen, die Kronleuchter verspritzen helle, schwefelige Tränen, die Fensterläden klappern, die duftenden Ranken auf dem Balkon welken und ziehen sich zurück. Tarquin sinkt in seinen

Lieblingssessel, natürlich. Sein Kiefer hängt, seine geschwollenen Hände liegen schlaff auf seinem Schoß wie zwei Tintenfische. Sein Bauch dehnt sich zu voller Größe aus, er atmet schwer durch den Mund, und alles zusammen deutet darauf hin, dass er sich im plüschigen, vertrauten Zentrum eines gigantischen Beleidigtseins eingerichtet hat. Der Doktor wird gerufen. Tarquin hat ihn seit einiger Zeit nicht mehr gesehen, genau genommen seit der Anschaffung der herrlichen Bücher. Wo ist der Doktor gewesen? Höchstwahrscheinlich in Bologna, an der Universität. Ja, natürlich, der Doktor hat an der Universität von Bologna Vorlesungen über Mesmerismus gehalten. Aber jetzt ist er zurück, und er muss sofort kommen! Tarquin wird ihm die beeindruckende Bibliothek zeigen – der Doktor wird staunen! Als Tarquin sich den Besuch des Doktors vorstellt, hellt sich seine Laune sofort auf – bald ist alles wieder gut, denkt er. Der Doktor wird kommen, wir werden in der Bibliothek stehen und auf das Wissen anstoßen, alles wird gut. Und schon wenige Augenblicke später ist der Doktor da.

Der Doktor erscheint, und Tarquin führt ihn durch einen infernalisch dunklen Korridor. Er hält eine Kerze in der Hand, die Kerze ist weiß, und die Flamme duckt sich immer wieder, wie um einem Wesen auszuweichen, oder vielleicht auch vielen Wesen, die schnell und tief durch den Korridor flattern, hin und her, und dann steht der Doktor in einem sehr schmalen Gang der Bibliothek und hält ein Buch in der Hand, es ist, als hätte er dort gewartet, ja, als wäre er immer schon dort gewesen. Ich sehe sein konzentriertes, entspanntes Gesicht im Profil, anscheinend fühlt er sich wie zu Hause, seine lange, schmale Nase ist ganz in ihrem Element und zeigt nach unten in das Buch, das aufgeschlagen in seiner linken Hand liegt, während die rechte umblättert. Der Doktor blättert die Seiten um, langsam zunächst, langsam und mit besonderer Vorsicht. Der Doktor blättert langsam und vorsichtig die Seiten um, aber dann wird er schneller und immer schneller. Tarquin sitzt plappernd am Feuer. Gelegentlich und aus verrückten, vorgeschobenen Gründen schwenkt er das randvoll gefüllte Glas in Richtung der Gemälde über dem Kamin; die meisten zeigen eine kleine, kenternde Schiffsflotte auf einem tosenden Meer. Wie gern er etwas schwenkt – ein Glas, einen Stock, eine Maus, einen Umhang, einen Mantel – ja, als kleines Kind liebte Tarquin Superbus nichts mehr, als durch die Luft geschwungen zu werden. Leichtigkeit, Leichtigkeit, Luft. Nach dem Tod seiner Mutter wurden die romantischen Chintzbezüge, die pastoralen Leinen und die zarten Spitzenbahnen, die so entzückende Schatten auf die pastellblauen Wände und das helle Eichenparkett warfen, durch schwere Vorhänge und die Farben der Dämmerung verdunkelt, gedimmt und ausgelöscht. Tarquins Vater wollte nicht sehen müssen, wo seine Frau nicht mehr war und niemals wieder sein würde. Seit dem Tod des Vaters hat Tarquin

kein einziges trauriges Detail rückgängig gemacht, er
bringt es einfach nicht über sich, außerdem bleibt ihm ja
noch die Küche, die Tarquins Lieblingszimmer ist und
immer schon war. Die Küche ist und war immer schon
ein schöner, heller und warmer Raum mit Wänden so
weiß wie gesiebtes Mehl, weißen Lappatofliesen, einem
schicken gusseisernen Herd und glatten, abgerundeten
Regalen, deren Streben sich an die Wand schmiegen und
auf deren Brettern viele kleine Auflaufformen, Flaschen
und Gläser mit exquisitem, wenn auch nicht auf Anhieb
erkennbarem Inhalt stehen, weil die Etiketten in verschiedene Richtungen zeigen. Kapern beispielsweise –
Kapern, Cornichons, Herzmuscheln, Trüffel, Tama-
rinde, Muskatnüsse, Gänseschmalz, Wacholderbeeren,
Oliven, Oregano, Lavendel, Tapenade, Schlehen,
Aprikosenkonfitüre, Zwiebelchutney, eingelegte Zitronen, Sauerkraut, Essig, Mincemeat, Vanilleschoten,
Tintenfischtinte, Safran, kandierter Engelwurz, Pic-
calilli-Sauce, Steinpilze, Kirschen und Gewürznelken,
und unter dem Regal stehen funkelnde Töpfe, lieb ge-
wonnene Siebe und silbrige Utensilien. Tarquins be-
vorzugtes Küchengerät ist natürlich der Schneebesen.
Wie sehr er es liebt, am Tresen zu lehnen, Zuckerkörner
mit dem Finger aufzutupfen und gekühlte Erdbeeren
zu naschen, während die rotwangige Köchin viel Luft
in eine große blaue Schüssel voll makelloser Sahne
schlägt. Leichtigkeit, Leichtigkeit, Luft. Ja, Tarquin
liebt den Schneebesen! Er liebt Baisers und Soufflés,

und auch Gischt, Schaum, Bläschen und Blasen – Blasen, ja, und Christbaumkugeln – Kugeln, Blasen, Ballons und Ballerinas – Ballerinas! – mein Gott, den ganzen Tag und viele Stunden am Stück trainieren sie jedes einzelne Gelenk und jeden Muskel ihres Körpers, um sich in die Lüfte schwingen zu können, sich aufwärts zu katapultieren, weg von dieser Erde und direkt in den Himmel. Sie springen und strecken und drehen sich, strecken und drehen und springen, sie huschen auf Zehenspitzen durch die Welt, ach, mit dem Boden haben sie ungefähr so viel Kontakt wie ein Kompass mit dem Festland, Tarquins Herz bläht sich wie ein Segel, wenn er sie abheben sieht – hoch geht's, hoch, hoch, hoch hinaus, und dann wieder abwärts, und manchmal bleiben sie unten und halten ganz still, was Tarquin innerlich aufwühlt, es geht ihm durch Mark und Bein, wenn die kleine Ballerina still steht, als klebten ihre Schuhe plötzlich am Boden. Sieh nur, wie sie die Flügel hängen lässt und die Hände traurig einwärts dreht. Die lieben Fingerspitzen der beiden Hände berühren einander fast, nur fast, der kleine Kopf ist gesenkt, und sie blickt traurig in die herzförmige Lücke zwischen ihren Händen – was sieht sie dort? Stürzt sie, ist sie wieder ein Kind, ist sie vielleicht immer nur ein Kind gewesen? Wessen Stimme hört sie, ihre Augen sind so traurig, so riesengroß; sie ist eine verzagte, verlassene Seele, sie so zu sehen bereitet Tarquin wirklich großes Leid, mein Gott, das Gewicht der Welt drückt ihm aufs Herz, und er kann nicht mehr atmen, er bekommt keine Luft, bis sie sich erneut in die Höhe schwingt; denn alles stagniert, alles ist abgestanden und veraltet, bis sie wieder aufsteigt und die Luft erneut zum Leben erweckt, und dann das Hochgefühl, wenn sie die schönen, schlanken Arme hebt, ja, auf einmal wird das Gewicht der Welt von ihm genommen, mein Gott, seine Lebensgeister zieht es aufwärts, immer höher, auch sie tummeln sich dort oben in der verlängerten Gegenwart – keine Vergangenheit, keine Zukunft, nur der übersprudelnde, ewige Moment. Tarquin jubelt, er wurde gerettet, wie er in der Oper von der Sopranistin gerettet wird, wenn ihre Stimme sich erhebt und die höchsten Töne erreicht. Wie leicht Tarquin sich dann fühlt, Leichtigkeit, Leichtigkeit, Luft, trotzdem holen ihn die langgesichtigen Ermahnungen immer wieder auf den Boden der Tatsachen zurück, wir leben in dunklen Zeiten, Tarquin, in sehr dunklen Zeiten sogar, wieder und wieder hört er das, die Worte gehen auf ihn nieder wie Bürsten, wie eine schreckliche Bürste an seinem Kopf, die ihn zum Stillhalten zwingt, still vor dem Spiegel, das Kind Tarquin steht stocksteif vor dem Spiegel und sieht den gestärkten Kragen und die glatten Strümpfe, die adretten, kleinen, grünen Strumpfhalter, und wieder geht die Bürste – stillhalten – auf ihn nieder, wieder und wieder, auf dieser Seite und der anderen, auf dieser und der anderen, wieder und wieder, brutal kratzt sie sein Ohr, wer hält die Bürste und drückt sie – stillhalten, habe ich gesagt – so fest auf die Kopfhaut unter dem weichen Haar, immer wieder kratzt sie an den kleinen Ohren, wer steht da Morgen für Morgen hinter ihm und riecht gar nicht gut, wer, er will keinen Augenblick länger hier stehen, er will nicht stillhalten, er will rennen, aus dem Zimmer und durch den Flur in die Küche, wo er sich auf einen Schemel knien und in eine Pfanne voller Eier blicken kann, die nur für ihn gebraten werden, und hinter ihm weht eine Brise zum Fenster herein und zerzaust ihm das Haar, Tarquin kann sie spüren, ganz sanft zerzaust sie das Haar an seinem Hinterkopf, aber Tarquin, in der Welt geht es sehr ernst zu. Ja, ja, er kennt das. Wie die harten Borsten der verdammten Bürste an seinem Kopf. Doch jetzt sitzt er hier, nicht wahr? In seiner wichtigen Bibliothek mit den schwarz glänzenden Regalen, in denen schwere, alte, sehr alte Wälzer stehen. Reihen über Reihen heiligen Wissens über die Entstehung der Welt und die Bedeutung von allem, was darin ist – Eidechsen, Vögel, Flüsse, Weizen, Schafe, Wolken, Gold, Feuer, Äpfel, Menschen, Ochsen, die großen Meere und auch die großen Planeten und Sterne, die darin kreisen. Hier ist er, und dort ist der Doktor – der Doktor ist endlich gekommen, Gott sei Dank! Hält ein Buch in der linken Hand und blättert mit der rechten die Seiten um.

Ziemlich hastig, wie Tarquin findet – vielleicht sucht der Doktor etwas Bestimmtes? Ja, natürlich. Obwohl er ein Mann seiner Zeit ist und dementsprechend viele Interessen pflegt, hat er für Theorien und Verallgemeinerungen nichts übrig – ein lustiges oder rätselhaftes Vorkommnis, eine Fantasterei oder Absonderlichkeit – an solchen Dingen findet der Doktor Gefallen. Am Außergewöhnlichen, Ungeklärten, Überschwänglichen. Keine Frage, er ist irgendetwas auf der Spur, er blättert und blättert, nicht um diesen oder jenen Standpunkt bestätigt zu sehen, sondern um ein Rätsel wiederzufinden, auf das er vor vielen Jahren zufällig gestoßen ist, eine Formulierung oder eine Begebenheit, die einen bestimmten Winkel seines Verstandes einst in ein dauerhaftes, goldrosiges Leuchten versetzt hat, deren Einzelheiten sich aber genau dann verflüchtigen, wenn die Erinnerung sie zu fassen versucht. Gibt es ein größeres Vergnügen, als damit wiedervereint zu werden? Sind die Jahre dann nicht wie ausgelöscht? Jedenfalls stellt der Doktor das Buch ins Regal zurück und zieht mit großer Dringlichkeit das nächste heraus, ja, er sucht etwas, einen schlummernden Schatz – mit anderen Worten das Fundament seiner selbst. Er schlägt das nächste Buch auf, legt es sich auf die linke Hand und blättert mit der rechten um, wieder und wieder, was um Himmels willen sucht er? Er blättert so schnell, dass er unmöglich auch nur ein Wort lesen kann. Superbus hat sich wieder beruhigt und das Glas auf den Kaminsims gestellt, aber irgendwas läuft hier furchtbar schief, auf einmal verursacht die Stimmung ihm Magendrücken. Er tritt an den Doktor heran und sieht, dass dessen

Hände zittern – zu sagen, der Doktor sei erbleicht, wäre sinnlos, denn die extreme Blässe des Doktorengesichts wurde bereits erwähnt; aber vielleicht hat es sich grünlich verfärbt. Das Gesicht des Doktors ist ziemlich grün und schimmert wie trübe Jade, und seine Hände zittern, als hätten sich darin zwei verfeindete Lebensformen aus der Urzeit versteckt, die nach vielen Jahren des unruhigen Dämmerschlafs kurz davor sind, herauszukommen und endlich zu kämpfen. Sie warten, sie warten nur auf den richtigen Moment. Der Doktor stellt das Buch zurück und zieht ein anderes heraus, und dann noch eins und noch eins, er balanciert es auf der linken Hand, während die rechte vorschnellt und die Seiten umblättert – »Tarquin«, sagt er plötzlich und hebt den Kopf, und sein Gesicht – sein Gesicht! – ist grün marmoriert und verschwommen –, »auf keiner dieser Seiten steht auch nur ein Wort!« Ja, das ist es, was der Doktor sagt, ich erinnere mich sehr gut: »Tarquin, auf keiner dieser Seiten steht auch nur ein Wort.« Inzwischen ist Tarquin zu gleichen Teilen betrunken und verkatert; er hat nicht mehr die Kraft, einen Aufstand zu machen. In seiner bleiernen Hilflosigkeit lässt er sich vom Doktor umdrehen und zu den stürmischen Gemälden zurückschieben, vor den Kamin, wo zwei Ledersessel und ein Schachtisch warten. Sie nehmen Platz, und Tarquin fängt sofort an, die Bronzenieten an der wärmeren der beiden Armlehnen abzutasten. Die Nieten glühen praktisch vor Hitze.

Tarquin tastet sie ab, wie um herauszufinden, welche die heißeste ist. Der Doktor hat schon oft in dem Sessel gesessen und zugeschaut, wie Tarquin missmutig die erhitzten Nieten der wärmeren Armlehne abtastet, und er findet es seltsam beruhigend, obwohl es doch, so viel ist klar, kategorisch beweist, dass Tarquin bis ins Mark erschüttert und kurz davor ist, sich zu einer größeren, unheilvolleren Geste hinreißen zu lassen. Darum kümmere ich mich, wenn es so weit ist, denkt der Doktor nicht zum ersten Mal. Er nutzt den Moment der Ruhe, und sei es nur der Ruhe vor dem Sturm, um Tarquin Superbus behutsam einige außerordentliche, wenn auch unbelegte Fakten über seine Bibliothek mitzuteilen, die ihm anscheinend vorenthalten wurden.

Offenbar hat Tarquin kein einziges der vielen Tausend Bücher, die sich nun in seinem Besitz befinden, jemals aufgeschlagen, was der Doktor allerdings gnädig unterschlägt. Zum einen gibt es Wichtigeres zu besprechen, zum anderen ist der Doktor einer dieser seltenen Menschen, die keine Befriedigung empfinden, wenn ihr Gegenüber sich dumm, faul oder einfach nur schlecht fühlt. Natürlich dämmert es Tarquin sehr bald, dass die kriecherischen Kretins, die beim Ausladen und Einräumen der Bücher geholfen haben, drei oder vier davon aufgeschlagen und schnell gemerkt haben mussten, dass absolut nichts darin geschrieben steht, ebenso wenig wie in allen anderen. Und mitten in dem Gewusel stand ich, Tarquin Superbus – »sì signore«, »no *signore*« –, ich tänzelte hierhin und dorthin und schlug den treuen Silberknauf gegen diese Kiste und jenes Regal – ha! Was für ein unfassbarer Trottel! Und dann haben sie sich davongemacht, diese verschlagenen Hyänen, sind gleich zu einem der dreckigen Bàcari gelaufen, in denen sie so gern herumlungern, um den anderen Idioten brühwarm davon zu erzählen. Wahrscheinlich konnten sie es gar nicht erwarten. Oh, nein! Die halb blinden, fleckigen Spiegel, die abblätternden goldenen Lettern, der beißende Qualm, das Feuerwasser in den kleinen, zerkratzten Gläsern, die schwieligen Hände, die fahlen, gefurchten Stirnen und das Lachen, dieses Lachen, das sich durch Teer und Galle einen Weg nach oben bahnt, bevor es aus dem losen Mundwerk herausschallt. Nun, das erklärt alles – es erklärt das Tuscheln und Kichern, das sich während der vergangenen Wochen in den Sestieri ausgebreitet und Tarquin Superbus verfolgt hat wie eine hartnäckige Erkältung. Superbus ist erleichtert, endlich hat er den Ursprung der plötzlichen, heftigen Spötteleien entdeckt, niemand tappt gerne im Dunkeln; aber jetzt muss er sich mit dem Grund auseinandersetzen, in so einer Lage war er noch nie, nicht annähernd, und plötzlich hat er schreckliche Angst – die Erleichterung war nur von kurzer Dauer – statt in Panik wäre er lieber wieder ahnungslos und wütend. Er will so viel Abstand wie möglich zwischen sich und diese ekelhaften Bücher bringen. Was sind sie? Eine Krankheit?! Tarquin drückt eine Fingerkuppe auf die heißeste Bronzeniete, lässt sich von der Klarheit des brennenden, örtlich begrenzten Schmerzes trösten und murmelt: Madre, weck mich aus diesem Albtraum. Versteht er, was der Doktor ihm da sagt? Nur lückenhaft. Er hört seine Stimme, und das ist ihm genug. Die Stimme des Doktors hat sich in all den Jahren kaum verändert, sie klingt gleichbleibend fest, gelassen und leicht distanziert, als spräche etwas aus ihm heraus. Er erwähnt die Medici, die Borgia, die Gonzaga und anscheinend auch die Inquisition – früher oder später kommt er immer auf die Inquisition zu sprechen –, und die bekannten, ehrwürdigen Worte zu hören ist Balsam für Tarquins Ohren, die klirrenden Worte hängen im Raum wie gläserne Kugeln, jede einzelne davon heil und unbeschädigt. Tarquin wagt es, die Augen zu schließen. Die Medici, die Borgia, die Gonzaga, die Inquisition, ja, ja, alles ist, wie es immer war und auch sein sollte. Aber dann kommen neue, seltsame Worte, sie werden immer seltsamer, und Tarquin ist überzeugt, keins davon je gehört zu haben, Worte wie Popol Vuh, Amduat, Apaurusheya. Aufhören – sofort aufhören! Er kann die Augen nicht mehr öffnen, auch nicht den Mund, seine Zunge ist schwer und schillert in bunten Farben, sein Schädel fühlt sich riesig an, sein Kopf ist eine riesige, leuchtende Kuppel, außerhalb derer nichts existiert. Auf der ganzen Welt gibt es nur noch diese riesige weiße Kuppel mit ihren kleinen Vorsprüngen und einzelnen welken Ranken, verblichenen Fresken, schwebenden Staubkörnchen und blassgrauen Tauben – die blassgrauen Tauben steigen in die Höhe und schießen herab, verschwinden und kommen zurück, hinein in verschränkte Lichtsäulen und wieder heraus, die Tauben sind die Stimme des Doktors: »Niemand weiß, woher diese Bibliothek ursprünglich stammt«, und dann: nichts mehr – alles ist still und weit – schwebende Staubkörnchen, kleine Vorsprünge – ein abgestorbenes Blatt scharrt über den antiken Kalkputz. Und dann: »Angeblich kursiert sie seit vielen Hundert Jahren in der Welt, seit Tausenden von Jahren.« Staubkörnchen, Licht, kleine Vorsprünge, leises Scharren. »Streng genommen kann man diese Bibliothek nicht erwerben – sie findet ihre Besitzer von selbst.« Leises Scharren, leises Scharren, still und weit, still und weit. »Und sobald man von ihr gelernt hat, zieht sie weiter.« Von ihr gelernt! Gelernt! Tarquin schnaubt verächtlich und fühlt sich gleich ein bisschen besser. Der Doktor merkt, dass Tarquin tatsächlich zugehört hat, und nun hebt er den Kopf und spricht ihn direkt an – seine Stimme klingt jetzt zielgerichtet, nein, da sind keine leuchtenden Tauben, und Tarquins Kopf ist auch keine riesige weiße Kuppel mehr – eher ein einsamer Champignon oder ein erschlagener Wels – die Unterseite seines Kinns fühlt sich absurd verletzlich an, aber wenigstens kann er die Zunge wieder bewegen und die Augen öffnen, tatsächlich richten sich Letztere instinktiv zum Kaminsims hin aus, wo er vor einer scheinbaren Ewigkeit den Barolo abgestellt hat. Der Doktor steht auf und holt ihm das Glas, er möchte, dass Tarquin es so bequem wie möglich hat. Er trinkt einen Schluck davon, bevor er es weiterreicht, dann nimmt er wieder im Sessel Platz – der Doktor hat keine Lust, sich in die Brust zu werfen und seinen Vortrag im Stehen zu halten – und fährt fort: »Alle Seiten sind leer, es ist wahr, Tarquin, es ist absolut wahr. Tausende von Büchern und darin Tausende und Abertausende von leeren Seiten – natürlich kann ich verstehen, wenn du beunruhigt, konsterniert und verstört bist oder dich gar provoziert fühlst. Denn der Sachverhalt kommt in der Tat einer Provokation gleich. Und da ist noch mehr: Alle Seiten sind leer, Tarquin, alle außer einer. In der Bibliothek gibt es eine Seite, die nicht leer ist, zumindest nicht ganz. Ein Satz steht darauf, mehr nicht – ein Satz. Aber dieser eine Satz enthält alles. Alles! Wer ihn zu Gesicht bekommt, erlebt ein sofortiges und totales Erwachen. Sogar einem Kind, das nicht lesen und schreiben kann, würde die Offenbarung zuteil, was daran liegt, dass der Satz, dieser eine, alles enthaltende Satz, nicht gelesen wird – er wird gesehen. Er lässt sich nicht durch den Intellekt erfassen – er kann nicht verstanden werden, weil das, was er enthält, jenseits unseres intellektuellen Vermögens liegt, und so umgeht er den Verstand einfach, er hat am Verstand überhaupt kein Interesse. Die Worte sind, wie soll ich es beschreiben, lebendig und eigen, sie sind wie Organismen, ja genau, wie Organismen, und höchst wirkmächtig. Wenn sie endlich mit einem Augenpaar in Berührung kommen, fangen sie unverzüglich und unmerklich an zu vibrieren, sie erwachen zum Leben und senden äußerst kraftvolle Wellen aus, die von den Augen aufgenommen werden, und auf diese Weise, durch den Blickkontakt, stimuliert die Vibration das Bewusstsein und eröffnet ihm neue Pfade. Dann gibt es keine Blockaden mehr, keine Beschränkungen und keine Abwehr, nichts steht mehr im Weg – er oder sie, die wahrnehmende Person, wird restlos befreit und überwindet alles. Er oder sie ist dann in der Lage, an einer übergeordneten Vorstellung teilzuhaben, manche würden vielleicht von der Weltseele sprechen. Wichtig ist, dass der Satz keinem anderen Menschen gezeigt werden darf, auf gar keinen Fall. Er verbindet sich ausschließlich mit der Person, die ihn gefunden hat, und kann nur sie befreien. Sobald die Verbindung hergestellt und die Erweckung vollzogen wurde, verschwindet der Satz von der Seite. Er löst sich spurlos auf, Tarquin, in Sekundenschnelle, um sich an anderer Stelle erneut zu manifestieren, auf einer anderen Seite irgendwo in den Tausenden von Büchern. Du verstehst also, dass es völlig unmöglich wäre, den Satz jemandem zu zeigen. Was natürlich die Option ausschließt, Hunderte von Helfern einzustellen, welche auf der Suche nach der Formulierung die Seiten umblättern. Es handelt sich um eine einsame Aufgabe, Tarquin, zu erfüllen allein durch den, der sie sich aufgehalst hat – eine denkbar hoffnungslose, mühselige Suche, und natürlich hat sie einige der Menschen, die von der Bibliothek auserwählt wurden, völlig aus der Bahn geworfen. Wer kann schon sagen, warum sie in diesem Haushalt landet und nicht in jenem? Vielleicht zieht es sie dorthin, wo der Satz am meisten gebraucht wird. Ist sie ein Geschenk oder ein Fluch? Kommt darauf an. Es kommt ganz darauf an. Sie ist eine Last, Tarquin, kein Zweifel, eine gewaltige, unermessliche Last. Und somit ist das, was du, mein lieber, guter Freund, in diesen Regalen stehen hast, das ultimative Paradoxon, denn irgendwo, irgendwo in dieser schweren Last verbirgt sich ein Schlüssel, der Schlüssel zu vollkommener und unendlicher Leichtigkeit.«

In der Geschichte, wie ich sie vor vielen Jahren aufgeschrieben habe, gab der Doktor keine derartige Erklärung ab. Die Seiten von Superbus' Bibliothek waren leer, und das war's. Anscheinend bin ich bei der Nacherzählung übers Ziel hinausgeschossen. Aber seit damals habe ich sehr viel gelesen und geschrieben, und da ist es kein Wunder, dass ich über die Kraft des geschriebenen Wortes Vorstellungen entwickelt habe, die auf unmittelbaren, seismischen Erfahrungen beruhen und nun durch den Mund des Doktors ins Freie drängen – wenn auch in abgedroschener Form und in vager Erinnerung an etwas, das ich bei Hermann Hesse gelesen habe –, ein Mund, den ich jetzt, etwa zwanzig

Jahre später, wieder geöffnet habe, um Tarquin mitzuteilen, dass seine ganze Bibliothek aus leeren Seiten besteht, mit Ausnahme eines Satzes. Eines Satzes! Nein, dabei konnte ich es einfach nicht belassen. Der Gedanke ist zu seltsam, aber als ich die Geschichte ursprünglich schrieb, hatte ich noch kein einziges Wort von Italo Calvino, Jean Rhys, Borges oder Thomas Bernhard gelesen, und auch nichts von Clarice Lispector, wohl aber *Von Mäusen und Menschen*, *Lolita*, »Kubla Khan« und *Erinnerungen eines Mädchens*. *Ein Sommer in Brandham Hall*, *Wuthering Heights*, *Eine Zeit in der Hölle* und *Orlando* kannte ich zu der Zeit noch nicht. Ich hatte *Jacobs Zimmer*, *Der Ekel*, *Tess von den d'Urbervilles*, »Die hohlen Männer« und viele Gedichte der Imagisten gelesen, eines davon über Schnee und einen weißen Leoparden, genauer gesagt über einen Leoparden ohne Kontur – eventuell aus der Feder von Ezra Pound, ich weiß es nicht mehr. *Ein Spiel und ein Zeitvertreib*, *Wittgensteins Mätresse*, *Moon Tiger*, »The Pedersen Kid«, »A Girl of the Zeitgeist«, *Ein Brief* und »The Trouble With Following the Rules« waren mir noch nicht bekannt. Dafür aber *Orangen sind nicht die einzige Frucht*, *Bekenntnisse eines englischen Opiumessers*, *Yoricks empfindsame Reise durch Frankreich und Italien*, *Hundert Jahre Einsamkeit*, *Das Schweigen der Lämmer* und *Das Meer, das Meer*, das ich beim Glastonbury-Festival an einem Bücherstand gekauft hatte und bei einem Pappbecher Chai und einer Packung

Jaffa-Kekse auf dem Top Field liegend las. Ein sehr dickes Buch übrigens, ich habe es während des Festivals nicht ganz geschafft, weil es dort natürlich noch anderes zu tun gab – den Schluss las ich daheim im Garten, am Ende der Sommerferien. Ich weiß noch, dass die Hauptfigur, wahrscheinlich ein Mann, ihren Kaffee mit demselben Wasser aufbrühte, in dem sie zuvor Eier gekocht hatte, und gemerkt habe ich mir das nur, weil ich, hätte ich damals Kaffee getrunken, es vielleicht ebenso gemacht hätte. Dann wiederum habe ich zu der Zeit hin und wieder ins Badewasser gepinkelt, was sich durchaus mit aus Eierwasser gekochtem Kaffee messen kann. *Zwei Schwestern, Erste Liebe, Unfinished Ode to Mud, Vögel in Amerika, Afrikanische Tragödie, Die Aufzeichnungen des Malte Laurids Brigge* hatte ich noch nicht gelesen, und auch nicht *Der Gefühlsmensch*: »Manur schiebt die Brille auf die Nase, noch ohne sie abzunehmen, und während er mit seinen Augen, die es gewöhnt sind, von den Dingen der Welt verwöhnt zu werden, über die Gläser hinwegblickt, antwortet er nicht sogleich«, eine Zeile aus Marías' Roman, die ich mit zitternder Hand in mehr als ein Notizbuch kopierte. Ich hatte Platons *Politeia*, Aristoteles' *Nikomachische Ethik* und *Die deutsche Ideologie* von Marx und Engels gelesen, die wir »die DI« nannten, außerdem *Über die Freiheit* von John Stuart Mill, ein Buch über Ethik und Tiere von Peter Singer, ein schlecht gedrucktes Buch von Edmund Burke – die Buchstaben waren zu fett, zu klein und zu dicht zusammengepfercht – und *Also sprach Zarathustra*. John Rawls habe ich bis heute nicht gelesen. Damals kannte ich weder *Das Kapital* noch irgendetwas von Vivian Gornick, Natalia Ginzburg, Lynne Tillman, Joan Didion, Renata Adler, Janet Malcolm, Marina Warner, bell hooks oder Anne Garréta. Meine Prüfungsfächer waren Philosophie, Englische Literatur und Psychologie, und ich jobbte in einem Supermarkt, meistens an den Wochenenden, gelegentlich aber auch unter der Woche. Einer der Kunden war ein dicker russischer Mann mit langen, weißen Haaren und einem Korb, den er weit vor den Körper gestreckt hielt, er bewegte sich rasend schnell, und es sah aus, als würde er von dem Korb durch die Gänge gezogen, denn er wirkte leicht verwirrt – als wäre er rein zufällig im Supermarkt gelandet – er lief in den Gängen auf und ab, und der Korb vor ihm war leer, nie habe ich gesehen, dass er irgendwo stehen geblieben wäre und etwas aus dem Regal genommen hätte, trotzdem fanden dann plötzlich doch noch ein paar Sachen ihren Weg in den Korb, was anscheinend ausreichend war, jetzt konnte er gehen, aber erst musste er natürlich an die Kasse, er kam immer an meine, selbst wenn die Schlangen rechts und links von mir kürzer waren, er kam immer an meine Kasse, und wenn er da stand und wartete, merkte ich, wie er mich durch dünne, runde Brillengläser musterte, er beobachtete mich, während ich die wenigen Produkte über den Scanner zog, Dosenfisch, Essiggurken und so weiter, er beobachtete mich, wenn ich sein Geld entgegennahm, und auch, wenn ich ihm sein Wechselgeld herausgab, ich sah ihm dabei immer knapp über die Schulter, er sprach kein Wort, und es war überhaupt nicht so, als wären wir in einem Supermarkt; aber eines Tages war ich noch nicht an der Kasse, ich war auf dem Weg zu meiner Neunstundenschicht an Kasse 19 und lief zwischen den Regalen durch, an dem Tag trug ich einen schrecklichen, rutschenden Rock, der um meine Taille wanderte, immer rundherum, obwohl ich doch den ganzen Tag im Sitzen verbrachte; und auf einmal tauchte der Korb vor mir auf und dicht dahinter der Mann, er war wirklich sehr groß und sagte: »Mach damit, was du willst«, und dann gab er mir ein Buch. Erst hielt ich nur einen Kugelschreiber, und dann hielt ich plötzlich ein Buch in der einen und einen Kugelschreiber in der anderen Hand, irgendwie hatte ich das Gefühl, sie trennen zu müssen, während ich meinen Weg zu den Kassen fortsetzte, und als ich an Kasse 19 war, legte ich das Buch auf ein Regalbrett unter dem Drucker, der den ganzen Tag lang Bons ausdruckte. Das Buch war von Friedrich Nietzsche und hieß *Jenseits von Gut und Böse,* und der Einband zeigte eine Frau mit großen, nackten Brüsten und aufgestützten Armen, ihre Arme sind aufgestützt, denn sie ist eine Sphinx, eine Sphinx, wie Franz von Stuck sie 1904 gemalt hat, und es war schon ein bisschen seltsam, ihre ruhenden Hände zu sehen, denn sie sahen aus wie meine ruhenden Hände auf dem dunkelbraunen Kassendeckel, wenn niemand in der Nähe war und ich nichts zu tun hatte; obwohl meine kleinen Brüste ihren großen, dunklen Brüsten kein bisschen ähnelten, waren meine Hände wie ihre, genau wie ihre, und ich bildete mir natürlich ein, dass der russische Mann es ebenfalls bemerkt hatte.

Ich kannte die Tagebücher von Witold Gombrowicz noch nicht, die ich inzwischen aber gelesen habe. Ich kannte einige Romane von Milan Kundera, nicht aber die eleganten Essays aus *Verratene Vermächtnisse*, die ich einige Jahre später mit großer Freude las und die mich womöglich auf Gombrowicz gebracht haben, vielleicht auch auf Calvino und ganz bestimmt auf Fernando Pessoa. Ich hatte weder Hofmannsthal gelesen noch Handke, Goethe oder Robert Walser. Wohl aber *Tod in Venedig*. Einer der ersten anspruchsvollen Romane, die ich je gelesen habe, war *Die Blechtrommel* von Günter Grass, ein sehr dickes Buch, das ich mir aus der Bücherei ausgeliehen und in der Woche gelesen hatte, als mein Zimmer gestrichen wurde und ich im Gästezimmer auf einem Sofabett schlafen musste. Ich schlief sehr gern auf dem Sofabett, obwohl mir das morgendliche Aufstehen dort schwerer fiel, wahrscheinlich weil das Bett so niedrig war, überhaupt zog ich das viel kleinere Gästezimmer meinem Zimmer vor. Ich habe es immer schon geliebt, mich in kleinen Zimmern schlafen zu legen. Kleine Zimmer haben mehr Atmosphäre, in einem kleinen Zimmer fällt es leichter, sich etwas Weithergeholtes vorzustellen – in einem großen Zimmer kannst du dir praktisch gar nichts vorstellen – du bist einfach nur in einem großen Zimmer, und fertig. Weder rückt es immer weiter von dir weg, noch bringt es dich irgendwo hin. Sobald du dir das große Zimmer gesichert hast, merkst du schnell und doch zu spät, dass du in der Falle sitzt. Wenn ich jetzt an *Die Blechtrommel* denke, fällt mir die Szene ein, wo der Junge in einen Bus einsteigen möchte und nicht kann, weil er viel zu klein ist. Ich sehe ihn, wie er am Bordstein steht und zum Bus emporschaut, er hält etwas in der linken Armbeuge, wahrscheinlich die Blechtrommel, die in meiner Vorstellung aber eher wie ein Medizinball aussieht. Der Busfahrer mit dem behaarten Gesicht und den verschwitzten Locken schüttelt den Kopf. Das ist alles, an mehr kann ich mich nicht erinnern, was erstaunlich ist angesichts der Länge des Romans, außerdem könnte es sein, dass ich diese kurze Szene, in der ein Junge in einen Bus steigen will und es ihm aus irgendeinem Grund nicht gelingt, mit einer Szene aus einem anderen Roman verwechsele, den ich ungefähr zur selben Zeit gelesen habe: *Owen Meany*. Ich hatte viel Sidney Sheldon gelesen und ein paar Bücher von Jeffrey Archer, jede Menge Danielle Steele, dazu Jackie Collins und etwas James Herbert. Weil es sich dabei um Bestseller handelte, waren die Namen in großen Buchstaben auf den Buchdeckel geprägt, natürlich in Gold oder Silber. Ein Buch von James Herbert handelte von Ratten in einem wunderschönen alten Haus auf dem Land. Ein junges Ehepaar hatte es gekauft und war kürzlich erst eingezogen. Ich glaube, die Frau war schwanger – Frauen in Horrorgeschichten sind oft schwanger. Zu der Zeit hatte ich weder Marguerite Duras noch Colette, Madeleine Bourdouxhe oder Annie Ernaux gelesen. Ich kannte ein paar Bücher von Françoise Sagan, darunter *Bonjour Tristesse*; als ich herausfand, dass sie es im Alter von achtzehn Jahren geschrieben hatte, warf es mich für eine Weile aus der Bahn, weil ich, als ich *Bonjour Tristesse* las, im selben Alter war und alles, was ich in dem Alter schrieb, nichts von Sagans Klarheit und Sicherheit hatte, es war selbstbezogen und wirr, und als ich es später noch einmal las, verstand ich es nicht mehr, es war rätselhaft und belastend, weil ich keine Geschichte erzählte, sondern Verwirrung und Verzweiflung schilderte, Sehnsucht und Wut, ununterdrückbare Kräfte, die aus dem Missverhältnis zwischen meinem Innenleben und der Außenwelt hervorgegangen waren, so etwas wollte doch niemand lesen und dementsprechend wollte ich nicht, dass es jemand zu Gesicht bekam, höchstens meine Freundin Natascha. Natascha sagte, mein Stil erinnere sie an die Gedichte von Anne Sexton, sie fragte, ob ich Anne Sexton gelesen hätte, nein, hatte ich nicht, ich wollte mich aber auch gar nicht damit befassen. Natascha zuckte mit den Schultern. Sie war eine Erasmus-Studentin aus Nürnberg und wohnte ein paar Türen weiter. Die meisten Bücher in ihrem Zimmer waren von Horkheimer, Adorno oder Habermas, natürlich auf Deutsch, und hatten sehr nüchterne Cover. Ich blätterte gern darin herum und betrachtete die langen, ineinandergeschobenen deutschen Wörter, sie beschworen einen Wald herauf, jedes Wort war wie ein hoher Nadelbaum, alle standen dicht gedrängt, sonderten kalte Luft ab und erzitterten vor jagenden Tieren, wie im Schwarzwald oder im Bayerischen Wald, wo ich einmal gewesen war, einige Wörter erkannte ich sogar wieder, manche auch nur teilweise, weil ich Deutsch in der Schule gehabt hatte und in dem Fach sehr gut gewesen war, ich wusste fast immer, ob es *der, die* oder *das* hieß. Natascha gab mir ein neues Wort, ein Wort, das ich mir gemerkt habe, während die meisten anderen, Aberhunderte, die ich aufgesagt und abgeschrieben hatte, verblasst sind: Hirngespinst. Sie besaß auch viele Bücher in englischer Sprache, darunter *The Female Malady: Women, Madness, and English Culture, 1830–1980.* Das Buch hatte einen schrecklichen Einband, *Doktor Pinel, der die Irrsinnigen der Salpêtrière von ihren Fesseln befreit,* ein Gemälde von Tony Robert-Fleury aus dem Jahr 1876. Am Bildrand kniet eine Frau und küsst dankbar die dicken, beringten Finger von Pinel, ihrem Erlöser. Der galante Pinel hält sich einen Gehstock vor den Leib und betrachtet die hübsche junge Frau in der Bildmitte, die gerade von ihren Fesseln befreit wird. Ihr Haar ist offen und zerzaust, das Kleid rutscht ihr von den Schultern. Hinter ihr krümmt sich eine andere Frau zu einem Arc de Cercle, sie keucht und zerrt an ihren Kleidern und entblößt ganz unnötig eine kecke Brust. Die Szene wirkt sehr reißerisch – wie diese verzweifelten und verletzlichen Frauen sexualisiert werden, verursachte mir eine Gänsehaut. Weil Natascha mir aber anbot, das Buch auszuleihen, fühlte ich mich verpflichtet, es mitzunehmen, in mein Zimmer ein paar Türen weiter, mit in mein Bett, das genau dort stand, wo Nataschas Bett in ihrem Zimmer stand, und wo ich ganze Nachmittage damit verbrachte, es zu lesen, mir Notizen zu machen, Pistazien zu knacken und durch einen winzigen lila Strohhalm Ribena-Fruchtsaft zu trinken. Ich sammelte die Wertmarken auf den Ribena-Packungen, ein ziemlich guter Plan, weil mein Fleiß am Ende mit einer kostenlosen Dino-Bubble-Armbanduhr belohnt wurde. Ich freute mich sehr darüber, bis Dino sich unerklärlicherweise umdrehte. Seine Rückseite war flach, hellblau und so gesichtslos wie Knete, sie sah wirklich aus wie ein Stück blaue Knete, und obwohl ich die Uhr in einer Art entspannter, aber tiefer Trance sehr geduldig und unermüdlich drehte, mit übereinandergeschlagenen Knöcheln und einer Zigarette in der freien Hand, schaffte Dino keine zweite Kehrtwende und verschwand irgendwann unter dem Geröllhaufen aus Pistazienschalen vor dem Bett. Das Buch war von Elaine Showalter, und was ich darin las, war absolut erschütternd und zutiefst verstörend. In fast unerträglicher Detailtreue beschreibt sie die verschiedenen sogenannten therapeutischen Maßnahmen, die angewendet wurden, um Frauen wieder zur Vernunft – und damit zum Gehorsam – zu bringen. Die Schilderungen waren ebenso drastisch wie ekelerregend und gingen mir direkt unter die Haut, in jene Zwischenräume zwischen den Nerven, die nichts mit mir zu tun haben und mir anscheinend nicht einmal gehören, miteinander verbundene Zwischenräume, wo die Mutter meiner Mutter und die Mutter der Mutter meiner Mutter immer noch als weiche Schatten präsent sind, die sich in den heiligen Nischen übereinanderschieben. Ich wusste schon als Kind, dass die Mutter meiner Mutter und die Mutter der Mutter meiner Mutter in der Psychiatrie gewesen waren, und später wusste ich, dass meine Großmutter mit Elektroschocks behandelt wurde, vielleicht sogar zur selben Zeit, als ich erwachsen und in London war, auf dem Bett lag und Showalters Buch las. Wer weiß. Showalter vertritt in ihrer Studie die Ansicht, dass erst die kulturelle Vorstellung davon, wie eine Frau sich zu benehmen habe, die Frauen verrückt machte – ein Standpunkt, den ich teilte, wenn auch in noch nicht ganz ausgereifter Form. Eigentlich war er nur ein Gefühl. Während ich weiterlas, begann das Gefühl sich zu intensivieren und zu verdunkeln, und parallel dazu stieg ein zweites in mir auf, mit einer solchen Wucht, dass es mir den Atem verschlug. Dieses Gefühl war sehr ausgeprägt, es war reine Empörung, denn war es nicht offensichtlich, absolut offensichtlich, dass eine Person, die keine Autonomie und kein Einkommen hat und deren Leben und Alltag von Einschränkungen bestimmt sind, die herabgesetzt, angefeindet, ignoriert und immer wieder missverstanden wird, die sexuell im Dunkeln tappt und abends ins Bett geht, ohne zu wissen, ob und wann ihr Mann nach Hause kommt und die Stunden über Stunden allein oder mit drei Kindern unter sechs Jahren verbringt, natürlich irgendwann durchdreht? Was bleibt ihr denn übrig? Tag für Tag kochen, putzen und bei Bedarf lächelnd die Beine breit machen, als wäre das alles völlig normal? Solche Zustände könnte doch nur ein Mensch ertragen, der entmündigt und nicht mehr ganz bei Trost ist. Eben! Ich habe *The Female Malady* nicht zu Ende gelesen. Ich konnte es nicht ertragen. Es weckte eine uralte, blutrünstige Wut in mir. Nach mehreren schlimmen Albträumen gab ich es Natascha zurück und gestand ihr, dass ich es nicht zu Ende gelesen hatte, und sie wiederum gestand mir, dass auch sie überfordert gewesen war und es ebenfalls nicht zu Ende lesen konnte. Wahrscheinlich saßen wir bei diesem Gespräch in ihrer Küche, die mit meiner mehr oder weniger identisch, aber trotzdem viel schöner war, und wahrscheinlich tranken wir Earl Grey mit Baileys, eine Erfindung von ihr, die wir an vielen Nachmittagen genossen, als die Tage kälter und kürzer wurden, und höchstwahrscheinlich lag das Buch zwischen uns auf dem kleinen Resopaltisch, sicherlich umgedreht, damit ich das aberwitzige sogenannte Zeitdokument nicht sehen musste, das Gemälde, in dem Tony Robert-Fleury Pinels große Verdienste um geisteskranke Frauen verewigte. Viele Jahre später sollte ich in einem schmalen Buch mit schwarzweißem Einband auf eine Formulierung stoßen, die ich sofort ins Herz schloss: »der Glanz des Schmutzes«. Der Glanz des Schmutzes. Wenige Worte, und doch so tröstlich. Immer wieder erlebte ich Phasen gähnender Leere, in denen ich von einem Gefühl der Verhängnis vollkommen geplättet war. Erdrückt von tiefer Verzweiflung und einer Ängstlichkeit, die sich manchmal durch schmerzhaftes, aber relativ wohltuendes Schluchzen lindern ließ. Ich hatte weder kleine Kinder noch einen untreuen Ehemann – ich hatte viele Freunde und war mitten im Studium – angeblich stand mir die ganze Welt offen – angeblich konnte ich überall hingehen und alles sein. Aber in meinem Herzen fühlte ich mich beraubt, ich trauerte und hatte Heimweh nach einem Ort, den ich noch nie gesehen hatte. Nach einem Ort, den es nicht gab und an den ich dennoch gehörte. Eigentlich ein lächerliches Gefühl. Lächerlich und doch so stechend und beständig. In manchen Momenten sah ich keinen Ausweg mehr. »Während die Abendländer den Schmutz radikal aufzudecken und zu entfernen trachten«, schrieb Junichiro Tanizaki, Autor von *Lob des Schattens*, »konservieren ihn die Ostasiaten sorgfältig und ästhetisieren ihn, wie er ist – könnte man, wenn man wollte, beschönigend sagen; aber wie auch immer, es ist unser Schicksal, dass wir nun einmal Dinge mit Spuren von Menschenhänden, Lampenruß, Wind und Regen lieben oder auch daran erinnernde Farbtönungen und Lichtwirkungen.« Ein Ort, an dem abgenutzte und befleckte Gegenstände wertgeschätzt werden. Der Dunkelheit, Patina und Zerbrechlichkeit den Vorzug gibt. Verglichen mit der westlichen Fixierung auf lichtdurchflutete Räume, funkelnde Armaturen, makellose Oberflächen und ständige Neuerungen erschien mir dieser Ort tatsächlich wie das Paradies. Tanizaki mutmaßt, dass die ästhetischen Unterschiede auf einer tieferen Ebene etwas über die Einstellung zu Licht und Dunkelheit verraten. Er glaubt, dass wir im Westen den Schatten fürchten und versuchen, ihn zu vertreiben, während die Japaner eher dazu neigen, »den Schatten einem ästhetischen Zweck dienstbar zu machen«, und deshalb in der Lage sind, auf Tuchfühlung mit Geistern, Geheimnissen, dem Alten und dem Schimärischen zu gehen. Ich glaube keinen Moment lang, dass die kulturellen Vorstellungen darüber, wie Frauen zu leben und sich zu benehmen haben, in Japan jemals besser waren, ganz und gar nicht, aber das schmälert nicht den Wert von Tanizakis »sichtbarer Dunkelheit«, womöglich eine unbeabsichtigte Abwandlung von Miltons »sichtbarem Finster«, welche die höllischen Konnotationen des schaurigen Oxymorons verwandelt und andeutet, die Schwärze in unserem Innern könnte gebannt, vielleicht sogar überwunden werden, wenn sie die Schwärze des Außen erblickt. Dieser übernatürliche und besondere Ort hat »etwas Glitzerndes, Flimmerndes an sich [...] Kobolde und Geistererscheinungen traten wohl vorzugsweise aus dieser Art Dunkelheit hervor; und die Frauen, die darin wohnten, hinter tiefen Vorhängen versteckt und mehrfach von Stellschirmen und Schiebetüren umgeben, gehörten sie letzten Endes nicht auch zur Sippe der Phantome?« Nach Tanizakis stimmungsvoller Schilderung ist das Zuhause kein begrenzter, statischer Ort, abgeschottet und unempfindlich gegen äußere und vergangene Einflüsse – japanische Innenräume sind durchlässig, wandelbar und unendlich geeignet, »den Menschen unwillkürlich in eine meditative Stimmung« zu versetzen. Ja, das klingt nach einem Ort, an dem ich mich zu Hause fühlen könnte. Das moderne Zuhause, das heute oft als Lebens- und Rückzugsbereich gilt, wird durch den zunehmenden Anspruch an seine Funktionalität immer heller, lichter und homogener. Und wer erledigt die Arbeit, die es Tag für Tag braucht, um sicherzustellen, dass alle diese Räume gleichbleibend hell, licht und funktional sind? Bequemlichkeit ersetzt das Ritual, Geräte ersetzen die Tagträume, Strahler ersetzen Schatten, und das Missverhältnis zwischen Innenleben und

Außenwelt wird immer krasser. Doch in einem Zuhause, das durch Kabel und Leitungen an seine Funktionen, sein Inventar und seine Apparaturen gefesselt ist, wird Schalter für Schalter eine kosmische Verbindung kurzgeschlossen, bis es am Ende kein Tor zu anderen Welten mehr darstellt. Und die Bewohnerin stellt verwirrt fest, dass sie an einem Ort, der sie doch eigentlich inspirieren und entspannen sollte, eine penetrante, anhaltende, fast vorwurfsvolle Entfremdung spürt. Wenn alles erleuchtet und von Schatten bereinigt ist, wohin zieht sich dann ihr inneres Wesen zurück, was ist mit seinem Bedürfnis zu träumen? Vielleicht verzieht es sich ins Bett, vielleicht kippt es Möbel um, vielleicht bemalt es die Wände, vielleicht ist da plötzlich eine Ente, vielleicht lässt es eines Tages einfach alles hinter sich. Die Zwiesprache mit der Dunkelheit in all ihrer ursprünglichen und potenziell umgestaltenden Kraft ist beunruhigend, keine Frage. Aber wer will schon ständig mit beiden Beinen auf dem Boden stehen? Es scheint mir völlig unvertretbar, dass jemand es jemals für notwendig und richtig hielt, elektrischen Strom durch die Falten eines fremden Verstandes zu jagen und mit einem blitzartigen Gleißen die intime Schwärze in seinem Kern auszulöschen.

Ich hatte Gedichte von William Wordsworth gelesen und geliebt, das eine über Goody Blake und Harry Gill werde ich nie vergessen. Sie ist so arm, dass sie sich kein

Feuerholz leisten kann, und der Winter ist bitterkalt. Nach einem starken Sturm geht sie die Straße hinunter, sammelt die aus Harry Gills Bäumen herabgefallenen Zweige auf und legt sie in ihre Schürze. Harry Gill kommt aus dem Haus und stampft mit hochrotem Kopf und fuchtelnden Armen über den Gartenpfad, er schreit Goody Blake an, sie darf die Zweige nicht mitnehmen, wahrscheinlich nennt er sie sogar eine hinterhältige Diebin. Goody Blake schämt sich sehr, sie entschuldigt sich und huscht davon, und die kümmerlichen Zweige fallen aus ihrer dünnen Schürze. Bei Harry Gill brennt natürlich Tag und Nacht ein riesiges Feuer, er besitzt viele opulente Decken und hat es auch an kalten Winterabenden mollig warm. Nur an dem Abend, nachdem er Goody Blake verboten hat, ein paar vom Wind abgerissene Zweige aufzulesen, an dem Abend wird Harry Gill überhaupt nicht warm. Er schichtet immer mehr Scheite aufs Feuer, so dass es hell lodert und eine enorme Hitze ausstrahlt, er stapelt immer mehr Decken und vielleicht sogar noch ein paar Schaffelle auf sich, doch es ändert nichts – er friert bis in die Knochen. Seine Zähne klappern, seine Finger und Zehen werden taub, und die Innenseiten seiner dürren alten Oberschenkel schlagen gegeneinander wie zwei lange, kalte Schwerter. Er kann nichts tun, um aufzutauen und noch einmal die Wärme in seinen Adern zu spüren. Ihm wird nie wieder warm, stattdessen ist ihm immerzu kalt, eiskalt. Das zu lesen beeindruckte mich zutiefst, konnte ich mir damals für einen Menschen doch nichts Schlimmeres vorstellen, als frierend im Bett zu liegen und sich nicht aufwärmen zu können, und natürlich geschah es Harry Gill nur recht. Es war die perfekte Strafe für den gehässigen Mann, denn er trug die Schuld daran, dass Goody Blake, die überhaupt nichts falsch gemacht hatte, sich schlecht und erbärmlich fühlte. Es gab noch ein anderes Gedicht, »Wir sind sieben«, und das war sehr traurig – nein, sagt das Kind, nachdem eines seiner Geschwister gestorben ist, wir sind sieben, wir sind sieben. Wenn ich Gedichte von Andrew Marvell las, kamen mir wunderschöne, verschwommene Bilder von Glühwürmchen, Papierlaternen und Geheimverstecken im hohen, bläulichen Gras in den Sinn, und auch die zwinkernden, weißen, sternförmigen Blüten, die mit Einbruch der Nacht immer heller leuchten. Außerdem hatte ich natürlich Blake gelesen – Blake, Byron und Keats, Thomas de Quincey und William Godwin. Und Mary Wollstonecrafts *Verteidigung der Rechte der Frau*, wenn auch zugegebenermaßen nicht zu Ende, und zwei- oder dreimal Turgenjews Theaterstück *Ein Monat auf dem Lande*, nicht aber J. L. Carrs wunderschöne gleichnamige Novelle. Von Saul Bellow kannte ich noch nichts. Eines Nachmittags las mir mein Freund beim Picknick in den Town Gardens einzelne Passagen aus *Herzog* vor, was mich ärgerte, weil seine Art zu lesen wirklich nervig war und ich eigentlich nur still daliegen, die Augen schließen und dem Vogelgezwitscher lauschen wollte, aber zum Glück kam er irgendwann auf die Idee, mich abzuknutschen.

Jahre später empfahl mir ein anderer Freund *Das Geschäft des Lebens*. Ich las es und fand es wegen Schauplatz und Zeit der Handlung ziemlich gut. Ich konnte mir problemlos den jungen Mann vorstellen, der zusammen mit dem älteren Mann, vielleicht sein Onkel, in einem schicken Restaurant sitzt. Wer auch immer der ältere Mann war – ich glaube, der jüngere bat ihn um einen geschäftlichen Rat oder vielleicht sogar um einen Gefallen, der ihm helfen würde, in derselben Branche Fuß zu fassen, in der der ältere Herr seit Langem gut vernetzt war, oder vielleicht ging es auch um eine Frau, oder der junge Mann brauchte einfach nur Geld. Ich weiß noch, dass der Kellner, der ihnen die Drinks servierte, eine dunkelrote Weste trug und ein paar Marmorstufen hinaufsteigen musste, rechts und links davon hohe Pflanzen in großen, glasierten Übertöpfen, und in den Gläsern auf dem Silbertablett schwappte erstklassiger Brandy. Aufgrund dieser Details und wegen des Gesprächs der beiden Männer empfahl ich das Buch einem Freund, mit dem ich zusammengekommen war, Jahre nachdem sein Vorgänger es mir empfohlen hatte, aber es gefiel ihm überhaupt nicht. Ihm gefiel keines der Bücher, die ich ihm empfahl, er las ausschließlich Biografien von bedeutenden Männern wie Napoleon, Beethoven oder George Bernard Shaw. Einmal war er erkältet, und ich brachte ihm ein Buch mit Kurzgeschichten von Maeve Brennan mit; er ließ sich wortreich darüber aus, wie sehr er es hasste, angeblich konnte er nicht verstehen, was ich daran fand – er wollte sogar, dass ich ihm erklärte, warum genau ich das Buch so mochte, denn seiner Ansicht nach war es sterbenslangweilig und kein bisschen interessant, aber ich antwortete nicht, weil ich ziemlich gekränkt war und seine Haltung sogar beschämend fand, wobei ich nicht genau wusste, ob ich mich für ihn schämte oder für mich. Danach schwor ich mir, ihm nie wieder ein Buch zu schenken oder auszuleihen, und immer, wenn er fragte, was ich denn gerade lese, antwortete ich in zuckersüßem Ton: »Ein Buch, das dich langweilen würde, das ich aber zufälligerweise sehr gut finde.« Und dann lachten wir beide, was viel besser war, als eine gereizte Stimmung aufkommen zu lassen, und er erzählte mir alles über das Leben des großen Mannes, dessen Biografie er gerade las. Nach meinem Empfinden waren diese Bücher immer sehr schmeichelhaft, ich wunderte mich, dass er sich davon einwickeln ließ – dass er die Biografien »mit stoischem Gleichmut« las, wie Janet Malcolm es in ihrer fesselnden Erkundung des Themas so treffend formuliert, und da wurde mir klar, dass er gar keine kritische oder ausgewogene Zusammenfassung eines bestimmten Lebens lesen, sondern wirklich an Größe glauben wollte, und auch, dass er mir seine Vorstellung von Größe aufzudrücken versuchte, weil sie die Grundlage seiner Weltanschauung bildete. Manchmal beschlich mich der Verdacht, dass er mir nicht die ganze Geschichte erzählte, sondern immer nur einzelne, gar nicht so großartige Aspekte eines Männerlebens beschönigte – seins eingeschlossen –, und ab da erschienen mir seine Nacherzählungen undifferenziert, wenig glaubhaft und damit langweilig, was er wohl auch spürte und was wiederum die Stimmung drückte, aber natürlich kam er, wenn ich ihn fragte, was er gerade las, nie auf die Idee zu sagen: »Ein Buch, das dich langweilen würde, das ich aber zufälligerweise sehr gut finde.« Damals hatte ich weder Georges Perec gelesen noch Robert Musil, Hermann Hesse, Stefan Zweig oder Paul Bowles. Der Freund, der mir *Das Geschäft des Lebens* empfohlen hatte, schenkte mir *Himmel über der Wüste*. Er hatte etwas in das Buch hineingeschrieben, ich besitze es bis heute. Ich war bezaubert davon, geradezu hingerissen, und als ich später in Tanger war, sechs oder sieben Jahre nach unserer Trennung und seiner Hochzeit mit einer anderen, entdeckte ich auf der Hauptstraße eine Buchhandlung mit einer kleinen Abteilung englischsprachiger Ausgaben, darunter natürlich auch viele Titel von Paul Bowles, der fast fünfzig Jahre in Tanger gelebt hatte, was ich zu der Zeit wusste. Ich wusste auch, dass er in New York aufgewachsen war, erfuhr aber erst später, dass er bei Aaron Copland Komposition studiert hatte, und mit Aaron Copland war er zum ersten Mal nach Tanger gereist, und noch später erfuhr ich, dass Gertrude Stein diejenige gewesen war, die ihnen Tanger empfohlen hatte. Als er New York verließ, so erzählte er einmal in einem Interview mit *Paris Review*, habe er »eine ziemlich gute Vorstellung« davon gehabt, wie sein restliches Leben in den Staaten ausgesehen hätte, und dieses Leben wollte er nicht. »Wie hätte es denn ausgesehen?«, fragte der Interviewer. »Langweilig«, antwortete Paul Bowles.

Das habe ich nie vergessen, wie könnte ich? – Welcher Mensch mit den Verbindungen und den Möglichkeiten eines Paul Bowles konnte ernsthaft der Meinung sein, das Leben in New York sei langweilig? Eines Tages liefen mein Freund und ich am Petit Socco einer amerikanischen Folksängerin und ihrem Mann in die Arme. Wir hatten sie – und ein paar andere Leute – wenige Tage zuvor in einem Club unweit unserer Wohnung kennengelernt. Zu dem Zeitpunkt waren wir seit etwa drei Wochen in Tanger und planten, über Fès in die Wüste zu fahren. Wir erzählten der Sängerin und ihrem Mann, ebenfalls Musiker, von unserem Vorhaben, und sie sagte, sie würden bald ein Konzert in Fès geben. Sie nannte uns den Tag, weil wir sie danach fragten, aber das Konzert sollte über eine Woche nach unserem Aufenthalt in Fès stattfinden – mein Freund und ich tauschten einen Blick und sagten: »Bis dahin sind wir längst in der Wüste.« Ich werde für immer bereuen, das Konzert in Fès verpasst zu haben, denn als ich wieder in Irland war, habe ich die Sängerin im Internet gesucht und viele ihrer Lieder online gefunden. Ihre Stimme ist absolut außergewöhnlich. Während wir uns also auf dem Petit Socco unterhielten und ich noch überhaupt keine Ahnung von der Singstimme der Musikerin hatte, bemerkte ich eine junge Frau, die offenbar allein unterwegs war und mich unverwandt ansah, und dann bemerkte ich, dass sie gar nicht mich ansah, sondern die Bücher unter meinem Arm. Ich lächelte sie an und sagte hallo, sie kam näher. »Liest du gern?«, fragte ich, und sie bejahte und erzählte mir, dass sie gerade Englisch lerne. »Bücher sind schwer zu bekommen«, fügte sie hinzu. Ihr Gesicht und ihr Blick waren sehr klar, auch ihre Stimme. Ich sagte ihr, ich hätte einige Bücher ausgelesen, ob sie sie haben wolle, und sie nickte. Ich blickte zum Café Tingis hinüber, drehte mich wieder um und sagte: »Könnte ich sie dort lassen, und du holst sie dir ab?« Sie sagte, ja, das könnte klappen, also versprach ich ihr, die Bücher am kommenden Freitagmittag dort für sie zu hinterlegen. Sie nannte mir ihren Namen, an den ich mich nicht mehr erinnern kann, ich weiß nur noch, dass er irgendwie nicht zu ihr passte, und am Freitagvormittag nahm ich die Bücher, die ich bereits gelesen hatte – zwei Bände der Neapolitanischen Saga von Elena Ferrante und *Das tägliche Leben* von Marguerite Duras – und band sie mit einer Schnur zusammen, die ich in einer Küchenschublade der Wohnung im spanischen Kolonialstil, in der mein Freund und ich untergebracht waren, gefunden hatte. Ich schrieb, dass ich am nächsten Freitag zur selben Zeit weitere Bücher für sie hinterlegen würde, und schob den Zettel in das oberste Buch auf dem Stapel. Am Tag darauf würden mein Freund und ich über Fès in die Wüste fahren. Als es soweit war, hatte ich keine Bücher mehr, die ich ihr hätte geben können, aber da fiel mir ein, dass ich in die Buchhandlung an der Hauptstraße gehen und welche kaufen könnte, in dieselbe Buchhandlung, in die Jean Genet gegangen war, um seine Honorare von Gallimard abzuholen, was ich damals aber noch nicht wusste. Und so machte ich es dann, ich kaufte Bücher, weiß aber nicht mehr, welche. Die Auswahl in der Buchhandlung war nicht sehr groß. Vielleicht war etwas von Hemingway dabei, ich weiß es nicht mehr. Als ich am Freitag mit den Büchern ins Café Tingis kam, stand hinter dem Tresen derselbe Mann wie in der Woche davor, und ich fragte ihn, ob die Bücher, die ich abgegeben hatte, abgeholt worden seien. »Oh ja«, sagte er, »sie war kurz nach Ihnen hier.« Ich weiß nicht, was die Frau mit den Büchern gemacht oder wo sie sie gelesen hat. Ich habe mich gefragt, ob sie sie heimlich las. Wenn ich an sie dachte, sah ich sie allein in einem abendlichen Zimmer mit hoher Decke, rosafarbenem Putz und in der Zimmermitte aufgehäuften Kissen. Sie kauert im Schneidersitz auf einem großen, runden Polster, mal kirschrot mit Rüschen, mal aus weichem, mit weiß-goldenen Rauten besticktem Leder. Zu beiden Seiten des geöffneten Fensters flattern dünne, apricotfarbene Vorhänge mit eingewebten Goldfäden. Da ist ein niedriger, quadratischer Tisch mit Kerzen, einem Leuchter und einer Teekanne. Sie trinkt nicht den üblichen gesüßten Pfefferminztee, sondern etwas anderes, vielleicht Tee aus England. Sie hat Englisch gelernt, aber Englisch ist mehr als eine Sprache, nicht wahr? Ich bin froh, dass einige der Bücher, die ich ihr geschenkt habe, von italienischen und französischen Autorinnen geschrieben wurden. Ich frage mich, ob die Bücher sie angeregt oder aufgewühlt haben. Welche Sehnsüchte haben sie geweckt, ist die Frau später aufgebrochen, um sie zu erfüllen? Vor allem frage ich mich, welchen Einfluss Lenù und Lila auf ihr Herz und ihre Vorstellung von der Zukunft hatten. Welchen Samen haben sie gepflanzt? Wohin ist die Frau gegangen? Und war es, als sie dort ankam, genau so, wie sie es sich vorgestellt hatte? Meine Ausgabe von Paul Bowles' *So mag er fallen* ist weg. Das gehörte nicht zu den Büchern, die ich der jungen Frau in Tanger überlassen habe – ich wollte es behalten, einzelne Sätze hatte ich mit lila Tinte unterstrichen.

Ich nahm es mit zurück nach Irland und legte es auf einen Stapel anderer Penguin Modern Classics, der sich in meiner Wohnung vor der blauen Wand auftürmte. Eines Tages ging ich zum Einkaufen auf den Markt, und als ich fast schon wieder zu Hause war, rutschte vor meinen Augen ein Strauß Wildblumen von einem Fahrradgepäckträger. Die Person auf dem Fahrrad war ein

Bekannter von mir. Die Blumen fielen mitten auf die Straße und wurden prompt von einem Auto überfahren. Sie wurden völlig platt gedrückt. Der Mann, den ich kannte und dessen schöne Blumen gerade von den stinkenden, heißen Reifen eines Autos zerquetscht worden waren, radelte weiter, bis jemand seinen Namen rief. Jemand hatte die Blumen aufgesammelt und hielt sie in die Höhe. Die Blumen waren sehr schlaff. Sie erinnerten an Unkraut. Er betrachtete sie traurig, klemmte sie wieder auf den Gepäckträger des Fahrrads, stellte es vor einer Bar ab und ging mit hängendem Kopf hinein. Er hatte mich nicht gesehen. Ich ging rauf in meine Wohnung und suchte nach *So mag er fallen*. Ich hatte meinem Bekannten erst eine Woche zuvor von dem Buch erzählt, unten in der Bar, und er hatte gesagt, er würde es gern lesen. Ich suchte das Buch, machte mich kurz frisch und ging hinunter in der Hoffnung, ihn damit aufheitern zu können. Ich setzte mich zu ihm ans Tresenende, und er erzählte mir sofort, was auf dem Rückweg vom Markt mit seinen Blumen passiert war. »Ich habe es gesehen«, sagte ich. »Du hast es gesehen?«, fragte er. »Ja«, sagte ich, »ich bin vom Markt zurückgekommen und habe gesehen, wie sie von deinem Gepäckträger auf die Straße gefallen sind.« »Hast du gesehen, wie das Auto sie überfahren hat?«, fragte er. »Ja«, sagte ich, »tut mir leid.« Ich bin mir nicht sicher, ob ich mich für die zerquetschten Blumen entschuldigen wollte oder dafür, dass ich gesehen hatte, wie sie zerquetscht wurden, denn in der Tat schien er sich ein bisschen darüber zu ärgern, dass ich eine Zeugin des Vorfalls war und ihm damit die Gelegenheit genommen hatte, mir davon zu erzählen; ganz offenbar war es ihm sehr wichtig, davon zu erzählen, wie seine Blumen überfahren worden waren. Ich gab ihm das Buch und erklärte, er könne es eine Weile behalten, aber irgendwann bräuchte ich es zurück, weil ich einzelne Sätze darin unterstrichen hätte. »Außerdem habe ich es in Tanger gekauft«, sagte ich, »und verbinde ein paar tolle Erinnerungen damit.« Klar, sagte er und bedankte sich halbherzig. Er war immer noch sauer, weil seine Wildblumen überfahren worden waren, und jedes Mal, wenn jemand Neues hereinkam, wiederholte er die Geschichte wortgetreu und in aufgefrischter Entrüstung. Ehrlich gesagt schien er sich im Laufe des Abends noch weiter in das Gefühl hineinzusteigern. Mir fiel auf, dass der Vorfall durch das wiederholte Erzählen eine metaphorische Bedeutung erlangte – war er nicht ein perfektes Bild dafür, wie die Bemühungen des kleinen Mannes, die Schönheit der Natur in seinen Alltag zu integrieren, vom abscheulichen SUV des großen Mannes platt gewalzt wurden? Vielleicht, aber da empfand ich schon kein Mitleid mehr für ihn, sondern nur noch für mein Buch. Es lag vernachlässigt auf dem Tresen – er hatte es nicht einmal aufgeschlagen. Es war, als existierte es gar nicht. Das war es, was ich dachte, wann immer mein Blick darauf fiel – es war, als existierte es gar nicht. Dabei hatte mein

Buch sich gar nicht verändert, es war lediglich vorübergehend von mir getrennt, aber je länger der Abend sich hinzog, desto missmutiger und einsamer fühlte ich mich. Am liebsten hätte ich, während mein Bekannter in die andere Richtung sah und damit beschäftigt war, abermals seine Geschichte von den unschuldigen Blumen und dem rücksichtslosen Autofahrer zu erzählen, meine Hand ausgestreckt und es näher zu mir herangezogen. Nach diesem Abend ging ich ein bisschen auf Abstand. Mein Bekannter hat mir das Buch bis heute nicht zurückgegeben, und ich weiß, dass er es nie zurückgeben wird, so wie ich weiß, dass er es nicht gelesen hat und wahrscheinlich auch nie lesen wird. Dass die in leuchtendem Lila unterstrichenen Sätze irgendwo in seiner Wohnung am Ende der Straße sind und von ihm ignoriert werden, stört mich sehr. Manchmal spiele ich mit dem Gedanken, das Buch zurückzufordern, kann mich aber nicht dazu überwinden. »Könnte ich bitte mein Buch zurückhaben?« Nein, ich schaffe es einfach nicht. Ich könnte es natürlich nachkaufen, was ich eines Tages wohl auch tun werde. Und wenn ich es dann noch einmal lese, werde ich bestimmte Sätze unterstreichen. Aber es werden nicht dieselben sein – höchstwahrscheinlich werden sich die Sätze, die ich in Zukunft unterstreiche, von denjenigen unterscheiden, die ich in der Vergangenheit unterstrichen habe, damals in Tanger – schließlich steigt man nie zweimal in dasselbe Buch.

Henry Miller las ich zum ersten Mal in Frankreich, an einem Abend, als meine Freundin mit ihrem Freund unterwegs war, und ich konnte Miller nicht leiden. Ich fand seine bombastisch vulgäre Sprache unerträglich, war von mir selbst enttäuscht und fragte mich, ob ich womöglich einen Blindgänger erwischt hatte; ob er mir, wenn ich es mit einem anderen seiner Bücher versuchte, besser gefallen und ich auf Anhieb verstehen würde, warum die Leute ihn für einen so brillanten Schriftsteller halten. Ich habe es bis heute nicht mit einem anderen seiner Bücher versucht, und in meinen Augen ist Anaïs Nin viel besser als er. Eigentlich habe ich keinen Grund, die beiden zu vergleichen, aber dass man, obwohl sie die sexuellen und künstlerischen Konventionen genauso missachtete wie er, von ihr so wenig hält und von ihm so viel, geht mir auf die Nerven. Als sie 1977 starb, stand im Nachruf der *New York Times*, ihr Ehemann Hugh Guiler habe sie überlebt. Die *Los Angeles Times* berichtete hingegen, sie sei von ihrem Ehemann Rupert Pole überlebt worden. Beides ist zutreffend – Nin war eine Bigamistin, aber mal im Ernst, was soll daran so schlimm gewesen sein. Wahrscheinlich konnten die Leute sie einfach nicht leiden. In einem Frühling vor ein paar Jahren habe ich in einer Pariser Buchhandlung mehrere Bücher von ihr gekauft, vier Romane und den Kurzgeschichtenband *Unter einer Glasglocke*, weil ich irgendwo auf ein Zitat von ihr gestoßen war, das mich sofort aufgemuntert hatte: »Wir wachsen nicht in unserer Gesamtheit, nicht chronologisch. Manchmal wachsen wir in eine Richtung und nicht in eine andere, wir wachsen ungleichmäßig, wir wachsen teilweise. Wir sind bedingt abhängig. In einem Bereich sind wir herangereift, in einem anderen kindisch geblieben. Vergangenheit, Gegenwart und Zukunft verschmelzen miteinander und ziehen uns rückwärts, vorwärts oder halten uns in der Gegenwart. Wir sind aus Schichten, Zellen, Gruppierungen gemacht.« Die erste Kurzgeschichte las ich, noch während ich in einem schmalen Gang der Pariser Buchhandlung stand, und sie spielte auf einem Hausboot am Ufer der Seine. Der englische König hat seinen Besuch in Paris angekündigt, und weil die Behörden vorher natürlich das Gesindel von den Quais vertreiben müssen, erhalten alle Hausbootbewohner einen Bescheid, in dem ihnen befohlen wird, *tout de suite* Leine zu ziehen. Die Buchhandlung, in der ich stand und die Geschichte las, befand sich an einem der Quais, und nachdem ich die Bücher bezahlt und in meine Tasche gesteckt hatte, ging ich am Fluss spazieren und überlegte mir, wie seltsam und wunderbar es gewesen sein musste, während der 1930er Jahre mitten in Paris auf einem Hausboot auf der Seine zu leben. Die Menschen, die sich an den Quais versammelten und auch dort wohnten, porträtiert Nin ebenso ehrlich wie einfühlsam, womit ich wohl »voller Zuneigung« meine – wie sie die Obdachlosen beschreibt, die ihre Kämme in den Fluss tauchen, ist in meinen Augen besonders liebevoll, und natürlich ist die gesamte Erzählung von der für sie typischen Fantasie und Sinnlichkeit durchdrungen, zum Beispiel wenn sie schreibt, sie spüre ihren Körper wie »einen seidenen Schal, der jenseits der blauen Zonen der Nerven ruht«. Die blauen Zonen der Nerven. Später in dem Jahr war ich in New York, und auf einer Party fragten mich verschiedene Leute, was ich in letzter Zeit gelesen hätte, und als ich Anaïs Nin nannte, horchten einige von ihnen merklich auf – Nin war schon seit Ewigkeiten aus der Mode – sie konnten sie überhaupt nicht einordnen und antworteten in leicht herablassendem und gleichzeitig wehmütigem Ton, die hätten sie vor Jahren mal gelesen, im College – als wäre das die einzige Lebensphase, in der man Anaïs Nin lesen kann. Ich sagte, die Wiederentdeckung lohne sich wirklich. Ich sagte, besonders habe mich ihre Art und Weise beeindruckt, über sexuelle Beziehungen zu schreiben, sie habe darin eine Möglichkeit erkannt, sich selbst zu entwurzeln, sich nicht festzulegen und die starren Grenzlinien der eigenen Persönlichkeit zu überwinden. Wenn überhaupt – das sagte ich allerdings nicht –, sollte man Nin eher spät im Leben lesen, wenn man gefestigt und selbstzufrieden ist und möglicherweise davon profitieren würde, sich gehen zu lassen und vielleicht sogar den Verstand zu verlieren. Nin fürchtete sich nicht vor den Phantomen und Fantasien, die uns heimsuchen und umtreiben, ganz im Gegenteil, sie lud sie ein und lotete sie aus. Für sie war Sex ein ebenso existenzielles wie erotisches Abenteuer. Während der Lektüre von *Henry, June und ich* überraschte mich vor allem zu erfahren, dass Nin in Innsbruck gewesen war – »Ich habe österreichisches Geld in der Tasche und eine Fahrkarte nach Innsbruck«. Ich konnte sie mir überhaupt nicht in Innsbruck vorstellen. Ich weiß auch – und wusste damals schon –, dass Clarice Lispector einige Zeit in Innsbruck verbracht hat, was aber nur verständlich ist, schließlich war Lispectors Mann Diplomat, was bedeutete, dass sie alle möglichen Orte bereiste. Nicht, dass sie die vielen Umzüge genossen hätte, im Gegenteil, einmal sagte sie, in offizieller Funktion zu reisen sei schrecklich – »als müsste man eine Strafe an verschiedenen Orten verbüßen«, schrieb sie 1945 in einem Brief an die portugiesische Dichterin Natércia Freire. »Die Eindrücke, die man im Lauf eines Jahres an einem Ort sammelt, löschen letztlich die ersten Eindrücke aus. Am Ende bleibt ein ›kultivierter‹ Mensch. Aber das ist nicht mein Stil. Unwissenheit hat mich noch nie gestört.« Wahrscheinlich wollte Lispector nicht wirklich ungebildet sein – sie hegte bloß eine Abneigung gegen Leute aus diplomatischen Kreisen, die sich anmaßten, in einem fremden Land herablassend über die »Lage« zu sprechen. Das versnobte Geplapper erschien ihr befremdlich, und das Karussell der pausenlos abgesonderten Urteile und Meinungen hat sie ermüdet: »Noch nie habe ich so ernsthaften, heillosen Blödsinn gehört wie während dieses einen Reisemonats«, schrieb sie 1944 während ihres Aufenthalts in der brasilianischen Gesandtschaft in Algier. In einem Brief aus dem Jahr 1947 heißt es: »In Paris habe ich von intelligenten Leuten wirklich genug bekommen. Man kann nicht ins Theater gehen, ohne dass man sagen müsste, ob es einem gefallen hat und warum oder warum nicht, und warum es einem gefallen hat und warum nicht […] Am Ende mag man nicht einmal mehr denken, wo man doch eigentlich nur nichts sagen wollte.« Was sie von Innsbruck hielt, weiß ich nicht, aber wahrscheinlich war es nicht viel. »Ich sehe sehr wenig«, schreibt sie in einem der Briefe an ihre Schwestern und fügt hinzu, dass alle Orte, die sie bereise, »ziemlich gleich« aussähen. Wenn sie nicht in Brasilien war, hatte Lispector Heimweh. Trotz ihres glamourösen, kosmopolitischen Stils passte ein Leben, das sie von einem Land ins andere führte, überhaupt nicht zu ihr. Viel wichtiger war ihr die Nähe geliebter Menschen. Als Nin in Innsbruck war, wohnte sie im Hotel Achenseehof. Als ich Innsbruck besuchte, wohnte ich in der Wohnung einer Übersetzerin, die für drei Wochen nach Porto verreist war und jemanden brauchte, der ihre Pflanzen goss. Ich hatte in den Alpen wandern wollen, aber wie sich herausstellte, war das wegen einer drückenden Hitzewelle nicht so einfach wie gedacht. Also nahm ich eines Tages erst einen Zug und dann einen Bus zum Achensee, der tatsächlich direkt neben dem ehemaligen Hotel Achenseehof liegt. Ich weiß noch, dass ich, obwohl ich es mir vorgenommen hatte, nicht sofort nach der Ankunft schwimmen ging, und der Grund dafür war, dass sich niemand sonst im Wasser aufhielt – vielleicht war es verboten? Schweißgebadet stand ich am Rand des schönen blauen Sees und fühlte eine beklemmende, lähmende Verwirrung, die mich in fremden Ländern häufig überkommt und die dazu führt, dass ich meinen gesunden Menschenverstand ablege und mich absolut dumm verhalte. Dann sah ich, wie zwei Männer ins Wasser gingen, und sofort erhielt ich die Erklärung – sie brüllten, keuchten und hopsten – offensichtlich war das Wasser sehr kalt. Das konnte mich jedoch nicht abschrecken. Ich lebe am Atlantik und bin es gewohnt, bei eisigen Temperaturen schwimmen zu gehen – diese beiden Männer kannten wahrscheinlich nur die Adria. Ich ging in den See hinein, während die Männer schon wieder herauskamen, und fand das Wasser frisch, aber nicht besonders kalt – ich tauchte unter und freute mich über die ersehnte Abkühlung, und als ich belebt wieder auftauchte, standen die beiden Männer mit in die Seiten gestemmten Fäusten im wadentiefen Wasser und sahen mich an, als hätten sie Lust, noch einmal hineinzugehen, was sie aber nicht taten, sie kehrten zu ihren Handtüchern zurück und schauten verlegen herüber, als ich nach einer Weile herauskam und zu meinem Handtuch ging, tropfnass und wie neugeboren. Ich nahm den letzten Bus vom Achensee, der mich, wie ich glaubte, zum nächsten

Bahnhof bringen würde, und von dort aus wäre es nur eine kurze Bahnfahrt bis nach Innsbruck. Doch wie sich herausstellte, endete die Fahrt einige Haltestellen vor dem Bahnhof in einem kleinen Dorf. Ich bekam Panik, was dem Busfahrer nicht entging. Er sagte, er wohne in Jenbach, wo der Bahnhof war, und werde mich dorthin mitnehmen, sobald er den Bus zurück ins Depot gebracht habe. Also blieb ich sitzen, was blieb mir anderes übrig, und wir fuhren zu einer Wiese mit hohem Gras, wo er den Bus neben einem Drahtzaun parkte und die Geldkassette herausnahm, um sie in ein niedriges Gebäude aus Schlackenbetonsteinen zu bringen. »Das dauert nicht lange, gleich geht es weiter«, rief er über die Schulter. Ich setzte mich auf die Wiese und versuchte zu lesen, konnte mich aber nicht konzentrieren, weil ich mich natürlich fragte, wie vertrauenswürdig der Busfahrer wohl war. Ich weiß nicht, welches Buch ich dabeihatte, es hätte jedes sein können. Vielleicht gehörte es der Übersetzerin, sie besaß viele Bücher, darunter auch eins von Elias Canetti, das ich einige Tage später, als ich heil nach Innsbruck zurückgekehrt war, auf dem Domplatz las. »Ich habe noch eine Stunde Zeit«, schrieb ich in mein Notizbuch, während ich mit Elias Canetti und einem Kaffee auf dem Domplatz saß, »dann muss ich zurück in die Wohnung, das Geschirr einräumen, die Wäsche falten, mich ein letztes Mal umsehen und zum Hauptbahnhof fahren, von wo aus ich den Bus nach München nehme. Die Fahrt dauert zweieinhalb Stunden, und ich bin sehr unglücklich über meine Abreise, vor allem wegen des unverändert guten Wetters. Ich sitze also auf dem Domplatz und will ein paar Sätze abschreiben, die ich in Elias Canettis *Das Gewissen der Worte* unterstrichen habe. Ich weiß nicht, ob die Zeit reicht, alle von mir unterstrichenen Sätze abzuschreiben, aber vielleicht will ich das auch gar nicht mehr, wenn ich sie ein zweites Mal lese.« Ich hatte es tatsächlich geschafft, mehrere Zitate aus Canettis Buch abzuschreiben, dann ging ich in die Wohnung der Übersetzerin und sah mich, nachdem ich x-mal überprüft hatte, ob ich tatsächlich alle Fenster geschlossen und alle Herdplatten ausgeschaltet hatte, ein letztes Mal widerwillig um. Eines der Zitate lautet: »Es wird der Partner weniger in seiner Art des Denkens und Sprechens aufgenommen; Broch ist vielmehr daran interessiert zu erfahren, auf welche spezifische Art der andere die Luft erschüttert.« Darunter habe ich »Dialog mit dem Garusamen Partner« geschrieben (das Wort *grausam* schreibe ich fast immer falsch), und darunter »wirst du noch brauchen«, was sich wahrscheinlich auf das Buch Canettis bezog oder auf ein Buch von Broch, wer weiß, jedenfalls auf etwas, was ich in dem Moment »noch« nicht brauchte, aber in einer vagen und gleichzeitig gewissen Zukunft brauchen würde. Bevor ich die Wohnung der Übersetzerin verließ, schrieb ich ihr eine Nachricht, in der ich mich unter anderem für den angekokelten Korkuntersetzer und die Striche (mit Bleistift) unter einzelnen Sätzen in ihrer Canetti-Ausgabe entschuldigte: »Ich hatte ganz vergessen, dass es nicht meine ist«, schrieb ich, was glatt gelogen war. Jane Baltzell Kopp soll sich, als sie beide in Cambridge waren, fünf Bücher von Sylvia Plath ausgeliehen und mit Bleistift hineingeschrieben haben, in alle fünf, woraufhin Plath vor Wut schäumte, »Jane, wie konntest du nur?«, und an ihre Mutter schrieb sie in einem Brief: »Ich war wütend, hatte das Gefühl, meine Kinder seien von einer Fremden vergewaltigt oder geschlagen worden …« Vielleicht ist es tatsächlich ein bisschen übertrieben, seine Anmerkungen in gleich fünf Bücher zu schreiben. Andererseits war Kopps Bleistiftgekritzel vielleicht gar nicht so frech, wie es den Anschein hatte – sie sagte, der Anblick von Plaths Unterstreichungen habe sie »ermutigt«, ein paar eigene hinzuzufügen.

Ich hatte Theaterstücke von Euripides, Racine und Molière, Tschechow, Pirandello, Ibsen, Strindberg und natürlich Shakespeare gelesen. Am College hatten wir den *Sturm* und *König Lear* durchgenommen, die ich beide ziemlich verstörend fand, und auch *Racing Demon* von David Hare. Über den Titel bin ich niemals wirklich hinweggekommen. *Racing Demon*, rasender Dämon, und nur Männer natürlich. Nur Männer mit kraftlosen Händen, mehr fällt mir nicht mehr dazu ein, schwächliche Hände, statisch aufgeladenes Haar und Strickjacken mit Rautenmuster; Grün, Marineblau,

Kastanienbraun, Grau. So habe ich sie mir damals wohl vorgestellt – Strickjacken mit Rautenmuster waren in der Tat sehr typisch für jene Zeit. Ich bezweifle, dass ich alt genug war, um den Text richtig zu verstehen und ihm die beabsichtigte Bedeutung zu entnehmen. Stattdessen blieb ich an den merkwürdig männlichen Details hängen und übersah alle relevanten Aussagen, die ich am Jahresende in einer Prüfung zusammenfassen und möglichst eloquent erläutern sollte. Es ist wirklich interessant, in der Literatur begegnet man allen möglichen Männern – besonders in einem Alter, wenn man im echten Leben wahrscheinlich erst mit ein paar unmöglichen Exemplaren in Berührung gekommen ist, die einen jetzt schon zu Tode langweilen. Ich glaube nicht, dass wir jemals eine Aufführung von *Racing Demon* besucht haben, dabei sind wir oft ins Theater gegangen; in Bristol waren wir ständig im Theater, der Eintritt kostete fünf Pfund. Der Wirt des Pubs neben dem College kam auch immer mit. Ich weiß nicht, wie er es geschafft hat, denn er hat an dem College weder studiert noch unterrichtet. Vielleicht führte die unmittelbare Nähe des Pubs zum Campus und seine Beliebtheit sowohl bei den Studierenden als auch bei den Lehrkräften dazu, dass alle, nicht zuletzt der Wirt selbst, der Überzeugung waren, der Pub gehöre zum College und sein Betreiber somit auch. Er hatte zu allem etwas zu sagen und war pausenlos auf Sendung, auf der Hin- und Rückfahrt im Bus ebenso wie während der Vorstellung. Die Leute hielten ihn für ein »Unikat«, manche wurden sogar ganz aufgeregt, wenn er in der Nähe war. Ich hielt ihn für einen Pisskopf mit großer Klappe, der zufällig ein paar tiefgründige Verse aufgeschnappt hatte, ich konnte ihn nicht ausstehen und war froh, als er sich endlich nach Oxford verpisste, um dort in einer richtigen College-Bar zu arbeiten. Die werden Hackfleisch aus dir machen, dachte ich. Später lasen wir *Equus*, was wirklich nervte. Wir lasen mit verteilten Rollen. Wilcox sagte: »Du hast das außergewöhnlich gut gelesen«, was mich rasend machte. Worauf willst du hinaus?, dachte ich. Wenn jemand wie er mich ansprach, war ich fast immer überzeugt, irgendeine Anspielung überhört zu haben, eine Andeutung, die ich nicht ganz verstehen konnte. Das furchtbare, latente Gefühl, etwas nicht zu verstehen, hat sich bis heute nicht gelegt. Als ich ein paar Jahre nach *Equus* in London studierte, sagte ein Mann mit Baseballkappe und Schnürstiefeln von Red Wing, ich würde viel zu defensiv auf Fragen reagieren, selbst auf die höflichen, deren Antwort niemanden wirklich interessiere. »Du kommst rüber wie ein Teenager«, sagte er. »Niemand hier will dich angreifen, immer nimmst du alles so persönlich.« Das hat mich natürlich getroffen, es hat mich beschämt und gedemütigt – plötzlich war meine Nase verstopft, und ich erinnere mich, dass meine Wangen vor Verlegenheit und wahrscheinlich auch vor Wut kribbelten. Ich wollte den Mund aufmachen und sagen:

»Du hast leicht reden«, was aber natürlich nicht ging. Es blieb mir nichts anderes übrig, als mir auf die Zunge zu beißen und die Beleidigung zu schlucken. Im Grunde hatte er recht. Ich war insgesamt viel zu reaktiv, fast wie ein Kind. Später gelang es mir meistens, weniger empfindlich zu sein, aber irgendwann schlug dieses Ungezügelte wieder durch. Viele Jahre später war es plötzlich zurück und ließ mich dastehen wie eine kleine Idiotin. Ich fühlte Scham und Verwirrung, weil ich gegen Ende eines Abendessens doch wieder aufbrausend geworden war und mir wieder einmal jemand geraten hatte, die andere Wange auch noch hinzuhalten, in dem Fall der Mann, der schmeichlerische Biografien las und dessen Herz sich nicht von den bittersüßen Beobachtungen einer klugen Irin auf ihrem Streifzug durch Manhattan rühren ließ – oder nein, Moment, vielleicht war es ein anderer – jedenfalls riet er mir, es einfach »von mir abperlen zu lassen«. Überhaupt solle ich alles, was mich verletzte, einfach von mir abperlen lassen. Und dann?, dachte ich, sprach es aber nicht aus, weil ich wieder mal eingeschüchtert und zum Schweigen gebracht worden war. Später, als sich die Situation an einem anderen Abend wiederholte, sprach ich es doch aus. »Und dann?«, fragte ich. »Dann höre ich dir nur noch mit einem Ohr zu. Ist es das, was du willst? Dass ich dich nicht mehr ernst nehme? Und dann?« Ständig sagte er, ich sei zu ernst. Was gar nicht stimmte. Ich fragte mich einfach nur, wer er eigentlich war und wie er in den Jahrzehnten vor unserem Kennenlernen gelebt hatte, und tatsächlich machte meine Unsicherheit mich manchmal nachdenklich und verschlossen. Wie viel muss man eigentlich wissen, frage ich mich, beziehungsweise wie gleichgültig muss man sein, um so unbeschwert alles von sich preiszugeben? Eines Tages fragte er mich, warum ich, als ich jünger war, nicht einfach einen reichen Mann geheiratet hätte. »Ich finde das sehr seltsam«, sagte er. »So seltsam ist es nicht«, sagte ich. »Seit deiner Jugend hat sich so einiges verändert, die Frauen verdienen jetzt ihr eigenes Geld.« »Du verdienst gar kein Geld«, sagte er und hatte nicht ganz unrecht. Ich muss zugeben, manchmal könnte ich mich dafür ohrfeigen, dass ich mich, als ich jünger war und die Gelegenheit hatte, nicht einfach auf einen Mann mit viel Geld eingelassen habe; aber selbst wenn ich einmal einen traf, gefiel mir oft nicht, wie er mit mir sprach. »Wahrscheinlich hast du dich einfach nicht in den entsprechenden Kreisen bewegt«, sagte er. »Wie meinst du das?«, fragte ich. »Nur zu deiner Information, ich habe viele Männer mit Geld kennengelernt, und alle sind mir auf die Nerven gegangen.« »Sprichst du von der Zeit, als du im Royal Enclosure gekellnert hast?«, fragte er. »Vielleicht«, sagte ich. »Unter anderem. Ich weiß nicht, warum du mir ständig Fragen stellst, wenn du die Antwort schon zu kennen glaubst.« »Aber, aber«, sagte er da, und ich musste lachen, wie immer, wenn er das sagte. Aber, aber, und dabei sah er mich über seine Brille hinweg an. »Wie schön, dich lachen zu sehen, Liebes. Ich wollte damit nur sagen, dass du eben sehr unabhängig bist, das ist alles.« (Er reagierte nur selten verärgert oder irritiert, egal, wie sehr etwas seinen Absichten zuwiderlief, egal, was du getan oder gesagt hast, es war scheißegal, nie konntest du ihn überraschen oder provozieren, er ließ sich einfach nicht aus der Ruhe bringen. Du hast dich gefühlt, als würdest du den Verstand verlieren. Dass du nicht darüber reden konntest, hat es nicht besser gemacht, du konntest niemandem davon erzählen, auch nicht deinen Freunden, du konntest keiner Menschenseele erklären, wer oder wie er war, nicht einmal dir selbst, nie hast du die passenden Worte gefunden, außer manchmal, ganz selten, wobei dein Triumph immer nur von kurzer Dauer war, denn schon bald darauf erschienen dir deine Worte ungehobelt und grob, so naiv und so peinlich, dass du zu ihm gerannt bist und seine Hand genommen und erst unter deinem Kleid wieder losgelassen hast. Gelegentlich hast du ihn in den eleganten Formulierungen eines anderen Menschen wiedererkannt, meistens eines Mannes. Da war er plötzlich, auf Seite achtunddreißig in einem kurzen Buch von Alfred Hayes, und diesmal hieß er Howard. Howard: Wir befinden uns im New York City der frühen Fünfzigerjahre, da ist er, Direktor eines großen Unternehmens, Textilien oder Chemie, etwas in der Richtung. Howard im Club Paris, wo sonst. Wo sonst sollte er sitzen und mechanisch sein zartes Rindersteak kauen, und was machst du, wenn du ihm in den Worten eines anderen begegnest, was machst du, du schreibst die fließenden Sätze dankbar ab, was sonst, du schreibst sie in das Notizbuch, das du immer dabeihast, deine Hand zittert vor Erleichterung und Dankbarkeit: »Er ist nicht der Typ, für den es Sieg oder Niederlage gibt, er glaubt, die Welt und die Menschen sind einfach so, wie sie sind«, und nachdem du das abgeschrieben hast, lehnst du dich zurück, nicht wahr, du atmest tief durch und liest es dir laut vor, er ist nicht der Typ, für den es Sieg oder Niederlage gibt, er glaubt, die Welt und die Menschen sind einfach so, wie sie sind, und auf einmal ist es, als würdest du endlich deine Meinung sagen – endlich sprichst du die Worte aus, um die du so lange gerungen hast, und da bricht dir natürlich die Stimme weg, du weinst, was sonst, du bist so erleichtert, wo bist du jetzt, du bist in Innsbruck, in der Wohnung der Übersetzerin, du weinst und hast beide Ellenbogen auf den runden Tisch vor dem Bücherregal gestützt, du armes Ding, und dein Herz ist abermals so prall und warm wie ein Baby, weil du ganz genau weißt, dass auch Howard, wenn er ein Steak bestellt, *Filleh* sagt.)

Ich hatte *Frankenstein, Anna Karenina* und *Madame Bovary, Die Erzählung des Weibes von Bath, Die Frau in Weiß* und *Söhne und Liebhaber* gelesen, und Bram Stokers *Dracula* – letzteres bei jedem Wintereinbruch, jahrelang –, und nachdem ich *Zimmer mit Aussicht* von E. M. Forster zum zweiten Mal gelesen hatte, setzte ich mir in den Kopf, nach Italien zu reisen und dort die Liebe zu suchen, vermutlich ein hoffnungsloses Unterfangen. Ich ging in das Reisebüro neben Devon Savouries, und nachdem ich mit zwei Freundinnen im gegenüberliegenden BHS Cafe die Broschüren durchgeblättert hatte, buchte ich eine Pauschalreise für drei und leistete meinen Teil der Anzahlung mit dem im Supermarkt verdienten Geld. Wir waren siebzehn, genauso alt wie Lucy Honeychurch, als sie zusammen mit ihrer Tante Charlotte Bartlett Italien besuchte. Wir legten die gesamte Strecke mit dem Bus zurück, was anderthalb Tage dauerte und uns durch Luxemburg und spät in der Nacht am Comer See vorbeiführte. Hinter der Fensterscheibe konnte ich kleine Lichter hoch oben in den Bergen sehen. Immer schon habe ich es geliebt, durch die Seitenscheibe eines Autos oder Busses kleine Lichter hoch oben in den Bergen zu sehen, insbesondere, wenn sich darunter ein Gewässer erstreckt. Alles sieht so magisch aus – wie eine Welt für sich. Wie schön muss es sein, dort oben ein Haus zu besitzen, ringsum nichts als Bäume, rotbraune Tiere, gesprenkelte Vögel und wissend blinkende Lichter, und weit unten das tiefe, stille Wasser. Meine Freundinnen hatten *Zimmer mit Aussicht* nie gelesen, sie studierten andere Hauptfächer als ich und ahnten nichts von dem Italien, das darin beschrieben wurde und das vorzufinden ich absolut erwartete. An einem Morgen brachen wir in aller Frühe und auf mein Drängen hin zu einem Tagesausflug nach Florenz auf, und einmal dort angekommen setzten wir uns – pfiffig, wie wir waren – von unserer englischen Reisegruppe ab, und nachdem wir uns ausgiebig darüber gefreut hatten, standen wir auf einem Platz herum und überlegten, was wir als Nächstes tun sollten. Sofort näherte sich ein Mann, offenkundig kein Italiener, und sprach uns an. Zu ärgerlich – wie sich schnell herausstellte, stammte er aus einem Dorf namens Wootton Bassett, nur wenige Kilometer von der Stadt entfernt, in der wir drei wohnten und studierten. Er prahlte damit, zwei Markthändler gegeneinander ausgespielt zu haben – in Kürze würde er die todschicke Lederjacke praktisch geschenkt bekommen, sagte er – er war wirklich sehr von sich überzeugt und glaubte wohl, wir fänden seine Bauernschläue auch noch beeindruckend. Nein, ich war wirklich genervt und wollte so schnell wie möglich weg von ihm. Ich verstand nicht, warum meine Freundinnen sich weiter mit ihm unterhielten, er war absolut uninteressant und sein Gerede zu albern, außerdem kam er aus einem Dorf, das nur wenige Kilometer von unserer Studienstadt entfernt lag – ich war auf Reisen und wollte weder an meine Heimat erinnert werden noch an den typischen Blödsinn, den meine Landsleute so treiben, egal, wo sie gerade sind. Dass er auch in Florenz war, machte alles kaputt. Ich starrte zur Santa Croce hinüber und heftete meinen Blick und meine Gedanken an eine Statue, wie um ihn auszublenden und meine Sinne für die Schönheit, die Liebe und den Mut zu schärfen, auf die E. M. Forsters Roman mich eingestimmt hatte. Ich wollte stehen, wie sie gestanden hatte, mit auf die Brüstung gestützten Ellenbogen. Ich wollte wandeln, wo sie gewandelt war, zwischen Kirchen, Basiliken und Statuen. Das alles sehen, mich überwältigen lassen. Einen Mord am Brunnen erwartete ich natürlich nicht. Auch kein Blut, zumindest kein echtes. Ich wollte Christus sehen, ja; den verwundeten, leidenden Christus, der blutend am Kreuz hängt, das Blut würde mir aus dem Herzen geschüttelt, wie einst Dantes Blut aus seinem Herzen geschüttelt worden war, und ich würde in Ohnmacht fallen wie dereinst Lucy Honeychurch. Natürlich nicht in echt. Ich hatte mehr Spielraum als sie, im wahrsten Sinne des Wortes, immerhin trug sie ein Korsett. Wenn man in ein Korsett geschnürt ist, fällt man wahrscheinlich sehr leicht in Ohnmacht. Nachdem ich in Santa Croce *sans corset* in Ohnmacht gefallen wäre, würde ich auf eigene Faust den Weg zum Arno finden, und dort würde ich die Ellenbogen auf die Brüstung stützen und endlich in das grüne, tosende Wasser starren. Und dann? Was dann? Würde ich Fotografien in den Arno werfen? Das schien der Sinn der Sache zu sein – darauf lief das alles vermutlich hinaus – wenigstens erschien es mir so, als ich mich vor Jahren wieder daran erinnerte und zum x-ten Mal darüber schrieb. Darüber, wie wir eines frühen Morgens zu einem Tagesausflug nach Florenz aufbrachen, um Santa Croce und die Kirchen zu besichtigen, die Basilika, die Statuen und den Brunnen, denselben Brunnen, an dem Lucy Honeychurch erleben musste, wie ein Mann angegriffen, niedergestochen, tödlich verwundet wurde; wo sie mit eigenen Augen gesehen hatte, wie er torkelnd die Arme ausbreitete und die dunklen Augen himmelwärts verdrehte, während ihm ein Schwall karminroten Blutes über die Lippen kam. Ich wollte das Blut Jesu in Santa Croce sehen und überwältigt sein, ich wollte durch schattige Arkaden zum Arno schleichen, über dem kühlen, breiten Fluss stehen und die Hände – ja, sie waren zitternd und weiß – über die Brüstung halten und etwas fallen lassen, oh ja, Fotografien vielleicht, genau wie sie, ich wollte sehen, wie sie wild flattern, oh, und schließlich auf dem Wasser landen und davongetragen werden, jawohl. Daran hatte ich mich erinnert, jahrelang. Dieses Bild hatte ich jahrelang im Kopf – irgendwie war ich mit ihr verschmolzen, und sie war natürlich Helena Bonham Carter, ganz in Weiß, mit dunklen Augen, irrem Blick und Locken, die sich unter dem Hut hervorkringeln, während sie in geheimnisvoller Entschlossenheit Fotografien in den Arno wirft wie bei einem Initiationsritual. Neben ihr steht natürlich George Emerson, dies ist seine Chance. Vor dem Tod, heißt es, sind alle gleich, und fraglos hat das jähe, melodramatische, südländische Gemetzel die starre

Fassade von Lucys edwardianischem Mittelschichtdasein eingerissen. Was sind sie? Was sind sie wirklich? Eine junge Frau und ein junger Mann in Italien, du meine Güte, stellt der Tod das nicht eindrucksvoll klar? Emerson redet aufgeregt weiter, er ahnt, dass Lucys gereiztes Verhalten kein bisschen ihrem wahren Charakter entspricht. Lucy Honeychurch hat Potenzial – das wurde inzwischen mehrfach angedeutet. In der Tat erinnert sich Mr Beebe ausgerechnet in dem Kapitel, welches dem Arno-Kapitel vorangestellt ist, an eine Begebenheit in Tunbridge Wells, als Lucy bei einem Klavierkonzert für die Gemeindemitglieder Beethovens Opus 111 spielte, eine verquere Wahl, wie einer der Zuhörer meint, worauf Mr Beebe entgegnet: »Wenn Miss Honeychurch sich jemals dazu durchringt, so zu leben, wie sie spielt, dürfte das sehr aufregend werden – sowohl für uns als auch für sie selbst« – in der Tat, Lucy Honeychurch hat Potenzial. Und haben wir das nicht alle? Wir alle spüren ein inneres Pulsieren, besonders in dem Alter, mit siebzehn, es ist geradezu belastend. Was wirst du tun? Ständig wollen alle wissen, was man vorhat, und nichts macht sie wütender als die Antwort, man habe gar nichts vor. Tu etwas! Irgendwas! In dem konkreten Moment tut Lucy nichts, wie könnte sie, all das hat nichts mit dem Leben zu tun, auf das sie vorbereitet wurde. Für George ist der Moment jedoch absolut bedeutsam, genau darauf hat er gewartet, und so ist es schlimm für sie beide – er fasst sich ein Herz, doch er kann sie nicht mitreißen, sie stehen lassen kann er allerdings auch nicht, er kann gar nichts tun – sie befinden sich in einer Art Sackgasse, einer klassischen Sackgasse, aus der für gewöhnlich nur ein leidenschaftlicher Kuss herausführt, initiiert natürlich durch den Mann. Aber dafür ist es zu früh, es ist viel zu früh für eine Annäherung seinerseits, es liegt an ihr, die Initiative zu ergreifen, und was tut sie, sie wirft das, was sie gerade in der Hand hält, in den Fluss, damit die Sache ein Ende hat. Schluss damit – vorläufig. Ab in den Arno in Santa Croce im italienischen Florenz zu Beginn des 20. Jahrhunderts. Keine hundert Jahre später würde ich selbst dorthin reisen, an den Arno, wo ich stehen wollte wie sie damals, jawohl. Der Arno in Santa Croce schien der einzige Ort auf der Welt zu sein, wo ich stehen und Potenzial haben und das innere Pulsieren spüren konnte wie verrückt, ja, wie verrückt, ohne dass es mich belastete oder zu Tode ängstigte.

Das Bild überdauerte viele Jahre, fast schien es ein Eigenleben zu führen – es war so autonom, dass ich seine Richtigkeit nie anzweifelte. Es war der Anfang. Etwas in mir begann oder wurde Realität, als Lucy Honeychurch die Fotografien in den Arno warf, und etwa zwanzig Jahre nach dem ersten Mal las ich *Zimmer mit Aussicht* erneut, weil ich wie alle, die sich verirrt haben, zum Anfangspunkt zurückfinden wollte. Die Handlung entwickelte sich sehr viel schneller als gedacht – es wurde viel mehr Tacheles geredet als in meiner Erinnerung. Alles passierte Schlag auf Schlag – alles war sehr explizit, fast schon brüsk – und sehr komisch. Eigentlich nicht die Sorte Roman, in der man sich verlieren kann, und doch hatte ich mich völlig darin verloren – was für ein wunderschönes, unvergleichliches Entzücken hatte ich gespürt! Während der zweiten Lektüre begriff ich, dass mein Gedächtnis mehrere Einzelbilder so herausgelöst und abgespeichert hatte, dass jeder möglicherweise bestehende Zusammenhang verloren ging – und natürlich bestand da ein Zusammenhang, denn zu Forsters großem Missfallen ist *Zimmer mit Aussicht* handwerklich gut gemacht, in seinen Augen zu gut – die von mir umschriebenen Bilder bereiteten in Wahrheit strategisch die nachfolgenden Szenen vor, während sie in meiner Erinnerung für sich allein standen und somit eine allgemeinere, weitreichendere Bedeutung annahmen. Als ich mich der Fotografienszene am Arno näherte, spürte ich eine gewisse Unruhe, weil die Ereignisse davor ganz anders dargestellt und abgehandelt wurden als in meinem Gedächtnis; auf einmal schlichen sich Zweifel ein, und ich las langsamer, um die drohende Entdeckung einer Tatsache hinauszuzögern, die im völligen Widerspruch zu meinen lieb gewonnenen Erinnerungen – meinem Fundament – stand, und dann, als ich die Unruhe nicht länger aushalten konnte, las ich schneller und blätterte hastig um. Ich überflog die Sätze, sprang zurück und überprüfte sie genauer in der Hoffnung, sie könnten etwas behaupten, was meiner langjährigen Wahrnehmung der Szene entsprach – ich war verzweifelt auf der Suche nach Übereinstimmungen, so viel stand auf dem Spiel – bis es nichts mehr hinauszuzögern gab und ihre Stimme ertönte, so glasklar wie nur etwas, und sie fragte: »Was haben Sie hineingeworfen?« Das sagte sie zu ihm: »Was haben Sie hineingeworfen?«! Vielleicht wirkte in mir immer noch der Glaube fort, dass Männer grundsätzlich nichts anderes ins Wasser werfen als Angelhaken und Steine. Dass der Impuls, eine Sache der Strömung anheimzugeben, ein überwiegend weiblicher ist. Vielleicht halte ich den Impuls sogar für ausschließlich weiblich, für ein uraltes Beben irgendwo zwischen Rebellion und Zusammenbruch. Man weiß nicht recht, wie man rebellieren soll, aber man würde trotzdem sehr, sehr gern. Oder vielleicht sind wir uns der zur Verfügung stehenden Möglichkeiten, unseren Widerspruch zu äußern, durchaus bewusst, erkennen in ihnen aber stereotype Konnotationen wieder, die uns an eben jene Lage binden, aus der wir uns so verzweifelt befreien wollen. Vielleicht gibt es nur den Abgrund. Formlos, offen für alles. »Es ist ja nicht nur so, dass ein Mensch gestorben ist«, sagt Emerson. Seltsam, wie entbehrlich ein Leben im Roman ist, entbehrlicher noch als Fotografien, und das nur, damit ein neues Thema aufgegriffen, eine Handlung zugespitzt, eine spirituelle Grenze überschritten, das noch in der Entwicklung begriffene Herz geweitet werden kann.

Wie hatte ich so lange glauben können, *sie* wäre es gewesen, die die Fotos ins Wasser warf? Hatte ich das im Kopf gehabt, als ich vor vielen Jahren mit meinen beiden nichts ahnenden Freundinnen in Florenz war? Ich hatte das Buch gerade erst gelesen, aber ich glaube, ich war damals schon überzeugt, dass sie es gewesen war, nicht er, oh nein. Wahrscheinlich hatte ich mich immer nur gefragt, wo genau sie stand, als sie sich vom Anblick des Mannes erholte, dem das Blut aus dem Mund quoll und der ihr scheinbar etwas sagen wollte; wie ihre Ellenbogen auf der Brüstung auflagen, wie es sich anfühlen mochte, so dazustehen, weit unter sich das Wasser und direkt neben sich einen Mann wie Emerson, in fast identischer Körperhaltung, wie überraschend und gleichzeitig vollkommen erwartet das wäre, so dass man noch im Moment des überraschten Erwachens leicht erlahmt, eigentlich ist man total erschöpft, und weil etwas sich noch nicht vollziehen soll und die erschreckende Übereinstimmung irgendwie gestört werden muss – es ist noch zu früh, zu früh –, wirft man irgendetwas von sich, ein Weinglas, einen Schuh, Fotografien, egal, was, man lässt einfach los, schmeißt es an die Wand, damit vorläufig alles in der Schwebe bleibt. Nichts wurde beschlossen. Nichts hat sich gefügt. Nein, noch ist nichts entschieden. Wie unbefangen, wie instinktiv ich alles von mir werfe. Ich will, aber bitte noch nicht jetzt. Nein, noch nicht. Nicht jetzt. Das ist es wohl, was ich damals gedacht habe.

Ich hatte Dante noch nicht gelesen, dafür aber Machiavelli, Marlowe und John Milton. Eine Schulfreundin hatte mir eine Penguin-Ausgabe von *Das verlorene Paradies* geschenkt, bevor ich nach London zog, wo ich Englische Literatur mit dem Schwerpunkt Schauspiel und Theaterwissenschaften studieren wollte, und sie hatte ihre guten Wünsche und noch ein paar andere Sachen in den Umschlag geschrieben. Sie hatte es geschafft, die komplette Seite zu füllen. An ihre guten Wünsche kann ich mich nicht mehr erinnern, wohl aber an ihre Handschrift. Die Schrift war ziemlich groß, und die Buchstaben waren sehr rundlich, trotzdem standen die Wörter dicht beieinander, so dass zwar viel Platz darin, nicht aber dazwischen war. Vermutlich war diese Handschrift damals in Mode. Damals gab es für einfach alles eine Mode. Eine Zeit lang zogen alle Mädchen einen senkrechten Strich durch das S, damit es aussah wie ein Dollarzeichen. Die Lehrer haben es gehasst und ausdrücklich verboten – ich hielt die Sache ungefähr einen Tag lang durch und verlor dann die Lust. Manche, wahrscheinlich ebenfalls Mädchen, setzten über den Buchstaben i keinen Punkt, sondern malten einen kleinen Kreis, was wirklich idiotisch aussah. Ich nicht; wer konnte so schreiben und gleichzeitig erwarten, von anderen ernst genommen zu werden? Ich habe keine Ahnung, wo diese Ausgabe von *Das verlorene Paradies* geblieben ist. Als ich vor Jahren England verließ und nach Irland zog, verstaute ich meine Bücher und meinen gesammelten Besitz in Kartons, und die Kartons stellte ich zur sicheren Verwahrung in verschiedenen Garagen und Schuppen unter. Während der ersten Zeit fuhren mein damaliger Freund und ich zwei- oder dreimal nach England, holten ein paar von seinen Kartons und ein paar von meinen ab, packten sie ins Auto und nahmen sie mit nach Irland. Meine Bücher waren nicht dabei. Ich redete mir ein, dass ich sie beim nächsten Mal mitnehmen würde, dass sie eigentlich gar nicht so wichtig waren, außerdem fühlt es sich nicht gut an, zwischen Bücherstapeln zu leben, wenn man zur Miete wohnt und nicht weiß, wie lange man an einem Ort bleiben wird. Dann wiederum wohne ich bis heute zur Miete, und die Bücher stapeln sich inzwischen überall. Sie stören mich nicht mehr. Eigentlich besitze ich kaum irgendwelche Möbel und fühle mich ziemlich unbelastet, trotzdem wird mir bei der Vorstellung, noch einmal umziehen zu müssen, ein bisschen übel. Stünden meine Bücher in Regalen oder Vitrinen, würden sie vielleicht imposanter wirken und mich stärker belasten, aber so stapeln sie sich am Boden, auf den Sofalehnen, vor den Wänden, neben dem Bett und so weiter. Jemand, der sich – ausgerechnet an einem Mittwoch – morgens um elf in meine Wohnung schlich, nur um mittags wieder zu verschwinden und nie wiederzukommen, fragte mich, als er sich die blöden Halbschuhe wieder angezogen und die Hände in die Taschen gesteckt hatte: »Du glaubst wohl nicht an Regale, was?« »Du?«, hätte ich am liebsten zurückgefragt. »Glaubst du an Regale?« Ich weiß nicht, ob meine in England zurückgelassenen Bücherkartons auf dem Müll gelandet sind oder den Weg in ein Antiquariat gefunden haben. Ich sollte jetzt behaupten, es wäre mir lieber, wenn sie in ein Antiquariat gekommen wären und von dort in ein schönes Zuhause mit schwebenden Massivholzregalen über einem Kamin, muss aber ehrlicherweise sagen, dass es mir ziemlich egal ist. Ich weiß natürlich, es wäre besser, wenn sie nicht weggeworfen wurden, aber mir persönlich ist egal, wo sie gelandet sind. Ich kann mich nur an drei davon erinnern – den Milton, eine ungelesene Ausgabe von *Zen und die Kunst, ein Motorrad zu warten* mit hässlichem Cover und eine dicke Virginia-Woolf-Biografie, selbstredend mit schönem Cover, aber ebenso ungelesen. Viele der Bücher, die ich in meiner Jugend las, waren aus der Bücherei, sodass ich heute nicht mehr sagen kann, ob ein bestimmtes Buch, von dem ich weiß, dass ich es gelesen habe, mir gehörte oder nur ausgeliehen war. Höchstwahrscheinlich besaß ich damals eine eigene Ausgabe von *Zimmer mit Aussicht*, und seither sind andere dazugekommen. Das Exemplar, das ich jetzt besitze, ist zerfleddert – einzelne Seiten fehlen, und die verbliebenen sind nicht mehr in der richtigen Reihenfolge. Ich bin mir ziemlich sicher, dass ich mehrere Romane von Graham Greene besaß. Einer davon war *Das Herz aller Dinge*. Ich weiß noch, wie ich in einem Sozialkaufhaus in der Nähe des Bahnhofs von Brighton ein paar seiner Bücher und einen bodenlangen, silbernen Lamé-Rock gekauft habe. Ich war gerade erst aus dem Zug gestiegen, und ich erinnere mich, wie ich in dem silbernen Rock aus der Umkleidekabine trat und zur Verkäuferin sagte: »Wenn es in Ordnung ist, behalte ich ihn gleich an«, und sie antwortete, an mir sehe er atemberaubend aus, ich solle kurz warten, sie werde das Preisschild entfernen, woraufhin ich mich umdrehte und vor einem Haufen aus durcheinandergeworfenen Handtaschen und Schuhen wiederfand; ich machte schnell die Augen zu und wartete auf die Schere.

Ich war übers Wochenende nach Brighton gefahren. Während meiner Zeit als Studentin in London tat es mir gut, ab und zu aus der Stadt rauszukommen und irgendwo ein paar Tage allein zu verbringen. Irgendwo am Meer. Zu der Zeit hatte ich noch nichts von der wenig bekannten Schriftstellerin aus Brighton gelesen, von der ich mittlerweile hingerissen bin, in der Tat sollte es noch viele Jahre dauern, bevor mir ein Mann, der mir einmal vor einem Pub Feuer gab, von dieser Schriftstellerin erzählte, und ich war so beeindruckt von seinen Worten und so verwundert über seine Begeisterung, die Begeisterung für ihr Werk, und auch über die spontane Freude, die ihm die Erinnerung an ihr Werk bereitete, dass ich mir schwor, gleich am nächsten Tag *Berg* zu kaufen; doch leider konnte ich mich – gleich am nächsten Tag – zwar an das Gesicht des Mannes erinnern, der mir Feuer gegeben hatte, und auch an die Begeisterung, mit der er über die Schriftstellerin gesprochen hatte, eine britische Avantgarde-Autorin der Sechzigerjahre, ja, britisch, ja, eine Frau, ja, ja, aber nicht an ihren Namen, und es vergingen viele Monate, bis ich ihn wieder hörte und auf Anhieb erkannte, und diesmal notierte ich ihn mir und kaufte kurz danach *Berg*, und dann habe ich natürlich im Internet herumgeschnüffelt und so einiges über Ann Quin gelesen, denn das war ihr Name, ich habe herausgefunden, dass sie in Brighton geboren wurde und in Brighton starb, im Meer, aber das wusste ich damals noch nicht, als ich an eben diesem Meer zum Brightoner Regent Square lief, um eine Unterkunft für ein paar Nächte zu suchen, und der silberne Lamé-Rock schleifte hinter mir über den Gehweg wie ein Fischschwanz. Zu der Zeit war ich mit dem Mann zusammen, der mich mit den ersten Seiten von *Herzog* gequält hatte, damals in dem Park in der Stadt, wo ich aufgewachsen war und wo ich wohnte, bis ich nach London zog, um Literatur und Theaterwissenschaften zu studieren. Ich weiß noch, dass ich ihn von einer Telefonzelle an der Promenade aus anrief und ihm sagte, dass ich in Brighton sei. »Warum kommst du nicht her?«, fragte ich. »Ich stehe direkt am Meer«, sagte ich, aber er antwortete, er habe am nächsten Abend einen beruflichen Termin, den er unbedingt wahrnehmen müsse, ein bestimmter Händler aus Devizes würde dort anwesend sein, den er nicht leiden konnte, und nun wollte er »den kleinen Wichser« sehen und ihm unter die Nase reiben, dass er ihn am vorletzten Wochenende bei einigen sehr begehrten Erstausgaben überboten hatte. Aus diesem Grund nicht nach Brighton zu kommen, fand ich wirklich pubertär und unattraktiv, was ich auch sagte, und dann legte ich auf. Graham Greene. Gore Vidal. Nabokov. E. M. Forster. So viele Männer, aus dem einfachen Grund, dass ich etwas über sie erfahren wollte, über die Welt, in der sie lebten und über das, was sie dort taten, über ihre Gedanken, wenn sie sich durch Bahnhöfe schoben, an fremden Hafenbecken herumlungerten, Rolltreppen auf und ab fuhren, durch Drehtüren eilten, aus Taxifenstern schauten, Gliedmaßen verloren, Brandy in schweren Kristallgläsern schwenkten, einen anderen Mann beschatteten, die Frau eines anderen Mannes entkleideten, mit vor der Brust verschränkten Armen auf einem Rasen lagen, ihre Schuhe putzten, Butter auf einen Toast strichen oder so weit aufs Meer hinausschwammen, dass ihr Kopf nur noch ein kleiner schwarzer Punkt war. Ich wollte herausfinden, was sie traurig machte, aufmunterte, anzog, was sie bereuten, wovon sie besessen waren. Über Frauen wollte ich nichts lesen. Frauen waren irgendwie unheimlich und machten mich nervös. Im Alltag begegnete ich mehr Frauen als Männern, gleichzeitig hatte ich das Gefühl, ihnen nie wirklich zu begegnen. Ihre Angewohnheit, praktisch allgegenwärtig zu sein und doch nicht wirklich da, beunruhigte mich. Es war ja nicht so, als hätten sie nichts zu tun – ständig waren sie mit irgendetwas beschäftigt oder in irgendeine wichtige häusliche Tätigkeit vertieft, sie hackten, flickten, fegten, wischten, falteten, wrangen, schälten und spülten, und ihr Blick war auf etwas gerichtet, das ich nicht erfassen konnte. Zeit zu gehen, wir stehen auf und suchen unsere Sachen zusammen – sicher, dass du nichts vergessen hast? Geschenke, Schals, Taschentücher, Handschuhe, ein hässliches Mitbringsel von der Kirmes, das sich als Hüpfkreisel mit geifernden Tieren entpuppt, knittrige Tüten, geschüttelte Gläser, angeschlagene Kokosnüsse und umherschießende Blicke. Dann mal los. Meine Mutter betrachtete sich im Spiegel, während ihre Mutter mit diesem und jenem Gegenstand erschien und wieder verschwand – willst du das, wie wäre es damit – Büchsen, Brot, Briefmarken, Geschirrtücher, Teilchen mit Zuckerguss. Strumpfhosen, Geldbörsen, Zeitschriften. Meine Mutter wollte nichts. Ihre kurze Jacke im Spiegel war zugeknöpft, darüber ragte ihr Gesicht aus einem schwarzen, flauschigen Kragen. Ihr einsames Gesicht im Spiegel, gleich und doch vollkommen verändert; warum, konnte ich nicht sagen, doch anscheinend sollte ich es sehen und mir merken, dass ich nicht wusste, woraus sie wirklich gemacht war. Wenn ich sie betrachtete, während sie sich im Spiegel betrachtete, überlief mich ein grünlicher Schauder aus seelischem Schmerz. Sollte ich hinsehen und versuchen, ihren Blick aufzufangen? Ja, vielleicht, niemand ist da, niemand sonst ist bei ihr – aber was, wenn sie die Augen in dem Moment abwendet? Was würde dann aus mir? Sie hat sich davongemacht, sie hat sich abgesetzt. Indem sie ihren Blick auf sich selbst zurückfallen lässt, hat sie sich eine Brücke gebaut, und alle anderen müssen mit ausgestreckten Armen zurückbleiben, mit Mützen, Handschuhen und Schals. Ich bin dazwischen und zerrissen. Sie steht hoch oben auf einem sonderbaren Turm, der keine Innenräume hat, sondern nur Treppenhäuser, Kreuzgänge und Höfe, spiralförmige Eiszapfen, kalte Nebelschnörkel und schmale, violette Rinnsale aus dem klarsten Wasser der Welt. Nichts ist zu hören, und dann ein Vogel. Es gibt keine Fenster zu putzen, keine Treppenstufen zu wienern, keine Fliesen zu verfugen und keine Zäune zu streichen, alles strömt herein, der lange, lange Wind und ein zittriger Schwung atemlosen Schnees. Meine Achseln und Füße wölben sich, strecken sich zu Flügeln, krümmen sich zu Hufen, eine Art spontane Apparatur, die mich in die Höhe schleudern und zu ihr bringen wird. Prächtige Wölfe flankieren sie, an ihrem Finger sitzt eine Brombeere, deren rundliche Knubbel so verführerisch glitzern wie ein heimlicher Teelöffel Kaviar. Dort wird sie nicht meine Mutter sein, und ich werde sie niemals wiederfinden, oder? Ich werde mich durch Säulengänge schleppen, Treppen erklimmen, über kleine Brücken trippeln und zurück, die eine Hand ans feuchte Mauerwerk gelegt, bis sie geschwärzt ist vom Kontakt mit eisernen Tausendfüßlern, Efeubeeren, Mähnen aus Moos und schräg wachsenden Pilzen. Sie ist hier irgendwo, hoch oben und schemenhaft, so schemenhaft. Auf dem bröckelnden Rand einer Vogeltränke finde ich eine Wimper – da ist sie schon, war immer da. Ein kleiner, perfekter Krummsäbel. Die Vögel kommen und gehen, nur um klarzustellen, dass sich hier sonst nichts bewegt. Der beißende Duft von sich entrollenden Farnen und zerriebenen Kräutern wabert herab, ihr Badezimmer ist riesig und kreisrund, nicht wahr, dort oben, die Kupferrohre durchziehen das Haus wie polierte Seeschlangen, darin donnert heißes Wasser, denn er war Klempner, nicht wahr, und er trug den Windschutz, nicht wahr, den Windschutz und die Kühlbox. Heiß und kalt. Heiß und kalt. So läuft das. Ihre Haut ist jetzt gerötet. Ihre Augen sind jetzt geschlossen. Sie ist jetzt in ihrem Element.

Während meines ersten Studienjahres hatte ich in der Badewanne *Die Glasglocke* gelesen, aber als mich Dale, der nicht mein Freund war und es auch nie sein würde, sich aber oft so verhielt – manchmal hatte ich nichts dagegen, insbesondere, wenn ich gerädert war –, im zweiten Studienjahr fragte, ob ich es gelesen hätte, log ich und verneinte. Ich weiß nicht mehr, ob es für die Lüge einen bestimmten Grund gab. Ich glaube, in den kleinen Dingen habe ich ihn und andere Männer nahezu täglich angelogen, beziehungsweise drückte ich mich oft absichtlich vage aus, um ihnen einen Teil von mir vorzuenthalten. Ich hielt es für keine gute Idee, sie in alles einzuweihen. Dale sprach über Sylvia Plath und Anne Sexton wie über zwei brillante, aber renitente Mädchen, die, sollte ich mich auf sie einlassen, schon nach fünf Minuten einen schlechten Einfluss auf mich haben würden. Er schenkte ihnen die gebührende Anerkennung, weil er beide sehr verehrte, ließ aber durchblicken, dass es besser für mich wäre, um ihre Starkstromlyrik vorerst einen großen Bogen zu machen. Seine vertrauliche und doch vorsichtige Art, über sie zu reden, amüsierte mich, was er natürlich merkte, und ich wiederum merkte, dass meine Belustigung ihn verärgerte. Er fühlte sich ausgelacht, vielleicht zu Recht. Manchmal wurde ihm bewusst, dass er, wenn er sich so aufregte, lächerlich und spießig rüberkam; dann änderte er schlagartig sein Gebaren und wurde munter, geradezu übermütig – im Nu hatte er sich die Jacke übergeworfen und zwei Zigaretten in den Mund gesteckt, ausgestattet mit zwei Gin Tonics und unter viel Gejohle schob er mich zur Tür hinaus und dann ging's los, hoch die Tassen, jetzt wird die Stadt unsicher gemacht! An anderen Tagen konnte er nicht aus seiner Haut, oh nein. Im Gegenteil. Dann verdüsterte und verengte und verhärtete sich seine Laune, er stellte sich auf die Hinterbeine und forderte mich heraus, mich mit ihm anzulegen. Aber selbst das amüsierte mich, ich fühlte eine Art Boshaftigkeit, die kaum zu ertragen und doch unmöglich abzulegen war. Wie erstarrt standen wir uns in der verhexten Sackgasse gegenüber und fanden nicht mehr heraus. Viele Jahrhunderte der gegenseitigen Besessenheit und Vergeltung fixierten uns an Ort und Stelle. Wir waren nicht wiederzuerkennen. Ganz und gar nicht. Wir waren das Drama. Dale schrieb Gedichte und las Gedichte und besaß viele Gedichtbände, darunter auch welche von Anne Sexton und Sylvia Plath – die er wohlweislich außer meiner Reichweite aufbewahrte. Denn sollte ich sie in die Hände bekommen und lesen, würde etwas Furchtbares mit mir geschehen, beziehungsweise würde etwas Furchtbares, das winzig klein war, aber längst in mir steckte, sich sonst was einbilden und die Kontrolle übernehmen, und was wäre dann? Anscheinend glaubte Dale, dass Frauen der Lyrik nicht standhalten können. Frauen sind schöne, zarte Geschöpfe, und die Lyrik zerbricht sie, was sonst. Die Lyrik zerreißt dich, sie richtet dich zugrunde; aber ein Mann kann zugrunde gehen und einfach weiterleben, weil es niemanden wirklich stört, nicht einmal den Mann selbst. Dem Mann gefällt es sogar, kaputt zu sein gefällt ihm, denn dann kann er dasitzen, sich volllaufen lassen und Schwurbeleien von sich geben, wofür er von anderen, weniger eloquenten Männern als außergewöhnlich bewundert wird, er ist der Mann, der für sie alle den Kopf hinhält, ein Held eigentlich, ein gebeutelter Held, den sie am liebsten auf ihren kaputten Schultern tragen oder mit dem sie sich im Schlamm wälzen würden, denn war er nicht im Grunde ein bodenständiger Kerl? Aber der Anblick einer Frau, die sich durch den Umgang mit Gedichten selbst zugrunde richtet, ist zu furchtbar. Und überhaupt, welche Frau fühlt sich zu Lyrik hingezogen? Nur eine von der schrägen Sorte, die zugrunde gerichtet werden möchte oder die bereits zugrunde gerichtet wurde und es bis ins letzte Detail offenlegt, um ihr Scheitern nicht weiter verbergen zu müssen. Völlig unfähig zur Rehabilitierung, fand Dale, und so hielt er mich davon ab, die Gedichte dieser Frauen zu lesen, und zeigte mir stattdessen knappe, aber dennoch zärtliche Verse in seiner peniblen Handschrift; ich erinnere mich, dass er ein Anhänger von Bukowski war, und auch ein Fan von e. e. cummings, dessen gestelzte Kleinschreibung und selbstironischen Tonfall ich nicht leiden konnte – sich klein zu machen war doch nun wirklich der hinterhältigste und widerlichste Trick, um eine Frau ins Bett zu kriegen – da war dieser erdrückend kitschige Vers über so kleine Hände, der mich mehr als einmal zum Kichern brachte, weil Dale in der Tat sehr kleine Hände hatte und oft mit einer Zigarette in der linken einschlief – die rechte klammerte sich rund um die Uhr um ein Bierglas – seine Hand war von Verbrennungen in verschiedenen Stadien der Heilung übersät, und wenn man ihn darauf ansprach, freute er sich sehr, dass man es bemerkt hatte, und sah einen in gespieltem Ernst an, als wäre man eine dumme Gans und als würde man nie ganz begreifen können, was es bedeutete, ein Dichter zu sein und sich zugrunde zu richten; in solchen Momenten nannte Dale mich gern »Weib«, wahrscheinlich seine Art, mir zu vermitteln, dass er ein Mann war. Der arme Dale mit seinen Zwei-literflaschen Dark Ale, seinem Columbo-Trenchcoat, der peniblen Handschrift und dem Koffer voller von seiner Mutter ordentlich gebügelter Band-T-Shirts. Wir waren damals noch sehr jung. Das alles ist schon lange her, und die Vorstellung, dass er seither weitergelebt hat, ist eigenartig – dass er selbst jetzt in diesem Moment noch irgendwo weiterlebt.

Wie hat er weitergelebt, wie habe ich weitergelebt? Dass wir weiterleben würden, war damals keinem von uns beiden so richtig klar. Ich bin natürlich froh, weiter-gelebt zu haben, nicht zuletzt weil ich seither jede Menge Bücher von Autorinnen wie Fleur Jaeggy und Ingeborg Bachmann lesen konnte, von Diana Athill, Doris Lessing, Marlen Haushofer, Shirley Jackson, Tove Ditlevsen, Ágota Kristóf, Muriel Spark, Eudora Welty, Inger Christensen, Anna Kavan, Jane Bowles, Silvina Ocampo, Angela Carter, Leonora Carrington, Tove Jansson und Mercè Rodoreda. Ab einem gewissen Punkt – ich weiß nicht mehr genau, ab wann – hatte ich das Gefühl, genug Bücher von Männern gelesen zu haben. Es ergab sich ganz natürlich; ich kann mich nicht erinnern, dass ich irgendwann entschieden hätte, fürs Erste keine Männerbücher mehr zu lesen, vielmehr war es so, dass ich immer öfter Bücher von Frauen las und mir keine Zeit mehr blieb, irgendwelche Bücher von Männern zu lesen. Bücher von Frauen nahmen meine gesamte Zeit in Anspruch, plötzlich war ein Jahr vergangen, und ich hatte ausschließlich Autorinnen gelesen, und im darauffolgenden Jahr passierte mir dasselbe; gelegentlich – sehr selten – war doch einmal ein Mann dabei, *Jakob von Gunten* von Robert Walser beispielsweise, aber eigentlich habe ich fast nur Bücher von Frauen gelesen, und dabei ist es geblieben. Natürlich muss ich zugeben, dass viele davon nur geschrieben wurden, weil eine bestimmte Frau traurig war oder über eine Zeit nachdachte, in der sie sich traurig gefühlt hatte. Wenn ich traurig sage, klingt das ein bisschen verschämt, aber wie soll ich es sonst nennen? Haltlos? Entfremdet? Entwurzelt? Neben der Spur? Nicht ganz bei Trost? Am Ende ihrer Weisheit? Von einem anderen Stern? Anna Kavan beispielsweise lehnt den Tag ab, der Tag interessiert sie überhaupt nicht, zum einen, weil sie tagsüber in die Schule gehen musste, wo sie nicht hingehörte, zum anderen, weil der Tag zu viel Wirklichkeit in sich trägt; alles ist sichtbar, kilometerweit und in jede Richtung, aber nichts davon ist besonders spannend; jedenfalls habe ich es so verstanden, dass Licht am falschen Ort wie ein Gift wirken kann und sie sich nur in der Dunkelheit zu Hause fühlte – »Aus Angst, die Tagwelt könnte Wirklichkeit werden, musste ich Wirklichkeit an einem anderen Ort erschaffen« – in der Dunkelheit, wo der Schlaf seine Heimat hat, genau, das las ich vergangenen Oktober im Bett, als der Schlaf in mir so gar keine Heimat finden wollte, wahrscheinlich wegen des tiefen Hasses, der über mein ungeschütztes Herz kroch und dessen gruselige, winzige Beinchen mein Herz unaufhörlich kitzelten, so dass es zitterte und bebte, es hatte einfach keine Privatsphäre mehr, keine Würde, es tat mir so leid, und ich konnte ihm trotzdem nicht helfen, ratlos setzte ich mich im Bett auf, rechts und links von mir meine Fäuste wie kleine, zerknüllte Papierbälle und daneben das Tablett mit dem Tee, dem Wasser und drei oder vier Zahnstochern, während mein Herz in gar nicht großer Tiefe zitterte und zuckte, und da war sie, Anna Kavan, oder eine Person, die sie erfunden hatte, eine Erzählerin, die ihr wahrscheinlich nicht unähnlich war, dort im Dunkeln, wo ihre dunklen, fremdartigen Worte leuchteten – »Mein Zuhause war in der Dunkelheit, und meine Gefährten waren winkende Schatten in einem Glas« – sie verliehen der Dunkelheit eine Dimension, diese fremdartigen Worte, und kamen mir nicht unwirklich vor, sondern fast vertraut, und während ich weiterlas, gaben die schrecklichen, winzigen, stochernden Beine mein Herz frei, als wären sie die Zähnchen eines psychopathischen Comic-Zahnrads, keine Belästigung mehr, nur Schatten, dann eben Schatten, langsam und geschmeidig und sich überschneidend, nah und neugierig, Gefährten eigentlich, ja, und gar nicht mal so traurig; vielleicht gehört die Traurigkeit gar nicht zum Wesen dieser Schatten, es fühlt sich bloß so an, weil sie lange vernachlässigt wurden, weil sie bis heute niemand versteht oder willkommen heißt, und daran wird sich wohl auch nichts ändern, sie werden missverstanden, verzerrt und gefürchtet, seit Langem und für immer – kein Wunder, dass sie ein gewisser Hauch umweht, ein dauerhafter Hauch von Traurigkeit. Nein. Nein. Nein, kein Wunder. So manches geschriebene Wort ist lebendig und aktiv – es lebt vollkommen in der Gegenwart, in derselben Gegenwart wie du. In der Tat fühlt es sich an, als würde es geschrieben, während du es liest, vielleicht ist es sogar dein Blick auf der Seite, der es erschafft, jedenfalls fühlen sich bestimmte Sätze kein bisschen getrennt von dir an, oder von dem Augenblick, in dem du sie liest. Es ist, als existierten sie erst, wenn du sie siehst. Als könne es sie ohne dich nicht geben. Und trifft das Gegenteil nicht ebenso zu – sind es nicht die gelesenen Seiten, die dich zum Leben erwecken? Die Seite umblättern, die Seite umblättern. Ja, auf diese Weise habe ich weitergelebt. Leben und sterben, leben und sterben, linke Seite, rechte Seite, und so geht es immer weiter. Manchmal braucht es nur einen Satz. Nur einen einzigen Satz, und schon bist du Teil von etwas, das von Anfang an – wann immer das gewesen sein soll – ein Teil von dir war. Die Quelle, ja, du spürst sie gurgeln und sprudeln, es ist ja so eine Erleichterung zu merken, dass man aus mehr besteht als nur aus sich selbst, dass man eigentlich nur eine Hülle ist, eine Hülle, die man pflegen sollte, an der man aber nicht zu sehr hängen darf, man darf keine Angst davor haben, sie hin und wieder abzustreifen. Ja, unterm Strich bin ich mit dem, was der Doktor zu Tarquin gesagt hat, ganz zufrieden – besonders freut mich, dass er die übergeordnete Vorstellung erwähnt hat und auch ihre Entsprechung, die Weltseele. Es gefällt mir sehr, seine Worte auf dem Papier zu sehen. Ich muss schon zugeben, auf einmal erscheint mir der Doktor geradezu attraktiv. Seine Rede hat ihn verwandelt! Er trägt jetzt einen schmal geschnittenen, grauen Anzug und ein weißes Hemd und riecht nach indischer Seife, wie wunderschön. Es ist schön, an ihn zu denken. Tarquin hingegen ist in keiner guten Verfassung, er wirkt aufgedunsen und hat dunkle Schatten unter den Augen, außerdem sind seine Fingerkuppen ganz zerfranst, weil er an den Nägeln gekaut hat. Auf seinem Weg hinaus schaut der Doktor kurz in der Küche vorbei, wo die Haushälterin auf einem niedrigen Schemel am Herd sitzt und Maronen für das Püree schält; er trägt ihr auf, Tarquin eine Baldriantinktur anzumischen und ihn sofort ins Bett zu schicken. Die Haushälterin denkt bei sich, wie attraktiv der Doktor aussieht, seine Augen so schön und sein Blick so ungeniert – auf seine Augen hat sie noch nie geachtet. Sein Alter ist unmöglich zu schätzen, denkt sie, und dann lächelt sie und sagt, natürlich, Herr Doktor, gute Nacht, Herr Doktor. Und zum ersten Mal überhaupt sehe ich, wie der Doktor, statt sich einfach in

Luft aufzulösen, die Wohnung verlässt. Ich sehe, wie die Tür hinter ihm ins Schloss fällt und er allein im Treppenhaus steht. Ich sehe ihn die Treppe hinuntersteigen, ohne Hand am Geländer, das hat er gar nicht nötig – er ist leicht, ja doch, aber nicht mehr hohl, nicht mehr leer. Ich sehe ihn auf der Straße stehen, draußen ist natürlich alles still und dunkel, vielleicht sind da ein paar Katzen, die aber nicht viel machen, sie sitzen auf einer niedrigen, grob verputzten Mauer, blinzeln träge und rollen den rußverschmierten Schwanz ein und aus, mehr nicht. Keine Hunde, nicht mal Gebell. Der Doktor steht reglos da. Natürlich gibt es auch einen Baum, eine schöne Platane mit kupferrot geränderten Blättern. Woran denkt der Doktor, als er dort an dem schönen, glatten Baumstamm steht? Vielleicht an Tarquins Mutter oder an seine eigene, vielleicht aber auch an gar nichts. Vielleicht steht er einfach nur da, betrachtet die blassgrünen Wolken am indigoblauen Himmel und lauscht auf den Herzschlag in seiner Brust, auf den Atem, der in seinen Körper strömt und wieder hinaus. Manchmal kann die Beobachtung dieser beiden Vorgänge, des Herzschlags und des Atmens, einem Menschen die Tränen in die Augen treiben, so wunderlich und kostbar erscheinen sie. Ja, tatsächlich, ich sehe den Doktor schlucken, ich kann es selbst fühlen. Ich fühle es hinter den Ohren. Der Doktor schluckt, und dann ist er verschwunden, für immer verändert. Adieu. Adieu, Doktor, ich hätte Ihnen die ganze Nacht zuhören können.

Am nächsten Morgen, jedoch nicht allzu früh, läuft Tarquin Superbus barfuß in seine Bibliothek und ist fest entschlossen, den legendären Satz noch vor dem Mittagessen zu finden. Er nimmt das erstbeste Buch heraus, lehnt sich ans Regal und beginnt, die Seiten umzublättern, die Seiten umzublättern. Kein Problem, denkt er nach fünf Minuten. Das ist doch ein Klacks – bis zum Mittagessen habe ich den Satz gefunden, und dann werden wir ja sehen, was es zu lachen gibt! Dann werden wir sehen, wer zuletzt lacht! Allein die Vorstellung, wie die verachtenswerten, geschwätzigen Schurken ihre gerechte Strafe bekommen, spornt Tarquin an. Doch nach kurzer Zeit erweist sich das Umblättern der leeren Seiten durchaus als Problem – in der Tat ist es völlig bizarr. Tarquin verliert die Orientierung, die Bibliothek scheint kopfzustehen, sie dreht sich wie verrückt, und der Boden schwankt auf und nieder, als stünde Tarquin in einem der schaukelnden Boote auf den schaurigen Kamingemälden. Er lässt sich mit dem Buch in einen Ledersessel plumpsen, was sich viel besser anfühlt, in Wahrheit aber alles noch schlimmer macht. Die weißen Seiten schließen sich zusammen und löschen alles andere aus, sie flattern und juchzen und verschwören sich, und dann zerstreuen sie sich flink wie Ratten, und zurück bleibt nur ein weißes, völlig ausdrucksloses Gesicht, nicht einmal Züge hat es, nur einen starren Blick. Es starrt unaufhörlich, es war schon immer da und hat alles gesehen, überall! Es gibt kein Entkommen! Tarquin schlägt das Buch zu und schließt die Augen, aber das hilft nichts. In seinem Kopf flackert eine penetrante Leere und richtet eine Verwüstung an, zerrt Erinnerungen, verpasste Chancen und Träume hervor und ruft erlesene Momente aus längst vergangenen Zeiten wach. Wie makellos sie alle sind. Sie erscheinen viel klarer als damals. Was ist weiß? Weiße Laken, weiße Lilien, weiße Bänder, weiße Socken, weißer Marmor, weiße Kerzen, weiße Rosen, weiße Handschuhe und Schnee, Schnee, der zum Fenster hereinweht, Schnee auf den Simsen, den Ästen, den Hügeln. Und Tränen, Tränen sind auch weiß. Oder etwa nicht? Tarquin öffnet die Augen und sieht seine Hand flach auf dem Buchdeckel liegen. Wie erschöpft sie wirkt! Die Medici, die Borgia, die Gonzaga, die Inquisition. Ja, ja, ja. Was bedeute ich ihnen, was bedeuten sie mir, denkt er und legt das Buch auf den Schachtisch. Ein schöner Anblick. Lässig, aber doch irgendwie gelehrt. Hat er die Seite, bis zu der er gekommen ist, irgendwie markiert? Nein, hat er nicht – er ist das enorme Unterfangen völlig unsystematisch angegangen. Außerdem hat er Hunger. Tarquin Superbus steht auf, streckt sich und gähnt, was aussieht, als kaue er die Luft, und dann tapst er durch den Flur in die Küche. Ah, die Küche! Schon hört er den Kaffee tröpfeln, die Eier brutzeln, die Tasse auf der Untertasse klirren und das glückselige Klimpern des Tauflöffels. Schon riecht Tarquin das göttliche Dreigestirn aus Butter, warmem Brot und Salbei – und, wenn er sich nicht irrt, den süßen, *gioioso* Duft von Maronencreme. Tarquin kann gar nicht schnell genug in der Küche sein. Grazie a Dio steht die hübsche blaue Schüssel mitten auf dem Tresen! Tarquin lässt sich praktisch darauf fallen, legt einen Arm um die Schüssel, hält sich daran fest, als wäre sie ein Fels im Meer, und löffelt sich die köstliche Masse in die keuchende *bocca*. Nach zwei oder drei Happen lässt er enttäuscht den Löffel sinken. *Basta*! Das war genug. Er ist satt. Jetzt schon! Er hat noch nicht einmal von den Salbeibrötchen und den Eiern gekostet, fühlt sich aber jetzt schon vollgestopft. Allein beim Gedanken an einen weiteren Bissen kommt ihm die Galle hoch. Er trinkt einen Schluck Kaffee, stellt aber auch den wieder hin – er kann kaum noch aufrecht sitzen, so sehr hat er sich verausgabt. Die Haushälterin legt ihm eine Hand an die Stirn und befiehlt ihm, wieder ins Bett zu gehen. Geh nur, Tarquin, sagt sie, ich rühre dir einen schönen Fenchel-Kletten-Trunk mit Magnesium und Schweizer Honig an. Tarquin läuft ins Schlafzimmer und hievt sich ins Bett, und wie er dort liegt, fühlt er sich dick und schwer. So schwer. Die Haushälterin trägt ein Bambustablett herein, darauf der ziehende Aufguss in Tarquins japanischer Lieblingstasse und eine kleine rote Porzellanvase, in der ein blauer Rittersporn mit weit aufgerissenen Augen wippt. Sie setzt das Tablett ab und fragt Tarquin, wie er sich fühle. »Ich fühle mich schwer, Rosalia. Als wäre ein großer Stein in mir, oder als würde ich selbst zu Stein. Ich weiß nicht, was besser ist: sich voll zu fühlen oder leer? Bitte, lass die Vögel herein.« Kaum hat Rosalia die Tür geschlossen, ist Tarquin eingeschlafen. Der Aufguss neben dem Bett wird kalt, der Honig sammelt sich am Boden der Tasse, die blauen Augen des Rittersporns schielen in alle Richtungen, und die Vögel flattern vom Kleiderschrank zur Kommode und weiter zum Stuhl neben dem Bett, sie halten die Luft in Bewegung, damit sie nicht schal wird, sie lassen die Geister ein. Tarquin träumt von weißem Sand. Er rennt. Er ist barfuß. Er ist splitternackt. Über ihm kreisen Möwen, sie scheinen sich aus dem Himmel zu schälen. Seine Finger sind klebrig vom Saft eines Pfirsichs. Er läuft hinunter ans Meer und hockt sich ins flache Wasser, klatscht die Grübchenhände auf die Oberfläche, schüttelt sie fröhlich im klaren Nass, seine Hände sind Seesterne – seht mal! Plötzlich sind da noch andere Hände, größer als seine, sie schieben sich unter seine kleinen Achseln und reißen ihn blitzschnell in die Höhe, hoch, hoch, hoch in die Luft, er strampelt mit den Beinen und lacht sich kaputt, und sie lacht ebenfalls, sie lacht und schwenkt ihn so, dass seine kleinen rosa Zehen das Wasser streifen, und dann geht es wieder aufwärts, er lacht, lacht, lacht sich schlapp, und sie lacht ebenfalls, er kann es spüren, er spürt das Lachen seiner Mutter, das wie ein kleiner Windstoß durch seine Haare streicht.

Als Tarquin erwacht, fühlt er sich gestärkt und klar. Er streckt einen Fuß unter der Decke hervor, und sofort kommt eine Taube von der Gardinenstange herunter und landet auf seinem großen, haarigen Zeh. »Da bist du ja«, sagt Tarquin sanft, »da bist du ja.« Die Taube blinzelt und gurrt. Tarquin nimmt das schwache und doch bezwingende Gefühl von Zeitlosigkeit wahr, das einen überkommt, wenn man mitten am Tag im Bett gestrandet ist. Er bleibt liegen und hört ein zartes, rhythmisches Klirren, Scharren, Husten, Schälen, Murmeln, Mahlen, Schlagen und Rascheln. Er weiß, demnächst wird er aufstehen; eine schöne Vorstellung. Er sieht sich selbst, Tarquin Superbus, gleich steigt er aus dem Bett, das wie gemacht ist für einen König, und schreitet ins Badezimmer, wie gemacht für eine Königin, wo er in seinen chinesischen Morgenmantel schlüpft, wie gemacht für einen Prinzen, und in seine Damastpantoffeln, gemacht für ihn, und dann wird er natürlich in die Küche gehen, wo Rosalia ein Dutzend goldgelbe Eidotter schlägt, was nur bedeuten kann, dass sie ihm Vanillepudding kocht, aber ja, natürlich kocht sie Vanillepudding – wenn Tarquin Superbus sich tagsüber hinlegen muss, kocht Rosalia immer eine große Schüssel Vanillepudding. Tarquin weiß das, es ist zu schön. In der Tat ist es genug. Die Vorfreude, die sich beim Gedanken an die bevorstehende Mahlzeit einstellt, ist so köstlich, dass es ihm absolut unnötig erscheint, aufzustehen und sie einzunehmen. Doch da knurrt sein Magen so grimmig, dass die Taube auf seinem Zeh erschrickt und die Flucht ergreift. Der Bann ist gebrochen und Tarquin nicht mehr zwischen den Welten – sein Magen hat sich Gehör verschafft. Der Tag hat ihn wieder, aber eines wird er heute ganz bestimmt nicht tun, auf keinen Fall geht er in die Bibliothek zurück, das schwört er seinem veränderlichen Spiegelbild im geschwungenen Rahmen, während er sich die Haare pudert und dabei etwas Gesichtsgymnastik macht. »Nie wieder setze ich einen Fuß in dieses grässliche Zimmer«, erklärt er. »Zum Teufel damit! Was für ein Quatsch! Ein einziger Satz, dass ich nicht lache – für wen halten die mich?!« Er zweifelt die Worte des Doktors nicht an, bereitwillig nimmt er alles, was der Doktor ihm über die Bibliothek erzählt hat, für bare Münze; doch was kümmern ihn die Borgia und die Medici, er hat keine Lust, die Suche fortzusetzen. Wozu auch, wenn er ohnehin nicht den Wunsch hat, alles zu verstehen? Er will gar nicht über den Dingen stehen! Er genießt es, mittendrin zu sein! Mittendrin, oh ja – genau da ist Tarquin Superbus am liebsten. Schultern klopfen, Ohrläppchen zupfen und Schlüsselbeine und Hintern tätscheln und alles andere, was sich in Reichweite seiner Hände befindet, rechts, links und in der Mitte. Er kommt gut ohne den absurden Satz zurecht, vielen Dank auch. Ziemlich gut sogar. Zur Hölle damit! Er wird die Tür abschließen und den Schlüssel wegwerfen. Er hat die verfluchte Bibliothek und ihre infernalisch dunklen Ecken ohnehin nie gemocht; jedes Mal, wenn er einen Fuß hineinsetzt, stößt er sich den Zeh an irgendeiner tückischen Kante oder schlägt mit dem Kopf gegen einen plötzlich vor ihm herausragenden Balken – und die Gemälde, die Gemälde erst! Grundgütiger, eigentlich erinnern sie an einen besonders widerlichen Albtraum, wie man ihn nur von verdorbenem Gorgonzola bekommt – die giftigen, blaugrünen Strudel, die Wellen, die unablässig wogen und brechen und von allen Seiten auf ihn einstürzen, bis er in einen Sessel sinkt – die roten Sitzpolster mit den glühend heißen Nieten – waren diese Sessel nicht das reinste Teufelswerk? Ja, zur Hölle damit, die ganze dämonische Anomalie soll unter Spinnweben und Staub verschwinden!

Und so ist die glückliche Unbeschwertheit, für die Tarquin Superbus immer so bekannt war, plötzlich wiederhergestellt. Die Tür zur Bibliothek wurde abgeschlossen und der Schlüssel Rosalia anvertraut. »Man kann nie wissen«, hatte sie gemahnt, als er über beide Ohren grinsend im Badezimmer stand und den Schlüssel an einer Kette über der *tazza del gabinetto* baumeln ließ. »Oh doch, ich schon, Rosalia! Besser noch, ich *will* gar nicht wissen. Ha!« Aber da streckte sie die kluge kleine Hand aus, und weil Tarquin sie nicht enttäuschen wollte, wurde der Schlüssel übergeben. Blitzschnell schlossen sich Rosalias geschickte Finger darum. Danach trat Superbus auf die Straßen von Venedig hinaus, beschwingt, voller Tatendrang und mit dem silberbeschlagenen Begleiter in der Hand. Wie herrlich es war, in diese und jene Richtung zu schlendern! Treppauf, treppab über die vielen bezaubernden Brücken, auf jedem Campo ein Schlückchen jungen Wein aus dem Friaul, hinter der Seufzerbrücke ein paar fischige *cicchetti* mit den Gondolieri, und wann immer er hinter sich ein Lachen aufsteigen hörte, drehte Tarquin sich auf dem Absatz um und lachte mit, herzhaft, mit bebenden Schultern und himmelwärts verdrehten Augen, und das gefiel ihnen, das gefiel den Venezianern sehr – sie wussten es zu schätzen, wenn ein Mann über sich selbst lachen konnte, vor allem einer mit so viel Geld wie Tarquin Superbus. Oh ja, Tarquin Superbus hatte Stil und Humor, er konnte sogar über sich selbst lachen! Wozu brauchte er die Bücher?! Zu nichts, gar nichts, niente – darin schienen sich endlich alle einig zu sein.

Aber dann, keine zwei Wochen später, gehen plötzlich Kleinigkeiten schief. Rosalias Soufflé stürzt ein. Die Lilien in den Wandnischen lassen die Köpfe hängen, verstreuen ihre Pollen und runzeln die Blätter, als könnten sie die Berührung der Luft nicht ertragen. Milch wird in Sekundenschnelle sauer. Aprikosen faulen, noch bevor sie reif sind. Walnüsse färben sich unter der harten Schale zu einem gemeinen Schwarz. Die Katzen haben sich tagelang die warme kleine Stirn an schiefen Türpfosten und aufgequollenen hölzernen Stuhlbeinen gestoßen, und nun sind sie unters Sofa gekrochen und wollen nicht mehr hervorkommen. Aus ähnlichen

Gründen hocken die Vögel auf Alpakadecken im Kleiderschrank, auch sie kommen nicht mehr heraus. Im Vestibül wirft der Wandteppich mit der Dame und dem Einhorn Falten; die sorgfältig gestickten Arrangements aus Vögeln, Säugetieren und Streublumen geraten völlig durcheinander, die gewebten Blätter an den manierlich gestutzten Obstbäumen sind verwelkt und die wachsamen Kaninchen mit den aufgestellten Ohren liegen flach auf der Seite – die lebendige Heiterkeit des Stoff gewordenen Lobgesangs auf die Sinne ist empfindlich gestört, und dementsprechend geht es auch in Tarquins und Rosalias Kopf drunter und drüber. Schlimmer noch, in Tarquins sonst so gastfreundlichem Magen, der nie einen Bissen abgewiesen hat, ist jetzt anscheinend kein Platz mehr. Seine Glieder fühlen sich so schwer und sperrig an, als trüge er eine Rüstung aus schlechter Laune – so beschreibt er es Rosalia, und wie sie ihm gesteht, wird auch sie seit Kurzem von einer pochenden Abgeschlagenheit geplagt. Ärgerlicherweise ist der Doktor gerade nicht in der Stadt. Er ist zu Josef Lobmeyr in die Wiener Weihburggasse gefahren, angeblich um sich eine neue Karaffe des großen Glasmachers anzusehen. Normalerweise ist Tarquin begeistert, wenn es den Doktor nach Wien verschlägt, denn er bringt von seiner Reise nicht nur viele unterhaltsame Schmähgeschichten über verschiedene abgewrackte Komponisten mit, sondern auch eine prall gefüllte Tasche mit Tarquins Lieblingssüßigkeit, köstliche Kugeln aus grünem Pistazienmarzipan in schmackhaftem Nougat, das seinerseits von einer dicken Schicht aus göttlicher Zartbitterschokolade überzogen ist. Aber Tarquin hat auf gar nichts Appetit, nicht einmal auf die in Goldfolie gewickelten Wiener Gourmetkugeln. Ein furchtbarer Zustand. Die Tage ziehen sich lustlos dahin. Eines Nachmittags kommt Tarquin in die Küche und findet Rosalia am Tresen sitzend vor, den Kopf in das kleine Nest ihrer kräftigen, braunen, verschränkten Arme gebettet. Noch nie hat Tarquin Rosalia schlafen sehen. Sie ist die treue Augenzeugin meines Schlummers, denkt er, aber ich habe nie gesehen, wie sie sich ausruht. Ich habe sie nicht einmal gähnen sehen! Immerzu ist sie mit irgendwas beschäftigt, ständig in Bewegung, ständig am Schuften und Verschönern. Aber um Himmels willen, sie ist doch keine gute Fee! – Sie sollte mehr schlafen. Ich werde ihr sagen, dass sie schlafen kann, wann immer sie will und wo immer sie gerade ist. Dass ich diese Seite von ihr nicht kenne, ist doch nicht natürlich. Rosalia schnarcht und schnauft wie ein süßer, kleiner Frischling. Tarquin schleicht auf Zehenspitzen um sie herum und beobachtet, wie sich ihre trojanischen Schultern gleichmäßig heben und senken, auf einmal findet er es sehr rührend, einen Menschen schlafen zu sehen, aber dann bemerkt er Rosalias Haar und erschrickt, Rosalias Haar, sonst so voll und schön und glänzend, hängt verfilzt und schwer herab, bedeckt ihren ganzen Rücken und erinnert an den schlaffen, schmutzigen

Schwanz einer toten ligurischen Wölfin. Tarquin kann nicht glauben, was er da sieht – ist das überhaupt Rosalia? O Gott, womöglich nicht! »Rosalia«, flüstert er erst ein-, dann zwei- und schließlich dreimal. Es ist vergeblich. Weil er nicht anders kann, zupft er an der Spitze des ominösen Schwanzes – da, geschafft – und ist unendlich erleichtert, als Rosalia den lieben Kopf von den Armen hebt und in seine Richtung dreht. Rosalia! Mit geschlossenen Augen und ungewohnt tiefer, heiserer Stimme kündigt sie an, ihm Muffins und Eier im Glas zuzubereiten. Tarquin schüttelt traurig den Kopf und tätschelt sich den Bauch: »Die Herberge ist voll, Rosalia. Auch wenn ich nicht die leiseste Ahnung habe, woher die ungebetenen Gäste gekommen sind.« Er scheint zu lallen. Jeder Atemzug fühlt sich an, als hätte er Lava vom Vesuv in der Lunge. Alles verlangsamt sich, die Luft ist dick und drückend. Rosalias Periode ist unerwartet früh gekommen und koageliger und klebriger als üblich. Schwer, so schwer. Alles ist schwer. Tarquin kennt den Grund, Rosalia kennt ihn auch, aber beide wissen nicht, warum. Sie wissen es einfach nur. Die Bücher. Die Bücher belasten alles, sie müssen weg. Weg damit! Genug ist genug. Sie kauern dort im Dunkeln, im Zentrum von Superbus' Residenz, und sie haben Augen – Augen, die alles gesehen haben, und böse, ausdruckslose Gesichter, von denen sich nichts ablesen lässt. Sie saugen den Atem der Lebenden ein und sondern einen lähmenden Mief ab. Es ist wie in einer Gruft – eine Gruft im Herzen des eigenen Zuhauses! »Sie müssen weg!«, ruft Tarquin und schlägt mit der Faust auf den Küchentresen, »sie müssen vernichtet werden, jedes einzelne davon, denn sonst, Rosalia, werden wir hier lebendig begraben.« Ohne Widerworte schiebt Rosalia eine Hand in die Schürzentasche, holt den Schlüssel heraus und legt ihn auf den Tresen. Er ist jetzt rot und hat einen dünnen weißen Bart. Rosalia kümmert es nicht. Sie stemmt sich in die Höhe und schleppt sich in ihr Zimmer. Ihre Pluderhose ist klebrig von glitzerndem Blut und muss ausgewaschen werden, und zwar pronto.

Und deshalb gibt es ein Feuer. Ein riesiges Feuer aus Tausenden von Büchern, unten auf dem Platz. Ich kann mich sehr gut daran erinnern. Ich weiß noch genau, wie ich es mir vorgestellt habe, als ich die Geschichte vor vielen Jahren schrieb. Das Feuer war wirklich beängstigend. Groß und schwarz und flackernd. Alles in seiner direkten Umgebung wurde dunkel und undurchdringlich. Zuckende Schatten erhoben sich aus den Flammen und wirkten bald noch mächtiger und verzehrender als das Feuer selbst. Das also war Miltons »sichtbares Finster«, und es war erschreckend. Die Schatten wüteten, wuchsen und überragten die Flammen, und ringsum wurden Trommeln geschlagen und fremdartige Lieder geheult. Hatte ich damals schon die Fotos von der Bücherverbrennung am 10. Mai 1933 auf dem Berliner Opernplatz gesehen? Nein, wohl kaum.

Ich wusste nichts von dem Abend, als etwa vierzig-
tausend Schaulustige, die Hitlerjugend, zahlreiche Studenten, SS-Soldaten, Polizisten und Braunhemden begleitet von Gesang und einer Musikkapelle mehrere
Tausend vermeintlich »undeutsche« Bücher verbrannten, alles auf Geheiß von Propagandaminister Joseph Goebbels, der sie mit den Worten anspornte: »Und
deshalb tut Ihr gut daran, um diese mitternächtliche
Stunde den Ungeist der Vergangenheit den Flammen
anzuvertrauen. Aus diesen Trümmern wird sich sieg-
reich erheben der Phönix eines neuen Geistes.« Die
deutschsprachigen Werke, die in dieser Nacht – und in
den folgenden Nächten – in Berlin und dreiunddreißig
anderen deutschen Universitätsstädten in die Flammen
geworfen wurden, stammten von Vicki Baum, Walter
Benjamin, Ernst Bloch, Bertolt Brecht, Max Brod, Otto
Dix, Albert Einstein, Friedrich Engels, Sigmund Freud,
Hermann Hesse, Franz Kafka, Theodor Lessing, Georg
Lukács, Rosa Luxemburg, Thomas Mann, Karl Marx,
Robert Musil, Erwin Piscator, Gertrud von Puttkamer,
Joseph Roth, Nelly Sachs, Anna Seghers, Arthur
Schnitzler, Bertha von Suttner, Ernst Toller, Frank We-
dekind und Stefan Zweig. Auch französische, amerika-
nische, russische, irische und britische Bücher fielen
dem Feuer zum Opfer, die von André Gide, Émile
Zola, Victor Hugo, Romain Rolland, F. Scott Fitzge-
rald, Ernest Hemingway, Helen Keller, Jack London,
Upton Sinclair, Fjodor Dostojewski, Ilya Ehrenburg,

Vladimir Nabokov, Leo Tolstoi, James Joyce, Oscar Wilde, Joseph Conrad, Radclyffe Hall, Aldous Huxley, D. H. Lawrence und H. G. Wells. Unter den Millionen geschändeten Wörtern – Lyrik, Philosophie, Wissenschaft und Prosa – befand sich auch ein Satz des deutschen Dichters Heinrich Heine, der 1821 in seinem Stück *Almansor* geschrieben hatte: »Dort, wo man Bücher verbrennt, verbrennt man auch am Ende Menschen.« Der Aphorismus ist sehr bekannt, höchstwahrscheinlich war mir der Satz begegnet, bevor ich mir zum ersten Mal das Feuer auf dem Platz vor Tarquin Superbus' Haus vorstellte, ganz ohne die Fotos von den Bücherverbrennungen gesehen zu haben. Dann wiederum handelt es sich um einen jener Sätze, von denen man meint, sie immer schon gekannt zu haben, quasi schon bei der Geburt. Denn natürlich habe ich tief in meinem Herzen gewusst, dass es schlimm ist, Bücher zu zerstören, dass insbesondere das Verbrennen von Büchern verwerflich ist, ein frevelhafter Akt, der in den Menschen eine gnadenlose Bösartigkeit weckt und freisetzt; völlig abgestumpft zerrt sie alles, dessen sie habhaft wird, in ihren grässlichen Wirkungskreis von systematischer Erniedrigung und schonungsloser Auslöschung, um es zu verdrehen, zu verstümmeln, zu besudeln und schließlich zu eliminieren. Mein Bild von Superbus' Bücherbrand war sehr finster und sehr eindrücklich, und ich glaube nicht, dass es sich groß verändert hat, seit es vor über zwanzig Jahren zum ersten

Mal seinen teuflischen Schatten auf meine Seele warf. Zwischen den Schatten und den Flammen keuchen und grimassieren dieselben unglücklichen Gesichter. Groteske Gesichter, von denen säuerlicher Schweiß tropft und die in der Hitze Blasen schlagen. Es sieht aus, als würden sie zerfließen, doch die entfesselten Lippen sind voll und vorgewölbt. Alle Gesichtszüge sind entstellt, die Münder knurren und geifern, die knolligen, rotzblasigen Nasen schniefen, die aufgerissenen Augen sind blutunterlaufen, die abstehenden Ohren borstig. Knilche springen über die brennenden Bücher, hin und her, hin und her, hopp, hopp, und verbrennen sich die Sohlen ihrer Stummelfüße. Ich sehe ihre ausgefransten Manschetten, ihre mit Scheiße bespritzten Mantelschöße und die Krempen ihrer schmuddeligen Hüte, die den Scheiterhaufen streifen und Feuer fangen. Ich höre ihr wildes Kreischen. Sie sind in Schnaps getränkt. Frauen stehen vor den knisternden Seiten, werfen den Kopf in den Nacken, schütteln die nackten Brüste und heulen den Teufel an. Jungen entblößen den pickeligen Hintern, furzen in die Flammen und johlen, wenn das faulige Gas hellblau aufleuchtet. Sie werfen lebende Schweine, Schildkröten und Dohlen ins Feuer, packen kreischende Mäuse beim Schwanz und schwingen sie durch die Flammen, werfen Stühle, Krüge, fremde Hüte und was sie sonst noch in die Finger bekommen hinein. Es ist abscheulich. Oh, es ist so bodenlos und abscheulich. Ich sehe Tarquins Balkon und die hohen, dunklen

Fenster seines Wohnzimmers. Er ist entsetzt hinter den dunkellila Vorhang zurückgewichen und beobachtet das hemmungslose Treiben. Er hatte ja keine Ahnung. Oh nein. Er wollte sie einfach nur loswerden, verschwinden lassen, er wollte die schreckliche Last abwerfen, die seinen Appetit auf Essen, Glück, Leben und Vergnügen erdrückte. Was ist ein Mann ohne seine Gelüste? Warum, oh warum war der Doktor nicht da? Der Doktor hätte, wäre er da gewesen, niemals so unüberlegt gehandelt. Dichter schwarzer Qualm steigt in die Höhe, bleibt in der Luft hängen, dehnt sich aus und nimmt veränderliche, furchteinflößende Formen an wie ein monströser Wechselbalg. Ein Drache, ein Kruzifix, ein Ouroboros, ein Hakenkreuz, ein Phönix, ein Maiskolben, ein Anch-Symbol, ein Skarabäus, ein Auge. Tarquin schiebt den Vorhang beiseite, tritt auf den Balkon und legt die Hände auf das rot glühende Geländer. Der brennende Schmerz und die Tränen, die ihm sofort in die Augen schießen, sind so vertraut wie Freunde, die er schon seit Ewigkeiten kennt, sie trösten ihn und geben ihm Kraft. Der beängstigende, veränderliche Schatten schwirrt und schwebt und verdichtet sich zuletzt zu magischen Gestalten und unheimlichen Gesichtern. Ein Satz. Nur ein Satz! Manchmal braucht es nicht mehr. Aber jetzt brennt er, und wie. Vielleicht wird er nie aufhören zu brennen. Vielleicht wird das Feuer nie erlöschen. Vielleicht brennt der Satz bis in alle Ewigkeit und lässt dichten schwarzen Qualm gen Himmel steigen, um seine verschmähte, vergeudete Weisheit fortan als unerbittliche Litanei aus hypnotisierenden, dumpfen Signalen zu verbreiten. Vielleicht muss ich in einer Art nekromantischer Trance für immer hier stehen, mit an den Balkon gelöteten Händen. Plötzlich ist es, als hätte das Schreckgespinst Tarquins morbide Gedanken aufgeschnappt. Es schießt über den Platz und bleibt direkt vor ihm in der Luft stehen, und obwohl es ziemlich gesichtslos ist, kann Tarquin spüren, wie es ihn mustert, analysiert, prüft. Er atmet ein, es kommt näher. Er atmet tiefer ein, und es kommt noch näher. Näher und näher, bis Tarquin begreift, dass er die eigenartige, neugierige Kreatur mit jedem Atemzug tiefer in seinen Körper hineinzieht. Er spürt, dass sie sich unten in seinem Brustkorb zusammenrollt wie ein ausgebrannter, heimgekehrter Drache. Er atmet ein. Und atmet ein. Die Dunkelheit vor seinen Augen löst sich auf. Er atmet den letzten Rauchschwaden ein, die gezackte Schwanzspitze, und dann ist sie weg. Einfach so. In der Tat ist sie restlos verschwunden. Tarquin blickt nach unten auf den Platz, und auch dort ist alles weg. Alles! Kein Feuer, keine Asche, keine verkokelten Bücher, keine halb verbrannten Ferkel, keine geschwärzten Bettpfosten und Besenstiele, keine klebrigen Flecken aus geschmolzenem Toffee, keine zerquetschten Äpfel, keine angesengten Haare oder Pelze, keine warme Kotze, keine schwelenden Hufen, keine tropfenden Kannen, keine durchgestochenen Trommeln, nichts, alles weg. Nur Blätter, ein paar Blätter von der Platane, die über den leeren Platz wehen. Mein Gott! Hab Erbarmen! Tarquin muss lachen und weinen und zittert am ganzen Leib. Da ist Tarquin kurz vor Tagesanbruch, er steht auf seinem Balkon, und der Platz darunter ist vollkommen leer. Alles weg. Nur ein paar Blätter, durch die eine kleine, vorsichtige Katze schleicht. Hier und dort säuseln die ersten Vögel einen Ton. Tarquin lacht und weint und zittert am ganzen Leib, die Schwärze in ihm zittert ebenfalls, und durch das Gerüttel zerfällt sie in zähe Klümpchen aus Galle. Staub und Ruß steigen durch die Speiseröhre bis in den Kehlkopf auf, so unangenehm, dass Tarquins Lachen und Weinen in Husten und Spucken übergeht – oh ja, da kommt es, schon spürt er einen schönen großen Schleimklumpen, ja, da kommt er, wenn der erst mal draußen ist, klinge ich wieder klar wie ein Glöckchen, denkt er, raus damit, oh ja, mein Gott, dieser faulige Geschmack, Tarquin schleudert ihn aus sich heraus, spuckt ihn in weitem Bogen über das Balkongeländer, und der Klumpen saust abwärts und landet mit einem triumphierenden Platschen unten auf der Straße. Tarquin fühlt sich innerlich gereinigt – die ganze Tortur war geradezu kathartisch – er geht ins Haus zurück, gönnt sich einen Schlaftrunk, legt sich ins Bett und freut sich jetzt schon darauf, am Morgen vom wütenden Knurren seines hungrigen Magens geweckt zu werden. Aber das war noch nicht alles. Während Tarquin Superbus tief und fest schläft, fängt der ausgespuckte Schleimklumpen unten auf der Straße an zu wachsen. Ihm wachsen kleine Arme und Beine, und am Ende der kleinen Arme und Beine wachsen winzige Finger und Zehen, und sobald er die winzigen Finger und Zehen spreizen kann und an Festigkeit gewonnen hat, steht er auf. Er ist wirklich sehr klein. Trotzdem kann er gehen, und vor allem kann er klettern. In der Tat ist Klettern seine große Stärke, immerhin verfügt er über eine angeborene Klebrigkeit. Und so geht es hinauf. Das winzige Ding. Hinauf an der Mauer von Tarquin Superbus' Haus und durch die Streben des Balkongeländers. Ja, da ist es, es ist wirklich winzig – man kann es kaum sehen – aber es ist da. Dort auf dem Balkon, während Tarquin Superbus schläft.

Es war gelb, von einem schrecklich fahlen Gelb. Gelb wie eine Primel. In Wahrheit waren ihm weder Arme noch Beine gewachsen, vielmehr bewegte es sich gleitend voran und hievte sich die dunkle Treppe hinauf bis in Tarquins Wohnung. Was war es? Woraus war es gemacht? War es der Satz? Ja, etwas in der Art, ich war mir aber nicht sicher, welche Absichten diese hochwirksame Essenz hegte oder welcher Natur sie war, ob gut oder böse – vielleicht war sie jenseits von beidem. In meiner Erinnerung klatschte sie zunächst auf die Straße, gelb wie eine Primel und stetig pulsierend, und zog sich dann eine dunkle, völlig stille Treppe hinauf. Und dort oben hielt sie inne. Vor der Tür von

Superbus' Wohnung. Wahrscheinlich ging die Geschichte noch weiter – ich glaube nicht, dass ich schon fertig war. Irgendwann würde ich sie weiterschreiben und dabei die Natur, die Absichten und das Schicksal des prallen amöbischen Gebildes entdecken. Das war der Plan. Nein, die Geschichte war noch lange nicht fertig – womöglich war sie nur der Anfang. Und dann eines Nachmittags kam ich nach Hause in die Wohngemeinschaft, in der mein damaliger Freund und ich lebten. Unser Zimmer ging nach vorne raus und lag im Erdgeschoss eines zweistöckigen Hauses in der Nähe des Kanals. Wir wohnten noch nicht lange dort, erst ein paar Monate. Wir waren noch dabei, in Irland Fuß zu fassen. In dem Zimmer gab es eher wenig, weil wir nicht sehr viele Sachen besaßen – zu dem Zeitpunkt waren wir noch nicht nach England zurückgefahren, um die getrennt eingelagerten Kartons mit unseren jeweiligen Habseligkeiten abzuholen. Selbst nach all den Jahren bin ich erleichtert darüber, dass ich so vernünftig gewesen war, beim Packen vor dem Umzug getrennte Kartons vorzuschlagen, denn obwohl mein Freund beleidigt reagierte und tagelang schmollte, ersparte es uns später eine Menge Arbeit. Als ich an dem Nachmittag die Tür öffnete, es war die erste links, und unser Zimmer betrat, entdeckte ich sofort den Haufen aus zerrissenem Papier mitten im Raum. Das Sonnenlicht fiel direkt darauf und ließ ihn so zartweiß leuchten wie eine umgekippte, schneebedeckte Laterne auf einem schneebedeckten Felsen. Ich wusste sofort, was los war. Ich trat näher heran, ging in die Hocke und schob die Finger durch die zerrissenen Seiten meines Notizbuchs, als wären es die Haare eines sterbenden Geliebten, und ich zuckte zusammen, als mir ein Wortfetzen aus der Hand rutschte und ich ihn wiedererkannte. Mein Freund mochte die Vorstellung, dass ich eine Schriftstellerin war, aber schreiben sollte ich lieber nicht. Das Schreiben entfernte mich von ihm und brachte mich an einen fremden, für ihn unerreichbaren Ort, außerdem glaubte er, ich würde über andere Männer schreiben, was ich vielleicht auch tat, hin und wieder. Hatte er sich von Tarquin Superbus bedroht gefühlt, hatte er ihn als Rivalen wahrgenommen? Hatte er ihn deshalb vernichtet, lag Tarquin Superbus deshalb zerfetzt auf dem Boden unseres WG-Zimmers? Es brach mir das Herz. Ich war sehr traurig. Ja, ich hatte es sehr genossen, Zeit mit ihm zu verbringen. Und der Doktor, der geheimnisvolle, gütige Doktor … Rosalia vermisste ich dagegen nicht. Das blieb mir erspart, aus dem einfachen Grund, dass sie damals noch nicht existierte – Rosalia ist erst jetzt ins Dasein getreten, mit dieser Nacherzählung zwanzig Jahre später. Ehrlich gesagt habe ich die ursprüngliche Version der Geschichte an vielen Stellen ausgestaltet und verfeinert, nur weitererzählen konnte ich sie nicht – das ist unmöglich – ich kann sie nicht über den Punkt hinausführen, an dem sie war, als sie von meiner Bettseite entfernt und unrettbar zerlegt wurde. »Ich werde alles wieder zusammenkleben«, sagte mein von Gewissensbissen geplagter Freund an dem Abend. Ich lehnte sein Angebot ab, woraufhin er mir vorschlug, die Geschichte einfach noch mal zu schreiben. »Vielleicht irgendwann«, sagte ich. Ich schrieb nie wieder so etwas wie diese Geschichte. Ich weiß nicht, woher sie kam. Wahrscheinlich aus meiner Jugend, aus meiner Orientierungslosigkeit und meiner Sehnsucht nach Gesellschaft. Wenn ich später an den Haufen aus zerrissenem Papier zurückdachte, sah ich ihn jedes Mal lichterloh brennen, und es kam mir vor, als wäre jeder Schnipsel eine Buchseite. Als wäre der kleine Haufen in Wahrheit ein riesiger Stapel von herausgerissenen Seiten, nicht nur aus einem – meinem – Notizbuch, sondern aus vielen verschiedenen Büchern, allesamt verachtet und in Brand gesteckt. Ich sah, wie grauer Qualm das Zimmer füllte und die Fenster verdunkelte, manchmal konnte ich in der Scheibe das Gesicht meines hitzigen Freundes erkennen, eine sich kräuselnde Spiegelung im Glas. Der erschreckende, unerwartete Anblick des zerstörten Notizbuchs in der Nachmittagssonne schob sich über das entsetzliche Bild der brennenden Bücher und des riesigen, gottlosen Feuers in meiner zerrissenen Geschichte. Die Bilder verschmolzen und wurden untrennbar, auch ihr Sinn vereinigte sich, und danach konnte ich nicht mehr an das eine denken, ohne das andere zu sehen. Es war ein und dasselbe. Manchmal dachte ich mir, dass meine Geschichte wohl ohnehin nicht besonders gut gewesen war, wahrscheinlich war sie es nicht wert, irgendwem gezeigt zu werden, ich hatte sie mir bloß zu meiner eigenen Unterhaltung ausgedacht und um mir die Zeit in dem neuen Land zu vertreiben. Trotzdem konnte ich den Gedanken nie ganz loslassen, dass irgendwo darin ein Satz von überirdischem Glanz gestanden hatte, nur ein einziger Satz, der die Welt umgehauen hätte. Und dieser Gedanke brannte in mir weiter, immer weiter.

IV.

Bis in alle Ewigkeit

>*Die Kritik der reinen Vernunft* gelesen, bei
60 Watt in der Beatrixgasse, Locke, Leibniz
und Hume, in der Düsternis der National-
bibliothek unter den kleinen Lämpchen (...)
mich durch alle Begriffe aus allen Zeiten be-
tört (...)«

Malina, Ingeborg Bachmann

Anfangs schrieb ich auf losen, unlinierten DIN-A4-
Blättern, die mein Vater in großen Stapeln von der
Arbeit mitbrachte. Obwohl er nicht in einem Büro
angestellt war, kam mein Vater regelmäßig mit Büro-
materialien nach Hause, darunter die besagten säuberlich verpackten Papierstapel, dünne Metallkugel-
schreiber in Rot, Schwarz, Grün und Blau, Tacker,
Tackerklammern, Büroklammern und Aktenklammern,
außerdem, da bin ich mir ziemlich sicher, auch kleine
Schachteln mit Reißzwecken, die ich mir rechts und
links an die Ohren hielt und schüttelte. Am wichtigsten, wenigstens kam es mir anfangs so vor, waren die
geprägten Kunstledermappen, die wie der Innenraum
des wenig genutzten grünen Rovers meiner Großeltern

rochen und todschick aussahen, sich mittelfristig aber als unpraktisch erwiesen und daher schon bald ins Abseits gerieten; offensichtlich waren sie für eine Handvoll besonderer Dokumente gedacht, die bei besonderen Anlässen auf Geschäftsleitungsebene an einem langen, breiten Konferenztisch ausgepackt und besprochen wurden. Manchmal brachte mein Vater auch ein Fläschchen Tipp-Ex mit, immer sehr aufregend, obwohl wir nicht viel damit anfangen konnten – in der Schule durften wir kein Tipp-Ex verwenden, die Lehrkräfte wollten den Lösungsweg nachvollziehen, denn wenn unsere Antwort auf diese oder jene Frage falsch war, konnten sie immerhin überprüfen, ob wir in die richtige Richtung gedacht und die Lösung vielleicht sogar um Haaresbreite verpasst hatten, und falls es so war, wurde es uns angerechnet. Das Tipp-Ex blieb also zu Hause bei den anderen Schreibwaren, die mein Vater von der Arbeit mitgebracht hatte. Ich kann mich nicht mehr daran erinnern, wo genau sie aufbewahrt wurden, weil wir, mein Bruder und ich, angehalten waren, uns von den verschiedenen Schränken und Schubladen des Mahagonimobiliars fernzuhalten. Es war sowieso besser, wenn alles, was man am Leib trug und in die Schule mitbrachte – Schreibwaren, Taschen, Haarspangen, Brotdosen, Socken und so weiter – mehr oder weniger so aussah wie die Schreibwaren, Taschen, Haarspangen, Socken und Brotdosen der anderen. Alles, was auch nur geringfügig abwich, hätte höchstwahrscheinlich für jede Menge Hohn und Spott und dumme Sprüche gesorgt, schlimmstenfalls wochenlang, und aus dem Grund musste alles, was irgendwie nach EWG roch, irgendwo zu Hause bleiben, möglicherweise in einer der Mahagonischubladen.

Auch das DIN-A4-Papier blieb zu Hause, weil die losen Blätter in meiner bis an den Rand vollgestopften Schultasche sofort zerknittert und beschmutzt worden wären. Außerdem gab es in der Schule Arbeitshefte, die wir gleich nach Erhalt in Schutzfolie einschlagen mussten. Anfangs schrieb ich nicht nur auf lose, unlinierte DIN-A4-Blätter, sondern auch auf die hinteren Seiten meiner Arbeitshefte, das einzige Papier, das ich in der Schule zur Hand hatte. Niemand sah in den hinteren Teil der Arbeitshefte hinein, höchstens meine Mathelehrerin – ich weiß nicht, was sie dort suchte, natürlich stieß sie auf einen fiesen, gegen sie gerichteten Kommentar, und als ich etwa eine Woche später während des Matheunterrichts zufällig zu der Seite blätterte, entdeckte ich darunter einen Rüffel, wie er im Lehrbuch steht, so etwas wie »Ich kann dich auch nicht leiden«. Ich hob den hochroten Kopf, sie lächelte mich an. Ich weiß nicht, was ich schlimmer fand, den Rüffel oder den Anblick ihrer Handschrift im hinteren Teil meines Heftes, den ich immer für tabu gehalten hatte. Schnell malte ich eine Sprechblase um ihren Kommentar, was ihn sofort weniger kränkend machte. Im hinteren Teil eines anderen Arbeitshefts hatte mein Englischlehrer die Geschichte entdeckt, vielleicht meine erste überhaupt, geschrieben während einer besonders langweiligen, von seiner Vertretung geleiteten Unterrichtsstunde. Die Geschichte war sehr kurz und handelte von einem Mädchen, das bei Kerzenlicht Kleider für seine Schwestern näht und dabei in einer unterirdischen Kammer sitzt – einem Keller oder sogar einem Verlies – denn die massiven Steinwände sind nackt und glänzen, was auf permanente Nässe hindeutet, wobei es niemals tropft; der Steinplattenboden ist auf jeden Fall sehr kalt und wahrscheinlich ebenfalls durch und durch feucht, und das Fenster, das nie zu sehen ist, schließt nicht ganz und ist winzig, quadratisch und so hoch oben, dass man nicht nach draußen blicken kann, und genauso wenig kommt Licht herein, das die widerhallende Finsternis des Kellers irgendwie verändern würde. In der ursprünglichen Fassung habe ich den Raum nicht weiter ausgestaltet, aber nun, da ich mich wieder daran erinnere, habe ich sofort dasselbe klamme, bedrückende Bild im Kopf wie damals vor vielen Jahren, als ich die Geschichte während eines Nachmittags in der Schule aufschrieb. Vielleicht habe ich die nähere Umgebung des Mädchens deswegen nicht weiter beschrieben, weil ihre Notlage direkt aus einem Märchen zu stammen scheint und die meisten Menschen mit dieser Art von beengter und erbarmungswürdiger Kulisse vertraut sind; typischerweise wird sie eingesetzt, um das Leid zu vermitteln, das die Heldin ungerechterweise und tagein, tagaus ertragen muss. Der Ausgangspunkt der Geschichte war nicht das Verlies, auch nicht das Mädchen, ihre trostlose Lage oder das unabänderliche Schicksal, das sie sicherlich erwartete. Ausgangspunkt war der weiße Baumwollfaden, den sie an einer spitzen Nadel durch den steifen Stoff der pompösen Roben ihrer Schwestern zog, hin und her, Stich um Stich und bis in alle Ewigkeit.

Während einer planlosen Unterrichtsstunde, die unter der Leitung eines überforderten Vertretungslehrers mal in diese und mal in jene Richtung mäanderte, hatte ich in den hinteren Teil meines Arbeitsheftes Knäuel aus Blütenblättern, Pfeilen, Fühlern und kleinen, gesprenkelten Kugeln gekritzelt, vielleicht weil der planlose Unterricht selbst eine Art Gekritzel war; aber dann wurde ich mit meinem Gekritzel unzufrieden, fast schon gereizt, und in dem Moment entstand das Gesicht. Eigentlich versuchte ich niemals zu zeichnen, was der Welt der greifbaren Dinge und echten Lebewesen angehörte, es sei denn, ich wurde von einem auf aggressive Weise fröhlichen Kunstlehrer dazu genötigt. Meine Methode bestand darin, durch die Zusammenfügung der oben beschriebenen Formen Fantasiewesen zu erschaffen, die teils Pflanze, teils Tier waren und jenen tänzelnden Irrlichtern glichen, die sich mit der ruckelnden Anmut von Bühnenrequisiten am Rande des Blickfeldes bewegen und sich aus dem Staub machen wie in die Höhe gerissene Pappengel, sobald wir versuchen, sie mit pfeilschnellen Blicken aus dem schwarzen Loch unserer amphibischen Pupillen zu erlegen. Die Pupille ist ein kreisrunder Abgrund, der uns ausstößt und um den herum unser Ich sich anordnet, und so fing das Gesicht natürlich mit den Augen an. Mehr als einmal hatte ich beobachtet, dass die anderen in meiner Klasse ein Gesicht stets mit seinem Umriss begannen, in dem bei einem zweiten Arbeitsschritt die Gesichtszüge – Augenbrauen, Augen, Nase, Mund – nachlässig verteilt wurden wie Belag auf einer zu kleinen Pizza. Oft reichte der Platz nicht aus, so ragte beispielsweise der Mund nicht selten über die Gesichtsgrenzen hinaus und verhinderte damit ein nennenswertes Kinn. Parallel dazu konnten Glubschaugen eine wohlgeratene Stirn verhindern. Obwohl ich wusste, dass dies auf keinen Fall die richtige Methode war, ein Gesicht zu zeichnen und seine Abmessungen und charakteristischen Merkmale abzubilden, war ich furchtbar schlecht darin, all das, was einen Platz in der überschaubaren Ordnung der Dinge hat, halbwegs glaubhaft darzustellen. Doch meine heillose Unfähigkeit hielt mich nicht von spontanen Versuchen ab, denn obwohl das Gesicht auf dem Papier eine Entsprechung im echten Leben hatte, ein männliches Gesicht, das ich unzählige Male mit eigenen Augen gesehen hatte, war es nicht meine Absicht, ein überzeugendes Abbild dieses Männergesichts und seiner besonderen Kennzeichen zu erschaffen. Meine Absicht wurde mir erst bewusst, als ich beim zweiten

Auge angekommen war, das sich in Form und Größe deutlich vom ersten unterschied und besser in das Gesicht irgendeines anderen Lebewesens – real, fiktiv, mythisch – gepasst hätte. Der verblüffende Mangel an Genauigkeit und Details störte mich aber kein bisschen – erst, als ich bei der einzigartigen Iris des zweiten Auges ankam, machte sich meine wahre Absicht bemerkbar, und zwar in einem Teil von mir, den ich nie zuvor bewusst wahrgenommen hatte. Und da begriff ich, dass der eigentliche Zweck meines spontanen Versuchs nicht darin bestand, den Mann abzubilden, sondern ihn zu mir zu holen.

Davor und seit geraumer Zeit hatte ich an den Mann immer nur gedacht, und an ihn zu denken war, wie ein Foto von ihm zu betrachten; solange ich an ihn dachte, bewegte er sich nicht. Er stand in einer mehr oder weniger unveränderlichen Umgebung, rührte sich nicht von der Stelle und war jedes Mal von mehr oder weniger denselben Objekten umgeben; ich *erinnerte* mich an den Mann, was bedeutete, dass er in meiner Vorstellung nur ein Artefakt aus der Vergangenheit war und kein lebendiges, sich entwickelndes Selbst, das rein theoretisch Kontakt zu meinem eigenen sich entwickelnden Selbst aufnehmen und sich in der Steigerung vielleicht sogar mit ihm vereinigen könnte. Obwohl ich sehen konnte, wie ungeschickt ich mich anstellte, fuhr ich mit dem asymmetrischen, aber packenden Porträt fort.

Offenbar war ich dem unbewegten, unpersönlichen Bild, das genauso gut eine Fotografie hätte sein können, entwachsen, und nun merkte ich, dass ich, indem meine Hand Spuren auf dem Blatt hinterließ, mit der Tiefe spielen und etwas Bewegung in die Zeichnung bringen konnte. Aber als die Haare des Mannes an der Reihe waren, wusste ich nicht weiter. Seine Haare waren so schön, dass ich mich bemühen musste, ihrer Anmut gerecht zu werden, und dieser Druck war kaum auszuhalten. Sollte ich sie als eine einzige, beherzte, wellenförmige Linie darstellen, als zusammenhängende Masse oder doch lieber als strukturierte Ansammlung von einzelnen Strähnen, sprich durch viele kleine, schnelle Striche? Wenn man vom Motiv besessen ist, sollte man sich beim Zeichnen möglichst viel Zeit lassen, denn wahrscheinlich steigert eine kleinteilige Herangehensweise am Ende die Befriedigung. Ein Haar nach dem anderen also. Wiederholt. Winzig. Akribisch. Andächtig. Klein wie die Stiche einer Naht. Wie schon gesagt war mir völlig egal, was am Ende dabei herauskommen würde. Sobald meine Schöpfung fertig war, würde ich sowieso einen Weg finden, sie schnell wieder auszumerzen. Wobei sich die Frage nach dem Wie stellte, wurden wir doch systematisch davon abgehalten, unsere geistigen, zu Papier gebrachten Ergüsse zu eliminieren; vermutlich hielt man uns für viel zu ahnungslos, um beurteilen zu können, welche Gedanken und Äußerungen einen Wert besaßen und welche nicht. Eine oder gar mehrere Seiten aus einem Schulheft herauszureißen, war grundsätzlich verboten, und wenn jemand doch einmal unvorsichtig genug gewesen war, sich über die Regel hinwegzusetzen, was selten vorkam, wurde er mit einer unvermuteten Strenge gerügt, die für die Verstümmelung eines kanonischen Textes vielleicht angemessen gewesen wäre, mir anlässlich der Zerstörung eines x-beliebigen Arbeitsheftes durch ein x-beliebiges Kind aber unbegründet und übertrieben erschien. Sicherlich musste es doch zwischen beiden Fällen einen wahrnehmbaren und nachweislichen Unterschied hinsichtlich Schwere und Strafe geben, oder etwa nicht? Doch die Realität sah anders aus, was, wie ich ahnte, mit der ständigen Fixierung auf das Potenzial des Individuums – ein ebenso bahnbrechendes wie verwirrendes Konzept – zu tun hatte. Im konkreten Fall war mir aber klar, dass das Kunstwerk im hinteren Teil meines Arbeitsheftes das Papier, auf dem ich es gezeichnet hatte, nicht wert war und niemals sein würde. Nicht die Zeichnung an sich war wertvoll, sondern der Akt des Zeichnens – ich hatte ganz gewiss nicht für die Nachwelt gezeichnet. Ich zeichnete die männlichen Gesichtszüge in den tiefen Morast meiner selbst, wo sie sich nicht fein säuberlich wieder zusammensetzten wie ein Gesicht in einer Fotografie, sondern sich Talismanen gleich überall in mir verteilten. Ich ließ ihn in mich sinken, ein Haar nach dem anderen und bis in alle Ewigkeit. Wie sich jedoch bald herausstellte, sind Kugelschreiber für diese Art von Paarungsversuch ungeeignet, denn das Gefühl stimmt einfach nicht – der Kugelschreiber war mit dem Mathematik-unterricht und einer Macke im Geodreieck verknüpft, an der seine gefühllose Spitze immer wieder hängen blieb. Der dumme Stift lenkte mich ab, er machte mich verrückt und störte die Verbindung. Schnell ballte das Ganze sich zu einem dichten Gewirr aus Stahlwolle zusammen und löschte jeden einzelnen Zug des Mannes aus. Nichts war von ihm übrig. Erschöpft öffnete sich meine wütende kleine Faust, aber der Stift ließ sich nicht hinlegen. Er war noch nicht fertig. Statt die Kuli-spitze von der ruinierten Seite zu heben, ließ ich die Linie noch eine Weile weiterlaufen und sich schlän-geln, und weil ich keine Lust auf Gekritzel mehr hatte, wurde sie immer dünner. Ich spürte ihren ausgefransten Schwanz zwischen den Zähnen wie einen verirrten Faden, da war sie plötzlich wieder, weiter ging's ohne ein bestimmtes Ziel oder Thema vor Augen, wenigstens schien es mir so, bis sich auf einmal etwas verschob, als käme aus den eben erwähnten Tiefen ein seltsames Echo herauf; der Faden zog ein paar überschwängliche Schleifen und zerfiel dann in Wörter, und die Wörter er-zählten eine Geschichte, die anscheinend immer schon da gewesen war, die Geschichte eines Mädchens, das im flackernden Licht einer einsamen Kerze die Kleider seiner Schwestern ausbessert, nur ein paar Linien in der Form von Wörtern, die aneinandergereiht von einem fleißigen Mädchen erzählten, das in einem halbdunklen Keller sitzt und unermüdlich näht, bis seine Finger so dünn und fadenscheinig werden wie Garn; die Nadel fällt hinunter und wird von der Finsternis verschluckt, das Mädchen springt auf und wirft die Arme in die Höhe, es kann nichts mehr festhalten, gar nichts, aus den Fingern schießen immer längere Fäden, die mit der elektrisch summenden Energie eines Lassos durch den Raum peitschen, die flackernde Kerzenflamme streifen und augenblicklich Feuer fangen, die Flamme springt an den fuchtelnden Armen des Mädchens empor und lodert strahlend hell auf seiner Brust und seinem ganzen Körper, eine prächtige Feuersbrunst, die es jubelnd in den staubtrockenen Korb in der Ecke schleudert, wo die ausgebesserten Kleider der Schwestern sorgfältig gefaltet und aufgeschichtet liegen, sie brennen, sie bilden eine gleißende Scheibe aus weißem Feuer und zerfallen dann lautlos zu einem Häuflein blasser, weicher Asche.

Und dann war der Stift fertig; verausgabt und zufrieden qualmend lag er auf dem zugeklappten Arbeitsheft.

Verausgabt, ja, aber immerhin wusste ich jetzt, wozu er fähig war.

Das alles geschah an dem Nachmittag vor vielen Jahren, als ich mit drei oder vier anderen Mädchen am Tisch saß, und obwohl ich mir mehr oder weniger Mühe gab, mich mehr oder weniger an dem Gespräch über das, was sie interessierte, zu beteiligen, fühlte ich mich nicht im natürlichen Einklang mit ihnen und ihren Vorstellungen.

Wahrscheinlich haben sie das gewusst oder gespürt. Außerhalb des Klassenzimmers gingen wir nämlich getrennte Wege.

Ach, ist es denn ein Wunder, dass die Geschichte, die sich während dieser sinnlosen Unterrichtsstunde an einem trüben Nachmittag vor vielen Jahren vor mir abspulte, ein von den Flammen verzehrtes Mädchen im Schlepptau hatte? Ehrlich gesagt hatte die Vorstellung des von den Flammen eingehüllten und verzehrten Körpers etwas zutiefst Befriedigendes.

Das flammende Bild durchzuckte mich, wieder und wieder,

eins mit dem heißen Blut, das unter meiner unberührten Haut prasselte wie ein Waldbrand.

Ein paar Jahre später saß ich wieder da, die Veranstaltung nannte sich inzwischen Seminar und fand im sechsten Stock eines viel geschmähten Gebäudes statt, das im Zentrum einer viel geschmähten Stadt zwischen Mensa und Bibliothek stand. Es gab dort einen Aufzug, was ich zunächst sehr aufregend fand, weil die meisten Gebäude, in denen ich mich bis dahin aufgehalten hatte, kaum höher waren als drei oder vier Etagen, und falls es doch einmal mehr Etagen und einen Aufzug gab, der diese miteinander verband, wurde uns seine Benutzung aus mir unerfindlichen Gründen verboten. Der Aufzug in der Uni war klein und rumpelig. Ich hasste es sowieso, auf ihn zu warten. Vor dem Aufzug zu stehen und auf jemanden zu warten, der jeden Moment heraustreten konnte, war lustig, auf den Aufzug selbst zu warten das genaue Gegenteil. Schon kurz nach dem Semesterstart wurde mir klar, wie lückenhaft meine zuvor genossene Schulbildung war; anscheinend hatten die anderen viel wichtigere Bücher gelesen und wussten alles Mögliche, viel mehr als ich, sie wussten Sachen, von denen ich nicht einmal gewusst hatte, dass sie existieren. Die anderen waren auf andere Schulen in anderen Bezirken gegangen und schienen nicht nur alle möglichen Bücher, sondern auch einander zu kennen. Ich war die Einzige von meiner alten Schule, kannte niemanden und wusste wenig. Ergo wurde mein Verstand von der gnadenlosen Bildsprache verschiedenster bedeutsamer Konzepte und Wendungen heimgesucht, darunter das Rabenparadox, Tiger, Tiger in der Nacht, die fünf Wege des Thomas von Aquin, Humes Prinzip, Ockhams Rasiermesser, der Speer des Lukrez, mein Lieben wüchse pflanzengleich, der goldene Schnitt, die Katze in der Kammer, der sich labende, schwellende Floh, der umstürzende Baum im leeren Wald, Schatten an einer Höhlenwand, das Narrenschiff, der neue Mythos, Auf einem Tautropfen, Gott ist tot, das Opium des Volkes, der Zeiten Flügelschlag und die Natur als Lehrerin bei Wordsworth. Die bahnbrechenden Ideen und erhabenen Vorstellungen wirkten zusammen und eröffneten in meinem Innern eine beeindruckende und überladene Landschaft mit grasbewachsenen Dünen, verborgenen Hainen, duftenden Gartenlauben und Minaretten aus Bronze, Messing und Gold, mit treffsicher platzierten Ornamenten hier und dort, darunter zum Beispiel ein schiefer Stapel aus kleinen Bambuskäfigen, in denen Schildkröten an den gekräuselten Rändern hellgrüner Salatherzen zupfen, ein Aktenschrank, der schräg aus dem Sand ragt, paarweise auftretende, goldene Heuschrecken, eine Schale mit auf ihre Blätter gebetteten Zitronen, rollende Kugellager, ein eiskalter Amboss, der selbstverständlich an Ort und Stelle bleibt, ein dickes, korallenrotes Seil, ein ferner Fluss ohne Ende, eine längliche Schere und darauf die Spiegelung von Wolken, die in rasantem Tempo über einen blauen Himmel jagen. Aura und Ton dieser eindringlichen Visionen deuteten eine raffinierte Universalität an, wogegen mein selbst gezüchtetes Innenleben, bis dahin scheinbar grenzenlos und heilig, sich als vergleichsweise naiv und wirr erwies; offenbar war es aus einem anderen, weniger gehaltvollen Material gemacht und daher anfällig, recht anfällig dafür, von der Stimmung, der Aura und dem Ton dieser vollendeten, abstrakten Einflüsse ausradiert zu werden. So versprühte beispielsweise das Mädchen tief in mir, das näht, bis seine Finger dünn wie Fäden sind und dessen Körper in Flammen aufgeht, keine Funken mehr. Plötzlich war es nichts weiter als ein Drittel des jämmerlichen Trios aus Mädchen, schwächlicher Kerze und schäbigem Korb. Unter den Augen der zukunftslosen Kreatur zuckten langweilige Schatten, ihr fettiges Haar hing schlaff herab, die Handgelenke schmerzten, die Nase lief, in ihren dünnen Schenkeln und dem mickrigen Hintern steckten schmutzige Splitter. Und sogar die Dunkelheit, die Dunkelheit an sich wurde herabgestuft und war nicht mehr das lebendige, metaphysische Schwarz eines Stilllebens, sondern nur noch zweidimensional und matt.

Von Wand zu Wand und weiter nichts.

Und weil es keine Dunkelheit mehr gab, keine echte, nennenswerte, gab es natürlich auch kein Licht mehr, kein nennenswertes, echtes Leuchten, nur das zügige Verschwinden eines elenden, kleinen Dings, kein glorreiches Erstrahlen, sondern nur ein beiläufiges Erlöschen, unvermeidlich und kaum der Rede wert.

Was zu erwarten war.

Sie sprang und glühte nicht mehr in Blake'scher Pracht, sondern verlor sich in den Schraffuren einer grimmigen Grisaille des marxistischen Pamphlets, welche die schwerwiegenden Folgen einer fehlenden Teilhabe an den Produktionsmitteln illustrierte. Denn war nicht völlig offensichtlich, dass die Verschmelzung der Mädchenfinger mit dem tagtäglich gebrauchten Arbeitswerkzeug ein Sinnbild dafür war, dass sie jenseits der ihr tagtäglich aufgezwungenen Arbeit kein Leben hatte? Sie darf nur die einfachsten und monotonsten Aufgaben übernehmen, ihr Leben und ihr Schicksal werden nicht durch ihren Willen gelenkt – sie hat in der Tat überhaupt keine Möglichkeit, eigene Ziele zu entwickeln, ist vollkommen machtlos, und diese Machtlosigkeit entfremdet sie von der Welt, in der sie lebt.

Sobald ihre Finger zu Fäden geworden sind, kann sie nichts mehr berühren oder festhalten.

Doch was gäbe es schon festzuhalten? In ihrer unmittelbaren Umgebung gibt es nichts, wonach sie greifen könnte.

Absolut nichts, wonach zu streben sich lohnt.

Dass sie in einem dunklen, unterirdischen Raum um sich schlägt, ist doppelt schrecklich angesichts der Tatsache, dass dieser Raum völlig leer ist.

Gibt es für eine junge Frau etwas Schlimmeres, als ihres Drangs beraubt zu werden? Als zu erleben, wie ihr pulsierendes Potenzial zerstört wird?

V.

Alle schönen Dinge

»Der wirklich Treulose ist jener, der nur einen
Teil von dir liebt und den Rest zurückweist.«

Tagebuch von Anaïs Nin, Februar 1932

Vor vielen Jahren kam ein großer russischer Mann
mit langen, weichen, weißen Ringellocken in die am
schnellsten wachsende Stadt Europas, die zu der Zeit im
Südwesten Englands lag. Warum er dorthin kam oder
was er dort wollte, ist nicht bekannt, aber über seinen
Tagesablauf lässt sich mit Gewissheit sagen, dass er sich,
wann immer er Lebensmittel brauchte, in sein kleines,
kastanienbraunes Auto zwängte und zu einem Einkaufszentrum vor den Toren der Stadt fuhr. Wahrscheinlich
fuhr er zu diesem Einkaufszentrum und zu keinem anderen, weil es dort einen sehr schönen Supermarkt gab,
der außer an den Samstagvormittagen niemals überfüllt
war und wo es immer einen freien Parkplatz in der Nähe
des Aus- und Eingangs gab, was dem Russen sehr ge-
legen kam, hätte er doch enorme Schwierigkeiten gehabt,
auf dem schier unendlich großen Parkplatz, wo in der
prallen Mittagssonne die ohnehin schon ununterscheid-
baren Autodächer verschwammen, seinen irgendwo da-

zwischen abgestellten Wagen wiederzufinden. Das Auto des russischen Mannes war ziemlich gut zu erkennen, denn es war uralt, mit anderen Worten in einer unübersehbar altmodischen Farbe lackiert, und darüber hinaus hatte es den stumpfen Glanz eines alten, in den Angeln erstarrten Gartentors, mit anderen Worten hielt es der grellen Vorstadtsonne stand. Höchstwahrscheinlich wusste der Russe aber nicht, wie sein Auto aussah, und so konnte er es nur wiederfinden, wenn er ganz genau wusste, wo es war, was womöglich erklärt, warum er sein kleines, kastanienbraunes Auto vorzugsweise am Ein- und Ausgang des Supermarktes parkte, der trotz seiner Weitläufigkeit den heimeligen, unaufgeregten Charme eines Tante-Emma-Ladens besaß. Genau dort, vor den Toren einer ebenso boomenden wie öden Stadt im Südwesten Englands. Nachdem der Russe den Supermarkt betreten hatte, nahm er sich einen Korb von dem stets kerzengeraden, frisch aufgefüllten Stapel gleich links vom Eingang. Sobald er sich den Korb genommen hatte, wirkte er so erschrocken und aus dem Gleichgewicht gebracht, als wäre das gefährlich schaukelnde Ding an seiner Hand ein Eimer voller eigenwilliger, streitlustiger Aale. Er hielt ihn auf Armeslänge von sich und schwankte auf leisen Sohlen durch die Gänge, vor sich den leeren, wie besessen schaukelnden Korb und hinter sich gespenstisch weiße, flatternde Haarsträhnen. Und so ging es immer rundherum. Der Russe umkurvte panisch die Regale, stürzte kopfüber durch glänzendes

Obst und geputztes Gemüse, schoss in einem Affenzahn an Bäckerei, Feinkost, Fleischtheke und Fischstand vorbei, ließ die vielen kleinen Pappteller mit glutenfreien Kaiserbrötchen, geräuchertem Scamorza, preisgekrönter Blutwurst und geschälten Seespinnen im Sonderangebot links liegen, hastete durch den Spirituosengang und – in einem so rasanten Tempo, als erwartete ihn dort eine Grenzkontrolle – wieder zurück an die Kassen 1 bis 19. Dann fand er sich am Startpunkt wieder, am Ein- und Ausgang, neben den Korbstapeln. Und lief abermals los, noch schneller diesmal. Wieder und wieder. Schneller und schneller. Er stürzte kopfüber durch das glänzende Obst und das geputzte Gemüse, vorbei an der Bäckerei, der Feinkost, der Fleischtheke, dem Fischstand, vorbei an vielen kleinen Papptellern auf vielen Tresen; der verhexte Korb, dieser leere Draht, baumelte vor ihm und steuerte ihn von einem Gang in den nächsten, und während seines schaukelnden Fortkommens fanden vorwiegend Lebensmittel der haltbaren Sorte ihren Weg hinein; und dann blieb er stehen, der große Russe, mitten in diesem oder jenem Gang, schwenkte den inzwischen besänftigten Korb nach links oben und wandte sich mit einer angedeuteten Verbeugung den Regalen zu, als wären die funkelnden Reihen aus eingelegtem Gemüse in Wahrheit das Parkett eines prächtigen Wiener Theaters, ein zauberhaftes Publikum, eigens angereist aus den vornehmsten Häusern Europas, um eine exklusive Vorführung von Zaubertricks zu verfolgen, die der fingerfertige Russe mit energischer Präzision und in ebenso strengem wie feinfühligem Rhythmus ausführt, so dass die Damen im Publikum sich gespannt aufsetzen den Atem anhalten den Mund öffnen aus verengten Augen die wundersamen und scheinbar natürlichen Bewegungen seiner bewundernswerten Hände gierig verfolgen und bei sich denken: Mein Gott, was könnte dieser Mann für mich tun, er könnte alles auf den Kopf stellen, und es würde sich anfühlen, als wäre es endlich richtig herum, ich würde aufblühen, aufblühen, oh ja, und endlich eine fleischliche und seelische Erfüllung spüren, endlich die schamlose Freude erleben, die schon die ganze Zeit irgendwo in mir geschlummert hat, die ich aber nie wirklich zulassen wollte. Und der Mann an ihrer Seite blickt unwillkürlich auf die Hände seiner Frau hinunter; ihre blassen, verzauberten Finger zwirbeln und kneten die langen, weinroten, unbemerkt abgestreiften Handschuhe. Der Mann räuspert sich, damit sie sofort damit aufhört, doch untypischerweise reagiert die Frau nicht auf seinen typisch dezenten Hinweis, sodass er leicht widerwillig eine Hand auf ihren Schoß legen muss. Die sich um ihre aufgeregten Finger schließt und sie mühelos zusammendrückt. Fügsam und still. Na also.

Wie die spitz zulaufenden Blütenblätter von zwei frischen Tulpen.

Die Hand des Mannes entspannt sich, er lässt sie liegen, warum auch nicht. Seine Hand liegt schwer im ruhigen Schoß seiner Frau, auf den reglosen Fingern seiner Frau, als gehörte die Hand nicht zu seinem Körper. Und für die Frau fühlte es sich ganz genauso an. Als wäre weiß Gott wessen Hand von weiß Gott woher in ihren Schoß gefallen, einfach so. Nach einer Weile regen ihre Finger sich abermals. Wie sich kräuselnder Tang schieben sie sich von unten durch die unbeugsamen Finger der ahnungslosen Männerhand, heben sie in die Höhe und in ihr Blickfeld. Der Mann wendet sich unwillkürlich seiner Frau zu, großer Fehler – aber zu spät – schon ist sein Kopf gedreht, und er versucht, Blickkontakt aufzunehmen. Der unüberlegt gesuchte Blickkontakt hätte alles nur noch schlimmer gemacht, wäre er denn erfolgt, doch so weit kommt es nicht, weil sie spöttisch seine Hand betrachtet, die dort zwischen ihnen schwebt. Und was tut sie dann? Sie neigt den Kopf zur Seite. Sieht an der Hand vorbei ihren Mann an, wie um zu fragen: Gehört das dir? Er kann nichts tun, als ihr die Hand zu überlassen und mitanzusehen, wie sie Zeige- und Mittelfinger geradebiegt und den Mund weit öffnet. Seine Hand ist dort zwischen ihnen, und ihr Mund ist weit geöffnet, sie bewegt den Kopf in Richtung der Hand und stülpt den Mund über die beiden ausgestreckten Finger, ohne sie zu berühren, und erst als die Fingerspitzen ihren Gaumen kitzeln, Flüssigkeit hochsteigt und Tränen in ihre Augen schießen, schließt sie die Lippen darum. Um den Fingeransatz. Der Mann muss hilflos mitansehen, wie seine Finger im Kopf der Frau verschwinden und sich dabei vor ihrer warmen Mundhöhle ekeln. Darin ist es heiß wie in einer Fabrik, was er sehr verstörend findet. Heiß wie in einem Ofen, und überhaupt, wessen Aufgabe ist es, den Ofen zu befüllen, zu pflegen und zu warten? Ihre Zunge ist anscheinend nirgendwo. Ihre Zunge klebt fest. Sie wartet. Auf was oder wen eigentlich? Zwischen der Unterseite der Männerfinger und der lauernden Frauenzunge breitet sich ein glühendes Vakuum aus, das er spürt wie einen Sog. Sein Unterleib, seine Rippen, sein Damm und die Rückseiten seiner Arme sind besonders empfänglich für die bodenlosen Forderungen dieser erschreckend aufdringlichen, vorwurfsvollen Leere, erzeugt durch die schwelende Unentschlossenheit der Zunge seiner Frau.

Die Zunge seiner Frau.

Wo ist sie? Wo ist sie nur?! Die Zähne hinter ihren Lippen beißen auf seinen Fingeransatz, und er nimmt einen Ruck wahr, ein Zucken. Sie presst die Lippen zusammen und versucht, das überwältigende, rhythmische Würgen zu unterdrücken. Oder beißt sie so fest zu, um es auszulösen? Er versucht, seine Finger langsam herauszuwinden, doch es ist vergeblich. Zusätzlich zu den um seinen Fingeransatz geklemmten Lippen behindert ihre Hand seinen Arm, mit der trägen Kraft einer Würgeschlange, die nichts Besseres zu tun hat. Sie wird niemals loslassen. Vielleicht wird sie ganz unauffällig an seinen Fingern ersticken. Und in seinen Schoß sinken. Vielleicht wird er seine linke Hand in die unzerstörbaren Windungen ihrer Hochsteckfrisur schieben und dort mit einer überirdischen Schönheit in Berührung kommen, wie sie ein wohlgeformter Kopf, der nicht länger von renitenten, unterdrückten, unergründlichen Sehnsüchten geplagt wird, augenblicklich freigibt. Und während die überirdische Schönheit aus dem glatten, friedlichen Kopf in seine Finger sickert, unbeirrt in Richtung Brust wandert und sich dort in einem verheißungsvollen Becken sammelt, wo das Herz gebadet und gesalbt wird, sieht sich der Mann im Saal um und merkt, dass der Kopf einer jeden Frau im Schoß ihres Mannes liegt, oh ja, und auch, dass jeder Mann eine Hand in die kunstvolle Hochsteckfrisur auf dem für immer verstummten Kopf geschoben hat, dort in seinem Schoß, während die andere auf der schmalen Samtlehne ruht, dort zur Linken eines jeden Mannes. Und glänzen nicht an jeder Männerhand zwei Finger, dort auf der samtenen Armlehne zu seiner Linken? Hält der Russe am Bühnenrand inne? Steht er da und lächelt triumphierend, reckt er zwei Finger in die Höhe, damit alle Männer sie sehen können? Während das Herz des Mannes artig in das glitzernde Becken voll überirdischer Schönheit gleitet, frisch aus der besänftigten Kuppel geschöpft, die nun schlaff und leer auf seinen Knien liegt, durchströmen ihn Wellen der Ehrfurcht und Dankbarkeit für das Kunststück des Russen, das endlich alle Rätsel gelöst hat; alle Rätsel, alle Rätsel sind nun endlich gelöst. Alle kniffligen Gedankengänge sind in den Wind geschlagen, die Sphinx wurde endlich zur

Ruhe gebettet, und wie schön sie ist. Wie wunderschön. Schöner, das versteht sich von selbst, als je zuvor.

Aber da lässt sie los.

Die Frau des Mannes löst die Lippen vom Fingeransatz. Zieht sie der berüchtigten Länge nach ab. Kurz bevor die Finger sich dem Ende neigen, taucht eine flatternde Zunge aus der Tiefe auf und schiebt sich zwischen die Fingerspitzen. Umschmeichelt sie flüchtig, in schlüpfrigem Entzücken, und dann lösen sich Zunge, Lippen und der ganze Mund von der Hand. Der Klammergriff um seinen Arm lockert sich. Aber sie lässt nicht los. Ihre Hand schiebt sich aufwärts. Gleitet über seine Hand. Ergreift die beiden langen, gesalbten Finger. Die Frau hält dem Mann seine Finger vors Gesicht, reißt in gespielter Überraschung die dunklen, funkelnden Augen auf, und ihre Lippen formen ein stummes »voilà«. Sie lässt immer noch nicht los. Sie beugt sich vor. Sie sieht ihrem Mann direkt in die Augen. Sie drückt sich die beiden Finger an die überstreckte Kehle und flüstert mit dergestalt beeinträchtigtem Stimmapparat: »Mach damit, was du willst.« Der Russe hält am Bühnenrand inne. Da steht er. Lächelt triumphierend. Zieht die Hände langsam durch die aufgewirbelte Luft.

Tatsächlich, er streichelt die Luft.

Denn die Luft ist absolut verändert. Sie ist geädert quecksilbrig in Flammen. In dem Wiener Theatersaal sind alle Damen an die Sesselkante gerutscht, unter den kleinen Absätzen ihrer kleinen, verkrusteten Stiefel winden sich weiche Ziegenlederhandschuhe in königlichen Farben wie dahingeworfene, glitschige Innereien, die Damen schlagen die nackten Hände in wilder Erregung zusammen, bis ihre Handflächen brennen, ihre Hände, bis ihre Hände in Flammen stehen, und auf einmal fangen sie an zu singen, fühl meine Brust auch, wie sie entbrennt; helles Feuer das Herz mir erfasst, ihn zu umschlingen, umschlossen von ihm. Wagner, ausgerechnet! Der russische Mann taucht beide Hände in die flehende Luftströmung, er kann fühlen, wie mutig diese Frauen sind, sie sind zu allem bereit. Zu allem! Lächelt er deshalb so triumphierend? Weil er genau weiß, dass die vornehmsten Damen Europas sich verzehren und gleichzeitig keinen blassen Schimmer haben, wonach? Weil er genau weiß, dass sie sich eine durchlässige, prickelnde Unwissenheit bewahrt und sie sogar verfeinert haben, statt ihre naturgegebenen Fähigkeiten zu entwickeln, eine robuste Neugier zu kultivieren und jenen ungezügelten Appetit, der nun auf Teufel komm raus ihre Brust zerreißt, in ein geeignetes und befriedigendes erotisches Szenario zu überführen? Natürlich gibt es einige wenige, die dazu durchaus in der Lage sind. Aber diese patenten Frauen hätten, säßen sie hier in dem Wiener Theatersaal, von Anfang an einen Trumpf im moschusduftenden Ärmel gehabt. Weiß der russische Mann denn nicht genau, dass es für die meisten anwesenden Damen ein bisschen zu viel des Guten war und dass ihr drängender, blinder Eifer später auf alle möglichen, abscheulichen Arten fehlgeleitet und ausgenutzt werden wird? Auf Arten natürlich, die sie erregen und in den Wahnsinn treiben – der Impuls zur Grenzüberschreitung und die Lust an der eigenen Erniedrigung sind gar nicht so schwer zu wecken. Denn natürlich ist es aufregend, sich auf so raffinierte Weise besudeln zu lassen. Zu erlauben, dass die eigenen verehrten Charaktereigenschaften und unverwechselbaren Vorzüge kompromittiert, untergraben und verdorben werden. Trotzdem weiß der russische Mann, dass diese feinen und sittsamen Damen sich nicht völlig hingeben können. Nicht endgültig. Das wäre unmöglich! Die Wirklichkeit wird sich zurechtruckeln, die Rollen müssen weitergespielt werden, und alle schönen Dinge müssen zurück an ihren Platz. Oh, all die schönen Dinge! Spitze, Opal, Schleierkraut, Rosenöl, Baisers, Gardenien, Perlenpuder, Nerz, gebrannte Mandeln, Pas de Chat, Bienenwachs, Tarot, Orangenblüten, Liszt, Calisthenics, Speckstein, Papageien, Baklava, Gemmen, Bernstein, Zinkspat, Lochstickerei, Walknochen, Honigwaben, Kaninchen, Polka, Damast, Potpourri, Kristall, Chrétien de Troyes, Lavendel, Mah-Jongg, Gymkhana, Schildpatt, Tintenfischtinte, Drahtarbeiten, Seide, Safran, Lakritz, Brennscheren, Sumpfschildkröten, Vanilleschoten, Ananas, Badewasser, Federn, Tinkturen, *tazze*, Kandelaber, Shampoo mit Bananenduft, Frauenhaarfarne, vergoldete Wasserhähne, Maniküre-Etuis, Teilchen mit Zuckerguss, braune Feinstrumpfhosen, Lapsang Souchong, Avocados, Minzschokolade, der Kirschmond – und dann was, was dann? Bestimmt weiß der russische Mann ganz genau, dass sie sich für die unsäglichen Handlungen schämen werden, an denen sie beteiligt waren, dass sie fortan zerknirscht sein werden, reumütig bis ins Innerste ihres besudelten Körpers und sprunghaften Herzens. Unmöglich zu sagen, auf wessen Seite der russische Mann so überglücklich lächelnd steht. Er rührt in der aufgewühlten Luft, lächelt, lächelt und streckt plötzlich die Hand aus. Eine unberechenbare Hand, die zunächst auf einem Gurkenglas zu liegen kommt und dann schelmisch zu einem Gurkenglas mit Dill weiterspringt, der russische Mann mag Dill sehr gern, vor allem an Gurken, die er gern zu Rotlachs isst, Rotlachs und Dill sind natürliche Verbündete, und eben dieses Glas mit Dillgurken bettet der russische Mann in seinen Korb, als ich mit einem Kuli in der Hand und zu einem französischen Zopf geflochtenen Haaren auf dem Weg zu Kasse 19 bin, wo ich mich für eine weitere Neunstundenschicht auf den schiefen Drehstuhl setzen werde, ich betrete den Würzmittelgang, es ist Sommer, und in den Sommermonaten arbeite ich auf Teufel komm raus, damit ich bis September ein hübsches Sümmchen beiseitelegen und an die Uni zurückkehren kann, an der ich drei geisteswissenschaftliche Fächer studiere und deren Fakultät genau zwischen einer traurigen Bibliothek und einer maroden Mensa steht, mitten im Zentrum der am schnellsten wachsenden Stadt Europas. Der russische Mann steht allein im Gang. Seine Hand bewegt sich geschickt durch die Luft, und ich komme nicht an ihm vorbei, denn urplötzlich und wie aus dem Nichts hat er ein Buch gezückt und in meinen Weg gehängt. »Hier – mach damit, was du willst!«, ruft er, und ich nehme das Buch aus seiner Hand, ohne stehen zu bleiben, bedanke mich höflich und gehe mit erhobenem Kopf und an die Oberschenkel gedrücktem Buch zu Kasse 19 weiter, wo ich es unverzüglich in das Regalfach unter dem kleinen beigefarbenen Drucker schiebe, der den ganzen Tag lang Bons ausdruckt. Dort liegt es neben den Kassenrollen, dort liegt es neben dem unbequemen Stuhl, dort schmollt es bis zur Mittagspause, und ich würdige es in der ganzen Zeit keines Blickes. Völlig egal, ob ich es ansehe oder nicht – ich habe den Titel gelesen und weiß Bescheid. Das Buch, das der russische Mann mir unbedingt geben wollte, ist von Friedrich Nietzsche und heißt *Jenseits von Gut und Böse*, und ich bin sehr verunsichert, weil mir erschreckend klar geworden ist, dass der russische Mann mir das Buch aus einem bestimmten Grund geben wollte; obwohl ich seine Gläser mit eingelegtem Gemüse und seine Büchsen mit Omega-3-reichem Fisch regelmäßig über den Scanner ziehe und nie mehr verrate als den fälligen Betrag, ist ein kleiner, aber weitreichender Aspekt meines Naturells durch die wiederkehrende Anwesenheit des russischen Mannes ins

Wanken geraten, hat mich hintergangen und ein verborgenes Quäntchen meines innersten Wesens enthüllt, und dort, direkt neben mir, liegt der Beweis dafür, dass der russische Mann durch mein in Aufruhr versetztes, aber unversehrtes Fleisch hindurchgeschaut hat, mitten hinein in die immer schnelleren Umdrehungen meiner zutiefst abwegigen Fantasien.

VI.

Wir waren das Drama

»Die Stränge fliegen durcheinander, beben,
durchziehen das Netz, das Gewässer schüttelt den Mond.«

»Die Poetik der Gegenwart«, D. H. Lawrence

Manchmal hielt ich es nicht mehr aus und stieg in einen
Zug, meistens aber nicht, denn damals hatte ich meistens weder das Geld für die Fahrkarte noch die Nerven
für den Bahnhof, der, mein Gott, immer und egal zu
welcher Tageszeit sehr chaotisch und laut war, vor allem
laut, es war laut, wohin ich auch ging, von Start bis Ziel,
und vor allem den ständigen Lärm konnte ich nicht ertragen ich konnte ihn nicht ausblenden konnte ich noch
nie, aber eines Tages saß ich im Zug und der Lärm war
mir gefolgt, was damals eher selten vorkam – meistens
erzeugten die Leute im Zug gar keine Geräusche, denn
zu der Zeit besaß niemand ein Handy und wir waren es
gewohnt, mit einer Zeitschrift, einem Tee und ein paar
Keksen still dazusitzen und kaum ein Geräusch zu machen, außer wenn wir eine Verpackung aufrissen, einen
Keks zerbrachen und ihn in den Tee tunkten. So war es
in allen Zügen, glaube ich, außer an dem Tag, als es im

Gegenteil sehr laut war wegen der vielen Schulkinder, sie alle liefen herum, ausschließlich Jungen, glaube ich, sie trugen leuchtend blaue Pullis und graue Hosen und waren auf dem Weg nach Brighton, jedenfalls fuhr der Zug dorthin, wobei sie vielleicht schon früher ausgestiegen sind, ich war nämlich zu dem Zeitpunkt nicht mehr in der Nähe und konnte also nicht sehen, wo genau sie ausgestiegen sind, ich hatte den Waggon fluchtartig verlassen, noch bevor der Zug Fahrt aufgenommen hatte, dabei war ich doch überhaupt nur in den Zug gestiegen, weil ich es nicht mehr aushielt, vor allem nicht den Lärm, der aus allen Ecken zu kommen schien, von dem ich aber nicht sagen konnte, aus welcher Richtung genau, er hörte einfach nicht auf und war dort im Waggon, was nicht gut für mich war, gar nicht gut – da gab es nicht viel zu überlegen – man tut einfach, was man tun muss, in dem Fall natürlich den Waggon verlassen, man geht durch hübsche, schmale Gänge mit hübschen Schiebetüren und findet sich dann ganz allein in einem hübschen, kleinen, vollkommen stillen Abteil wieder, hat aber natürlich keine Fahrkarte für die erste Klasse. Egal. Ja, ist doch egal. Diese Stille. Diese Stille. Endlich musste sich kein Teil von mir mehr verspannen, sondern konnte sich beruhigen, so gut es eben ging, sich ausstrecken und vielleicht sogar ein bisschen aalen. Ich hatte eine Packung mit Ingwer-Nuss-Keksen und zwei von diesen hübschen, schlanken Gin-Tonic-Dosen von Marks & Spencer dabei. Ich habe so eine Ahnung, dass ich einen grünen Hut trug, aber vielleicht täusche ich mich auch, vielleicht gehörte der Hut einer Frau, die ich Jahre später erfand und die mit dem Zug zu Freunden fährt, einen Tag früher als erwartet, mit anderen Worten kommt sie einen Tag zu früh an und alle sind überrascht, was aber nur ein Gefühl ist – genau genommen zeigen die Freunde sich kein bisschen überrascht, sie sind im Gegenteil sehr gastfreundlich und überaus nett, obwohl natürlich irgendwer, wahrscheinlich die Ehefrau, einen Kommentar darüber macht, dass die Besucherin einen Tag zu früh erschienen ist, aber das macht nichts, natürlich nicht, wir hatten sowieso nichts vor, nicht wahr, Drew, so könnt ihr zwei in Ruhe miteinander quatschen, bevor die anderen kommen; und sie ist natürlich beschämt und tut, was sie kann, um sich unsichtbar zu machen, angefangen mit einem Spaziergang über das endlose Grundstück, auf dem ein paar sehr alte, riesige Bäume wachsen, Weißkiefern und so weiter, dort geht sie spazieren, bis zu den ältesten Weißkiefern. Die Beatons sind wohlhabend, und sie ist einen Tag zu früh, was eigentlich niemanden überrascht, und das ist das Schlimmste daran. Die Zugfahrt war sehr angenehm. Kaum andere Fahrgäste. Sie hatte Weintrauben dabei. Mit Kernen. Daran kann ich mich erinnern. »Die mit Kern mag ich viel lieber«, sagt sie. »Da ist noch alles dran, und man kaut langsamer.« »Bei den kernlosen hat man das Gefühl«, sagt sie, »als wären sie schon angeknabbert.« Das waren ihre Worte, und als sie sie aussprach, erkannte ich Charlotte Bartlett wieder. Später, nach mehreren Andeutungen, bereitete es mir eine große Genugtuung zu enthüllen, dass sie eine kurze, unglaublich leidenschaftliche Affäre mit Mr Beaton, also Drew, gehabt hatte, inklusive mehrerer Rendezvous unter einer der sehr alten Weißkiefern. »Und wenn sie umstürzt?«, hatte sie gefragt. »Sie wird nicht umstürzen«, hatte er geantwortet. »Sie steht schon seit über fünfhundert Jahren hier, und wir sind wohl kaum die Ersten.« Ich hatte keine Weintrauben dabei. Ich wäre nicht mal im Traum darauf gekommen, einfach so in einen Laden zu gehen, kernlose oder andere Trauben in eine kleine weiße Plastiktüte zu stecken und sie dem Verkäufer an die Kasse zu bringen, denn genau das ist es, was man tun muss; man sollte meinen, es wäre ganz leicht, aber das ist es meistens nicht – Nehmen Sie doch noch drei Pfirsiche für ein Pfund mit, wird er sagen, oder Wie wäre es mit zwei Lakritzstangen zu fünfzig Pence, aber woher soll man wissen, ob man auf das, was einem angedreht wird, wirklich Lust hat, wie groß ist die Wahrscheinlichkeit, wobei es später vielleicht ganz schön wäre, später würde man sich über drei Pfirsiche und ein paar Lakritzstangen vielleicht sogar freuen, aber nein, danke, außerdem habe ich absolut keine Ahnung, was Trauben kosten, absolut keine Ahnung, soweit ich weiß könnten es fünf Pfund sein, also keine Trauben und kein Fahrschein erster Klasse, womit ich seltsamerweise überhaupt keine Schwierigkeiten hatte.

Ich schob das Gin-Tonic hinter meine Tasche, steckte die Kekse ein und nahm die Füße vom Sitz, kurz bevor der Kontrolleur das Abteil betrat, hielt ihm meinen Fahrschein hin und erklärte, ich sei umgezogen, weil ich plötzlich schreckliche Kopfschmerzen bekommen hätte – in der zweiten Klasse sei es furchtbar laut gewesen, vielleicht habe sich der Lärm inzwischen aber gelegt – und natürlich wollte er nichts von einem neuerlichen Umzug hören, denn erstens war ich jung, noch keine zwanzig, oder gerade erst, was man mir aber nicht ansah, und zweitens machten sich die Leute damals um so etwas keinen Kopf, anders als heute, heute machen sie sich einen Kopf, sie haben viel zu viel Angst, um sich keinen zu machen, oder vielleicht haben sie einfach nicht den Kopf dafür, sich keinen Kopf zu machen, das System lässt ihnen keine Wahl und so weiter. Irgendwann bremste der Zug zwischen zwei Bahnhöfen und blieb einfach stehen. Draußen vor dem Fenster sah ich nasse Bäume und Hecken. Es war Spätherbst. Die Beeren waren verschrumpelt, die letzten Blätter hingen an dünnen Fäden. Nichts bewegte sich. Ich mich auch nicht. Vielleicht habe ich nicht einmal geatmet. Als der Zug nach einem ich weiß nicht mehr wie langen Halt wieder anfuhr, brach ich in Tränen aus. Ich weinte und weinte, mit bebenden Schultern. Ich schüttelte die Tränen aus mir heraus, große, schwere, kalte Herbsttränen, die mir direkt in den Schoß fielen, immer abwärts in den Schoß in den Schoß in meinen Schoß. Ich saß im

Zug. Auf dem Weg nach Brighton. An einem anderen Wochenende war ich nach Cambridge gefahren und auf der langen Bahnhofstraße fast gestorben, ich wusste nicht wo ich war am falschen Ort dachte ich hätte in die andere Richtung gehen sollen – ich lief hin und her und war auf der Suche nach einer passenden Bleibe oder überhaupt irgendwas, denn so war das damals, aber dort in der Bahnhofstraße war kein einziges B&B zu finden. Sei nicht albern, dachte ich und ging in einen Pub mit Billardtisch und Spielautomaten. Ich ging immer gern in den Pub, egal wo, Marlborough, Bristol, Bath, Oxford, Malmesbury. Ich hatte immer ein Notizbuch und einen Stift dabei und mindestens einen Klassiker als Taschenbuchausgabe und eine Schachtel Zigaretten. Ich habe alle möglichen Marken geraucht. Marlboro Red, natürlich. Und auch Rothmans, eine seltsame Marke, einerseits galten sie als etwas derb, andererseits trugen sie ein gewisses Gütesiegel, denn einmal hatte ich ein Foto von Bianca Jagger in einem weißen Catsuit gesehen, wie sie in einem Club an einem runden Tischchen saß, darauf Cocktails und unzählige Zigarettenschachteln, und mindestens eine dieser Schachteln in der unmittelbaren Nähe von Bianca Jaggers stoffbedecktem Ellenbogen war eine blau-weiße Schachtel Rothmans. Dunhill International war ein weiterer Favorit von mir, und auch die Dunhills in der abgeschrägten Schachtel. Lucky Strike, aber nicht sehr lange, weil sie irgendwie nicht zu mir passten. Gitanes, auch die nicht sehr lange, denn obwohl sie zu mir passten, waren sie zu kurz und zu stark. Gelegentlich Gauloises. Manchmal Camel obwohl es irgendwann nervte dass die Leute immer wieder behaupteten Camel unterstütze den Ku-Klux-Klan andere behaupteten sie enthielten Glasfasern die zu Lungenblutungen führen wobei ich mich nicht daran erinnern kann dass irgendwer beides behauptet hätte, es war entweder das eine oder das andere und wurde stets so vorgetragen wie eine große Neuigkeit, was lächerlich war, weil fast jeder entweder das eine oder das andere behauptete, wieder und wieder. Ich rauchte zu viel. Und mit Begeisterung. Ich war begeistert wenn mir jemand eine Schachtel Zigaretten ausgab ich erinnere mich sogar dass ich ab und an Zigarettenschachteln per Post zugeschickt bekam womit man mich zuverlässig aufheitern konnte. Die Aura und der Anblick einer ungeöffneten Zigarettenschachtel war herrlich der Tag gerettet. Ich lag den ganzen Tag im Bett und habe geraucht man raucht eben wo immer man ist besonders damals als man mehr oder weniger rauchen konnte wo immer man wollte oft lag ich tagelang im Bett und habe das Rauchen folglich dort erledigt. Manchmal habe ich auch in der Badewanne geraucht. Wenn ich gerade nicht im Bett lag, lag ich wahrscheinlich in der Badewanne. Ab ins Bad, irgendwann nachmittags, mit zitternden Beinen und dröhnendem Kopf. In der Badewanne mit nassen Fingern rauchen. Wahrscheinlich werde ich das nie wieder tun.

In Cambridge trank ich ein Bier in dem Pub einer runden Eckkneipe das war der Grund warum ich in diesen Pub ging und nicht in einen anderen weil die Wände gebogen waren. Haben Sie ein Zimmer fragte ich nachdem ich ein zweites Bier bestellt hatte und wartend herumstand und er sagte nein was suchst du denn wir haben oben ein Zimmer aber normalerweise nicht für Gäste es ist eher schlicht – für wie lange ich es denn bräuchte ob ich es mir ansehen wolle? Das Zimmer war wirklich sehr schlicht nicht sehr groß und das Bett an der linken Wand war ein Einzelbett aber damals war ich es noch gewohnt in einem Einzelbett zu schlafen und selbst jetzt nach all der Zeit muss ich sagen dass mir ein Einzelbett nichts ausmacht solange es an der Wand steht und nicht allzu viele Sachen daruntergestopft sind. Er zeigte mir wie man die Tür von innen abschließt und sagte mir dass sie sich von außen leider nicht abschließen lasse ob das okay sei das Zimmer kostete fünf Pfund pro Nacht. Ich rief Dale am nächsten Tag oder vielleicht erst am übernächsten Tag an. Er war sehr verärgert tat aber so als wäre er vor allem besorgt. Mir hätte sonst was passieren können. Warum hatte ich ihm nicht Bescheid gesagt? Ganz selten hatte ich das Gefühl etwas unbedingt tun zu müssen der Impuls war so selten und doch äußerst stark dass ich mich entschloss so gut wie möglich dranzubleiben und nichts zu tun was ihn gefährden oder sabotieren oder untergraben oder schmälern oder verzerren könnte wenn ich diesen Drang verspürte ein paar Sachen in eine Reisetasche zu packen und zu prüfen ob das Gas wirklich abgestellt war und mich auf den Weg nach King's Cross machte geschah es mit wenig Nachdenken ganz ohne Nachdenken es war nicht mal anstrengend, eine Handlung folgte auf die andere wie in einem vertrauten Ablauf, der keiner Diskussion bedurfte, keiner Diskussion bedurfte, wozu auch, wozu sollte ich Dale Bescheid geben, nur damit er sagen konnte was ist los und wo wirst du übernachten und wen wirst du dort treffen und hast du genug Geld und noch einmal was ist los, was ist los, denn mit mir war fast immer irgendetwas los, warum wollte ich überhaupt da hin, warum sollte ich es Dale erklären, warum, wenn er ohnehin bloß versuchen würde, es mir auszureden und mich in seiner Nähe zu behalten, denn darum ging es doch, nicht wahr, Dale wollte ein Auge auf mich haben, ich war zu allem fähig, er war nicht gerade erfreut, erst sage ich kein Wort und dann erzähle ich aufgeregt am Telefon von einem Pub in Cambridge mit runden Wänden und einem Zimmer das kein Zimmer ist für nur fünf Pfund. »Ich komme und hole dich ab«, sagt er. »Das ist wirklich nicht nötig«, sage ich. »Ich komme morgen schon zurück.« »Dann komme ich zum Bahnhof und hole dich vom Zug ab«, sagt er. »Wenn du meinst«, sage ich. Dale hätte Cambridge gehasst, und er hätte es sich anmerken lassen. Dale kann es nicht leiden wenn ich mir die Sonnenbrille ins Haar schiebe wenn wir die Straße entlanggehen bleibt er auf Abstand wie zu einer Wespe und sagt: »Mein Gott, nun nimm das Scheißding vom Kopf.« Ziemlich oft schiebe ich mir die Sonnenbrille nur deswegen in die Haare, damit Dale das Gesicht verzieht und den Satz sagt. Dale hält mich für kaputt. Dale glaubt ich sei mit den falschen Männern zusammen gewesen. Dale glaubt ich wäre selbstzerstörerisch veranlagt und fühlte mich deshalb immer wieder zu schrecklichen Typen hingezogen wobei im Unklaren bleibt ob ich so geboren oder wegen des ersten schrecklichen Typen so wurde der wahrscheinlich nur ein Fehltritt war aber dennoch ein Muster etabliert hat das ich nicht abschütteln kann. Dale findet mich so oder so schutzbedürftig. Er hat mir *Die Glasglocke* ausgeliehen und es sich dann schnell anders überlegt. Er nahm mir das Buch wieder weg und wischte mit dem Ärmel darüber. Seine Anne-Sexton-Bücher versteckt er vor mir obwohl ich nicht mal danach suche. Ich will keine Bücher von Frauen lesen die sich umgebracht haben. Sehr wahrscheinlich werde ich mich eines Tages umbringen und wenn es so weit ist möchte ich dass es ganz allein meine Idee war. Ich möchte mich nicht in ihrem Schatten verlieren ihre Finsternis könnte meine infiltrieren und durchtränken und dann könnte ich die eine nicht mehr von der anderen unterscheiden und was dann? Ich kannte nur was ich erlebt hatte und obwohl ich nicht wusste warum ich mich so fühlte konnte ich zumindest sicher sein dass ich es nicht aus einem Buch hatte. Es gehörte mir allein. Alles mein Werk. Außerdem fürchtete ich dass ich wenn ich las wenn ich mich in die Bücher von Virginia Woolf und Sylvia Plath und so weiter vertiefte schrecklich verunsichert sein würde und mein kleiner Anteil alles verzehrender Finsternis mir abhandenkäme denn wahrscheinlich waren meine Schatten schwach und launisch und würden sich verziehen sobald diese unbestreitbar viel etablierteren Schatten angerauscht kamen und dann wäre ich mir irgendwie entfremdet und hätte keine andere Wahl als zu simulieren was doch eigentlich einen wesentlichen Teil von mir ausmachte und von da an wüsste ich nicht mehr nicht wahr ob ich wirklich überfordert wäre oder nur so tat um wieder die zu sein die ich einmal war und um mich vor so etwas zu schützen las ich vorwiegend Bücher von alten weißen Männern wie Graham Greene und Edgar Allan Poe und Robert Louis Stevenson und dem anderen der *Herz der Finsternis* geschrieben hat, dessen Name mir aber gerade nicht einfällt. In diesen Büchern habe ich nicht die Spur meiner selbst wiedererkannt und das war mir recht so. Ich wollte nicht in Büchern existieren. Ich mochte, wie die Männer mit anderen Männern redeten, und auch die Orte, die sie aufsuchten. Ich mochte es, diese Männer zu begleiten, wohin sie auch gingen, und selbstverständlich gingen sie überall hin, in die ganze Welt, wobei sie meistens verfeindet und ziemlich oft paranoid waren, sich am Ende ziemlich oft auf einer Straße in Wassernähe wiederfanden, oder am Anfang einer von Blütenschaum gesäumten Avenue, sterbend, schwächlich und sterbend unter dem dünnen Revers, zum Scheitern verurteilt. Ich mochte ihre Schuhe ihre Armbanduhren und die kleinen Scheren, mit denen sie sich erst die Nägel und dann die Nasenhaare kürzten und ich liebte die Vorstellung wie sie sich rasierten ein hinreißender Vorgang der aber kaum je geschildert und oft übersprungen wurde und dann als ich älter war sah ich ihn natürlich mit eigenen Augen ich liebte es auf dem Badewannenrand oder am Bettende zu sitzen und im Spiegel das Gesicht eines Mannes zu sehen der am Waschbecken steht und sich rasiert. Als ich *Zimmer mit Aussicht* zum ersten Mal las fand ich es nicht sonderlich beeindruckend warum auch es war ja nur ein Buch das wir alle lesen mussten also las ich pflichtergeben jeden Abend drei Kapitel und danach ging es weiter mit *König Lear*. Später dann kurz vor den Prüfungen wurde uns geraten den alten Stoff noch einmal durchzupauken wie es so schön hieß und ich holte das Buch abermals heraus und es war später Frühling, ein ganzes Jahr war vergangen. Ich werde es im Garten lesen, an einem ungestörten Ort, wenn niemand zu Hause ist. Ich werde den ganzen Tag hin und her laufen und mir Wasser holen, Teebecher, einen Pfirsich, einen Scone, eine Satsuma, und jedes Mal werde ich mir die nackten Fußsohlen abwischen, links und dann rechts, links und dann rechts, und es wird sein, als hätte ich das Buch nie zuvor gelesen, und das Heft, das ich mir extra für Notizen angeschafft habe, wird sich im Nu füllen. Ich schreibe Seite um Seite, die Worte sprudeln aus mir heraus und der Stift kommt kaum hinterher, und dann wende ich mich wieder dem Buch zu, doch es dauert nicht lange, bis mir ein neuer Einfall kommt und ich abermals Seite um Seite vollschreibe. Lucy Honeychurch war wohl ungefähr in meinem Alter, aber wir waren keine Seelenverwandten. Nicht, dass ich sie nicht leiden konnte, obwohl ich ihre verwöhnte Art ein bisschen anstrengend fand – es war ihre Tante, zu der ich mich hingezogen fühlte. Charlotte Bartlett. Anscheinend hatte sie ein Geheimnis. Jawohl – sie war von allen die Einzige mit einer Vergangenheit. Ihr Leben war kein handwerklich gut gemachter Roman, in dem eins das andere ergibt und so weiter und so fort – irgendwann in ihrer Vergangenheit war ein immenser Teil weggebrochen und davongetrieben, um nie wiedergefunden oder ersetzt zu werden, und trotzdem begehen alle in dem Buch und auch außerhalb davon den klassischen Fehler zu glauben, sie wäre nie anders gewesen als jetzt, sie mit ihrem kaputten Boiler und ihrer umständlichen Art, sich Kleingeld für den Kutscher zu besorgen, aber war es nicht sie, die George Emerson in Lucys störrischem, verwirrtem Herzen am Leben erhielt? Nach der Italienreise äußert sie sich bei jeder sich bietenden Gelegenheit zu den Emersons – oft über George Emerson im Speziellen – und fängt sie nicht sogar an, Lucy »Lucia« zu nennen – ganz be-

stimmt ein Versuch, den Geist von Florenz heraufzubeschwören, und hat sie nicht, als sie noch in Italien
waren, Miss Lavish alles über den Vorfall auf dem
blauen Feld erzählt? Sie will es nicht vergessen, und tief
in ihrem Herzen ist sie womöglich der Überzeugung,
dass Lucy es ebenfalls nicht vergessen sollte. Nein,
Charlotte Bartlett ist ganz und gar nicht das, was sie zu
sein scheint. Sie hat viel Zeit allein verbracht, was einen
Menschen natürlich anfällig macht, über die simpelsten
Vorgänge zu viel nachzudenken und manchmal den
Überblick zu verlieren. Anscheinend reagiert ein
Mensch von Zeit zu Zeit über, wenn der einsame Alltag
an seinen Nerven zerrt und es keinen Puffer gibt, es gibt
nichts als den eigenen Kopf, wo sich alles anstaut. Als
sie sich am Ende des Tages in ihr jeweiliges Pensions-
zimmer zurückzogen, folgte ich Charlotte, nicht Lucy;
ich lag neben ihr im Dunkeln und erinnerte mich stell-
vertretend für sie. Ihr schimmerndes, konturloses
Geheimnis glänzte wie ein dunkler Mondstein. Sie trägt
ihn mit sich herum. Manchmal ist die kürzeste Liebe die
längste.

In Brighton aus dem Bahnhof zu kommen ist viel schöner, als in Cambridge aus dem Bahnhof zu kommen.
Fast augenblicklich fand ich mich in einem Second-
Hand-Laden wieder, wo ich mir Bücher ansah und
mehrere klassische Penguin-Ausgaben mit orangefarbenem Buchrücken und gelbem Papier kaufte, wahr-

scheinlich zum Stückpreis von fünfzig Pence. Vielleicht habe ich im selben Laden einen silbernen Rock gekauft. Er war selbstgenäht das sah man am Reißverschluss an der Art wie er eingesetzt war. Der Rock war sehr lang viel zu lang für mich aber davon lässt man sich nicht abschrecken wenn man knapp zwanzig ist und es machte mir überhaupt nichts aus dass er über den Boden schleifte und alle Pfützen aufsaugte und mir eiskaltes schmutziges Regenwasser an die Knöchel spritzte denn an der Taille saß er perfekt, außerdem war er aus Silberlamé. Ich behalte ihn gleich an sagte ich und reichte ihr das kleine handgeschriebene Preisschild und dann rauschte ich mit orangefarbenem Rücken und silbrigem Schwanz in Richtung Meer davon rechts abbiegen auf den Regency Square wo es vor B&Bs nur so wimmelte und ich lief auf und ab und rundherum und beäugte sie und hoffte mein drittes Auge zu öffnen denn natürlich hatte ich von dem Zimmer eine bestimmte Vorstellung. Was sie machen diese Pensionen ist natürlich das sie stellen einen eleganten und verlockenden Empfangstresen auf der von der Straße aus zu sehen ist. Der Blick wandert die Treppe hinauf zu einem Kronleuchter und einer Schusterpalme und poliertem Messing und schwarz-weißen Fliesen und einem dicken Teppich in Rot oder vielleicht Hellblau und zu beiden Seiten hängen Vorhänge aus Samt oder Damast und es gibt eine kleine glänzende Klingel und man denkt das sieht aber schön aus das sieht gut aus nicht zu spießig und schon geht man die Treppe hinauf und da erst bemerkt man den Werbekalender mit dicken roten Zahlen und täglicher Losung auf dem Tresen und die aus einer lackierten Baumscheibe gefertigte Uhr an der in Rot Creme und Gold gestreiften Tapete aber da hat der alte Mann schon mit zittriger altersfleckiger Hand den Schlüssel vom Haken genommen und man folgt ihm eine Treppe hinauf und dann noch eine und die zweite ist viel schmaler und steiler und der Teppich dort oben viel dünner und greller und sehr schlampig verlegt die Wände haben hier und da Flecken und die Decke ist viel niedriger das Licht kommt aus Neonröhren und die Türen sind nicht alt und weiß lackiert sondern neu und dunkelbraun furniert und der alte Mann öffnet eine der Türen die furchtbar dicht nebeneinander sind und bedeutet dir mit einer Geste dass du eintreten sollst denn wenn er vorgehen würde wäre kein Platz mehr für dich und so findest du dich in einem winzigen muffigen Raum mit zu vielen Möbeln wieder und die Vorhänge am Fenster sind an einigen Stellen aus der Schiene gerutscht und der Spiegel ist halb blind und so weiter und so fort was kannst du sagen du gerätst in Panik du bist wirklich sauer was soll das was soll ich hier oben wie um alles in der Welt sehe ich denn aus dass er mir das hier anbietet sehe ich verrückt aus ist es das hat er mich deswegen ins höchste und hinterste Zimmer dieses imposanten Regency-Gebäudes gebracht glaubt er jemand wie ich hätte keinerlei

Ansprüche und du stehst seitlich da in deinem kürzlich erworbenen silbrigen Lamérock und dem grünen Pfirsichblütenhut und spürst eine stechende Empörung und Scham und weißt nicht wie du da rauskommen sollst du willst einfach nur raus aber es gibt keinen Ausweg denn der Mann steht in der Tür. »Ich habe kein Geld dabei«, sagst du, »ich habe mein Geld vergessen, ich komme gleich wieder«, sagst du, »dann reserviere ich es für Sie«, sagt er, »möchten Sie den Schlüssel mitnehmen«, sagt er, »nein«, sagst du, »nein, schon gut, ich brauche nicht lange«, sagst du und steigst die knarzende Treppe hinunter, eine Hand am Geländer und hinter dir die Silberschleppe. Es war furchtbar. Ich setzte mich auf den Platz und war ziemlich ratlos, aber schon bald kam mir die Sache lustig und längst vergangen vor. Ich rauchte eine Zigarette, sie war köstlich und ich war frei. Sah über den Platz zum Meer hinunter. Die Kiesel. Alle aufgeschüttet. Zu dem Zeitpunkt hatte ich von Ann Quin noch nicht einmal gehört, und es sollte noch Jahre dauern. Viele Jahre, bis ich vor einem Pub eine Zigarette rauchte und der Mann der mir Feuer gegeben hatte sich neben mich an den Fenstersims lehnte und mir alles über Ann Quin erzählte und später vergaß ich ihren Namen und noch später begegnete er mir wieder und diesmal notierte ich ihn und als ich recherchierte welche Bücher sie geschrieben hatte entdeckte ich praktisch sofort dass sie im August 1973 im Alter von siebenunddreißig Jahren am Bankfeiertag in der Nähe des Brighton Pier im Meer ertrunken war. Ein Mann namens Albert Fox sah sie ins Wasser gehen und verständigte die Polizei. Ihre Leiche wurde am nächsten Tag und gut elf Kilometer entfernt in der Nähe des Shoreham Harbour von einem Segler entdeckt. Ich frage mich, was Albert Fox anschließend getan hat, wahrscheinlich ist er nach Hause gegangen und hat sich eine Weile stumm an die Küchenspüle gestellt – sicher hat er seiner Frau kein Wort erzählt. Nein, nein, keine Sorge. Und später stand es dann in der Zeitung. Segler findet Leiche in der Nähe des Shoreham Harbour, Schriftstellerin Ann Quin identifiziert, oder vielleicht wurde der Umstand, dass sie eine Schriftstellerin war, genauso wenig erwähnt wie die Titel ihrer Bücher. Wahrscheinlich. Todesursache unbekannt, sagte der Rechtsmediziner, was ich zunächst für bare Münze nahm, aber dann las ich mehrere Artikel und Essays über sie, in denen kein Zweifel gelassen wurde, dass Ann Quin sich umgebracht hatte, dass es Selbstmord gewesen war, was mich ärgerte, und aus unbekanntem Grund ärgerte es mich mehr, je öfter ich es las, vermutlich fand ich es durch und durch vermessen, und dann las ich einige ihrer Bücher und aus ihrem Schreiben, in dem es oft um das Meer, sein Geräusch, seinen Geruch, die Wellen, den Seetang und die Klippen geht, ist klar ersichtlich, dass sie eine besondere Verbindung zum Meer hatte, sich ihm vielleicht sogar zugehörig fühlte – »Halte ich ihren Körper oder das Meer in meinen Armen?«, fragt eine Figur in *Passagen*. Wieder und wieder wird das Meer als majestätischer Ausdruck einer mächtigen Veränderlichkeit beschworen, es wogt und wallt – es ist flüssig, ja, doch gleichzeitig behält es seine Gestalt, seine Strömungen, seine Vollständigkeit – »Halb zylindrische Wellen behielten ihre Richtung bei, wenn sie einander schnitten. Durch die Berührung des Wassers entstandene Bewegungen durchdrangen einander, ohne ihre erste Form abzulegen.« Das Wasser der bewegten Ozeane macht die ultimative ontologische Fantasie greifbar: dass es möglich ist, grenzenlos und durchlässig zu sein und gleichzeitig am eigenen Wesen, an der »ersten Form« festzuhalten. Gemäß Ann Quins Blick auf und ihrer Teilhabe an der Welt hatte sie sich, als sie in den Wellen versank, vielleicht weniger umgebracht als vielmehr in ihren ersten, fruchtbaren Konturen geschwelgt – »Der Tod vereinigt uns mit uns selbst«, sagte Sartre, ein Zitat, das Quin anscheinend kannte und bejahte. Oder vielleicht war ihr die eigene Kosmologie abhandengekommen. Vielleicht war sie einfach nur dort, wo sie war – zurück in England, zurück in Brighton, zurück in ihrer Heimatstadt. Manchmal gibt es nichts Schlimmeres – man wird nie von dort wegkommen, wird es nie ausmerzen können. »Oh, dieses graue, graue Ding, das aus Himmel, Rauch und Häusern in die Poren kriecht. Graue Gesichter. Nein, dahin konnte sie nicht zurück.« In New Mexico, bei den Post-Beat-Poeten, dort fühlte sie sich heimisch. Für ein paar Jahre lebte sie in Placitas und reiste viel herum, nach New York, Iowa, Maine, auf die Bahamas, nach San Francisco. Auf einem Anwesen in Connecticut lernte sie bei einer Party Anaïs Nin kennen – »edel in Dresdner Spitze«, schrieb sie im September 1965 in einem Brief an New Yorker Freunde: »60, aber sieht aus wie 30« (was wohl beweist, dass Nins ständige Bemühungen um anhaltende existenzielle Frische von Erfolg gekrönt waren). Sie traf Rothko, »der wie ein Wall Street Broker aussieht«. England? Nein – dorthin konnte sie nicht zurück! Aber dann ging sie doch. Geld musste verdient werden, kein Zweifel, Quin schreibt eindringlich über die Schrecken der niederen Lohnarbeit und die Belastung, die solche Tätigkeiten für die Nerven bedeuten – ihre unheilschwangere Beschreibung eines Hoteljobs in Mevagissey in Cornwall ist von besonders eindringlichem Grusel: »Zum Personal gehörten drei andere Mädchen und ein walisischer Koch mit grobem Gesicht und Glubschaugen, der mich auf meinen einsamen Spaziergängen an den Klippen verfolgte und mir hinter Büschen auflauerte. Die Besitzer stritten die ganze Zeit. Sie ernährte sich von Drogen, er vom Alkohol. Meine Arbeit bestand darin, Betten zu machen, Kartoffeln zu schälen, abzuwaschen, Staub zu saugen und dreißig/vierzig britischen Urlaubern Mittagessen, Tee und Abendbrot zu servieren.« Ihr Zustand verschlechterte sich, und eines Morgens brach Quin zusammen: »Irgendwann erschien mir als einziger Ausweg nur eine Flucht bei Nacht und Nebel. Am Bahnhof hatte ich Todesangst, man könnte mich entdecken und ins Hotel zurückbringen. Als ich nach Hause kam, war ich sprachlos und benommen und konnte selbst die leisesten Geräusche nicht aushalten. Ich lag tagelang, wochenlang im Bett, weil ich die Sonne nicht ertrug.« So wie auf ihren Selbstmord wird ständig darauf verwiesen, dass Ann Quin ein Arbeiterkind war – und eine »avantgardistische« Autorin. Das eine oder das andere zu sein wäre für eine Frau schon unschicklich genug, beides zusammen war nachgerade unverschämt und trug ihr seinerzeit den Argwohn und die Verachtung gewisser snobistischer Kritiker ein, die erklärten, mit ihren formalen Experimenten ahme sie lediglich den *Nouveau roman* nach, die Bücher von Nathalie Sarraute oder Alain Robbe-Grillet. Der allgemeine Unwille, Quins natürliche Beherrschung eines atomisierten, fragmentierten und dennoch ungekünstelten Stils, der mühelos zwischen den Registern wechselt, lobend anzuerkennen, legt die Widersprüche einer Kritik offen, die fast ausschließlich aus der erhabenen Perspektive distinguierter weißer Männer ohne jedes Verständnis für die gelebte Erfahrung einer Frau aus der Arbeiterklasse in den 1960er Jahren geübt wird. In Quins fahriger, forensisch genauer, vielstimmiger Prosa erkenne ich den kraftvollen und authentischen Ausdruck eines unerträglich anstrengenden Paradoxons, das den Alltag der Arbeiterklasse prägt: Einerseits ist das Umfeld rau und direkt, andererseits erscheint vieles darin fremdbestimmt und unendlich öde. Man wird pausenlos überwältigt und ist zugleich ständig unterfordert. Kein Wunder also, wenn dasselbe Paradoxon ein am Phänomenologischen ausgerichtetes, ebenso involviertes wie losgelöstes Gespür erzeugt. In einem ihrer kürzeren Texte spricht Quin von der »Zwischenwand an meinem Bett«, die »nachts vom Wälzen und Schnarchen meines anonymen Nachbarn erzitterte«. Wenn selbst die unmittelbare räumliche Umgebung keine verlässlichen Grenzen bietet, ist es durchaus denkbar, nicht wahr, dass man am Ende eine kaleidoskopische Prosa schreibt, in der die Unterschiede zwischen Gegenständen und Lebewesen, dem ich und den anderen, ständig verwischen und in der die Welt als Gestalt und Geometrie, Gewebe und Geräusch wahrgenommen wird. Die Wände sind hauchdünn. Es gibt kaum Privatsphäre. Und auch keine Sicherheitsnetze, keine Schutzmechanismen, keine Filter und schon gar keine Türen, wie sie Menschen aus wohlhabenden Verhältnissen vom ersten Tag an offen stehen. Wenn man ohne eine klare Vorstellung von der Zukunft leben muss, erscheint der Alltag prekär, willkürlich, fragmentiert, instabil und unkontrollierbar. Voilà. Quins eindrückliches Protokoll »Ein Tag im Leben einer Schriftstellerin« verzichtet auf das vertraute, überstrapazierte Bild der Stola tragenden Autorin, die sich in ihre von Glyzinien umrankte Gartenlaube zurückzieht, um in heiliger Abgeschiedenheit zu schreiben; es gibt eine Vermieterin, die etwas von Räucherhering und Lammeintopf durchs Treppenhaus ruft, ein Fensterputzer späht von seiner Leiter ins Zimmer, da sind Brandlöcher im Teppich und Brandlöcher in den Lampenschirmen und auf der Promenade hängen Arbeitslose herum und spucken grummelnd aufs Pflaster. Und ich saß nur ein paar Häuserblocks entfernt auf dem Regency Square und hatte von alldem keine Ahnung, zwanzig Jahre, nachdem Ann Quin in dasselbe Meer hineingegangen und nicht wieder herausgekommen war, ich hatte mir die Reisetasche zwischen die Füße geklemmt und rauchte eine Zigarette. Wer soll dieser pompösen Gasthausoptik auf den Leim gehen, diesem Haufen Schrott, da braucht es schon ein bisschen mehr, du Dummkopf; doch am Ende fiel ich auf die Drei herein, weil die Hausnummer wie eine Geschenkschleife auf eine Säule aufgemalt war und aussah, als würde sie beim nächsten Windstoß weggeweht. Ich ging hinein, und wieder: Treppen und noch mehr Treppen, wenn auch nicht ganz so viele wie zuvor, außerdem verschlechterte sich die Ausstattung während des Treppensteigens nicht ganz so dramatisch, sondern war gleichbleibend so lala, und die Frau ging vor, stellte sich ans Fenster und sah hinaus, die Aussicht ist leider nichts Besonderes, aber das Zimmer ist ruhig und morgens scheint die Sonne herein.

Als sie weg war, stellte ich mich dorthin, wo sie gestanden hatte. Dächer und lange Reihen aus riesigen Schornsteinen, darüber Möwen und auf den Fenstersimsen Tauben, und mehr als Dächer und Schornsteine hatte ich gar nicht gewollt. Ich wusste das Meer war in der Nähe ich konnte es fühlen als ich auf dem Bett lag man kann nicht in Meernähe sein ohne es zu fühlen. Irgendwo lief ein Dunstabzug aber abgesehen davon war alles still. Ein Einzelbett daneben ein Nachttisch darauf eine Leuchte. Ein Kleiderschrank in der einen Ecke ein Waschbecken in der anderen und dazwischen das Fenster. Na dann. Ich döste ein und als ich wieder aufwachte war ich wirklich sehr froh zu sein wo ich war. Natürlich machte ich einen Spaziergang über die Uferpromenade und sah aufs Meer hinaus. In der Nähe der Treppe entdeckte ich eine Telefonzelle und da fiel mir Billy wieder ein in letzter Zeit hatte ich kaum an ihn gedacht. Ich lief bis ans Ende, das Ende des Piers vielleicht, und ging etwas trinken, die Wände waren mit Netzen bespannt und darin hingen Seesterne, und als ich viele Jahre später *A Single Man* las, stellte sich eine verschwommene Erinnerung an den Ort ein, besonders in der späten Szene, als er in der Bar dem Studenten begegnet und sie zusammen Bier trinken. Wie seltsam, dass ich ausgerechnet an diese Bar denken musste, meine Erinnerung daran war zu dem Zeitpunkt nämlich nicht klarer als heute, genau genommen war sie so trüb, als hätte sich die Bar unter Wasser befunden. Der Mann ist natürlich längst untergegangen, er ertrinkt in seinem Kummer, und was sagt er noch am Ende, er sagt etwas Bemerkenswertes, an dem Punkt hat sein Kummer jedes Maß überstiegen, ich sollte das Buch suchen, wo ist es hin? Auf dem Rückweg hast du Billy angerufen es war dunkel aber noch nicht spät und du hattest ein paar Gin-Tonics getrunken – was haben der Mann und der Student getrunken, wahrscheinlich Bourbon – egal – »Warum kommst du morgen nicht her?«, hast du gefragt, aber Billy sagte: »Morgen habe ich einen wichtigen Termin, dieser Arsch aus Trowbridge ist auch da, und diesmal werde ich es ihm zeigen.« »Echt jetzt?«, hast du gesagt, »es ist dir also wichtiger, irgendeinem Scheißtypen von der Arbeit eins auszuwischen«, und Billy lachte, »du Ratte, immer wenn es dir gerade passt, was?« Dale anzurufen kam mir nicht in den Sinn damals kam es niemandem in den Sinn Leute zu kontaktieren anders als heute wo es alle fünf Minuten geschieht. Wahrscheinlich bin ich zu meiner schnuckeligen Pension zurückgelaufen und die Treppe hochgestiegen, um mich nach dem Hickhack mit Billy aufs Bett zu legen und eine zu rauchen. Und das war auch schon alles ich auf dem Bett ohne Nachrichten ohne E-Mails niemand wusste wo ich war, nicht mal meinen Eltern oder meinen Mitbewohnern hatte ich Bescheid gesagt, nur Dale vielleicht. Wahrscheinlich Dale, aber damals wussten die Leute meistens nicht, wo man war oder was man tat, und schon gar nicht, wie man sich dabei fühlte. Oft lag man einfach nur rum, und das war auch schon alles. Ich liebte dieses Gefühl, dass niemand etwas wusste. Ich liebe es bis heute. Ich habe es gehütet wie einen

Schatz. Wirklich. Privatsphäre. Geheimnisse. Es wurde allerdings immer schwieriger, diesen Zustand und das dazugehörige, höchst glamouröse Gefühl zu erreichen, heute existiert es praktisch gar nicht mehr, sanft strecken die verstoßenen Minuten des Tages ihre Krallen aus, hier, hier drüben, es wird immer schwieriger festzustellen, wo man gerade ist oder was man tut oder wie man sich wirklich dabei fühlt. Man sitzt fast immer auf glühenden Kohlen, und glühende Kohlen sind nun wirklich wenig glamourös.

Als ich wieder in London war ging ich direkt zu Dale ich fühlte mich sehr gut und trug den neuen Rock und die Bücher und es war Nachmittag. Vielleicht hatte ich angerufen und ihm gesagt dass ich kommen würde obwohl das unnötig war – damals hatten die Leute sich noch nicht angewöhnt jeden Besuch telefonisch anzukündigen man konnte einfach so aufkreuzen und niemand war verärgert und falls doch dann nicht besonders lange. Dale saß am Schreibtisch und trank eine Flasche Ale und eine Flasche Whiskey. Er hatte eine Schreibmaschine. Er schenkte mir ein Bier ein und zündete mir eine Zigarette an. Ich streckte mich mit der Zigarette und dem Glas Bier auf dem Sofa aus und fühlte mich sehr entspannt. Ich war fort gewesen und jetzt war ich wieder da. Dale sagte, ich sähe aus wie eine schöne Meerjungfrau, und ich musste lächeln, wie immer, wenn Dale das Wort schön aussprach, sein Yorkshire-Akzent schlug dabei voll durch, ähnlich wie beim Wort Musik. Und dann sagte Dale: »Ich komme zu dir rüber, Weib, ich komme rüber und ficke dich.« So etwas hatte Dale noch nie gesagt, ich traute meinen Ohren nicht. Seine Stimme klang viel tiefer als sonst – vermutlich sollte es ein Witz sein, und er ahmte irgendwen nach – ich konnte sehen, dass er die ganze Nacht am Schreibtisch gesessen hatte, um zu rauchen, zu saufen und mit seiner hochheiligen Schar von aufrührerischen, versoffenen Dichtern Zwiesprache zu halten. Was in aller Welt hatte er da gesagt? Ich verdrehte die Augen nach oben und sah ihn rücklings an, über die Sofalehne, und selbst über Kopf konnte ich erkennen, dass er sich in etwas hineingesteigert hatte, er war zielstrebig wie ein Wiedergänger, aber ich musste da nicht mitmachen, nicht wahr – ich musste nicht mitmachen, weder bei dem Szenario, das er zu kopieren versuchte, noch bei der schäbigen Rollenverteilung, die das Drama uns vorschrieb, für wen hielt er sich, für den torkelnden, ultracoolen Hofdichter der Besitzlosen, eines Tages würde er es allen zeigen, wer zuletzt lacht, lacht am besten, hatte er das nicht immer gesagt, er, der schelmische, kettenrauchende Stammgast, sein Intellekt war so stürmisch und kraftvoll und seine Schlagfertigkeit so teuflisch, dass die schönen Frauen weiche Knie bekamen – und wer war ich eigentlich, eine Frau im Rausch, eine tragische, zugedröhnte Streunerin in Silberlamé auf einem durchgesessenen Sofa, in Schale geworfen und beschwipst in diesem dunklen, verqualmten Raum mit den geschlossenen Vorhängen, und das am Nachmittag, nein, nein, nein, weder war das ich, noch war ich dort – ich hatte an dem Bier nur genippt, ich war entspannt und klar und eigentlich ganz optimistisch – wir waren wohl auf unterschiedlichen Wellenlängen unterwegs – »Ach, Dale«, sagte ich, »nein, jetzt nicht«, und er sagte: »Doch, natürlich, jetzt.« Und so kam es dann auch. Der vom Meer zurückgeworfene Sonnenstrahl, den ich eingefangen hatte, wurde von der verwahrlosten, verächtlichen Welt, die der wild entschlossene Dale in dem Moment hereinließ, augenblicklich ausgelöscht. Dale drückte seine Zigarette aus, nahm einen großen Schluck vom x-ten Bier, stellte das Glas auf den Schreibtisch und war schon unterwegs. »Eigentlich möchte ich das nicht, Dale«, sagte ich, und dann sagte ich nichts mehr, weil Dale seinen Gürtel öffnete und ich mich, wenn ich jetzt den Mund aufmachte, noch mehr aufgeregt hätte, es wäre zu einer hässlichen Szene gekommen, und ich hatte in dem Moment keine Lust auf eine Szene, egal, welcher Art. Ich war gerade erst zurück, ich war fort gewesen und jetzt war ich wieder da und Dale drang in mich ein und ich hielt die Augen offen denn wenn ich die Augen schließen würde wäre die Außenwelt weg dann würde ich nichts mehr wahrnehmen als mein Inneres und etwas drang in mein Inneres ein raus und rein raus und rein ich zog es vor so wenig wie möglich wahrzunehmen, also hielt ich die Augen offen und sah mich mit derselben Lässigkeit im Zimmer um, mit der man an einem Sonntagnachmittag auf dem Sofa liegt und sich – lässig – eine Zigarette zwischen die Lippen schiebt, rein und raus, rein und raus. Ich konnte mir die Vorhänge ansehen, die Vorhänge waren hinter ihm und zugezogen, wie üblich, ich konnte die Tauben auf dem Balkon hören, da waren immer sehr viele Tauben auf Dales Balkon, wahrscheinlich hatten sie sich dort eingenistet, saßen dicht gedrängt, warm und krank, überall Kacke und dazu die Federn, Kacke, Federn und Schalen und alles verklebt. Dale schwitzte stark, ich mochte das nicht ich wollte nicht dass es auf mich tropfte – hat er es genossen? – ich weiß nicht ich weiß nicht wie es sich anfühlt, tief in einer Frau zu stecken, die einen sehr mag, die aber eigentlich nicht will und das auch gesagt hat und die keinen Muskel bewegt und einfach nur daliegt, vielleicht glaubte er, dass Frauen das eben so machen, sie protestieren ein bisschen und liegen dann einfach nur da, starren ins Leere und zucken zwischendurch zusammen, wenn sie einen Tropfen säuerlichen Alkoholschweißes auf ihrer zarten Frauenhaut spüren. Armer Dale. Armer, armer Dale. Kurz danach ging ich nach Hause, aber vorher trank ich noch mein Bier aus, rauchte eine Zigarette und zeigte Dale die Bücher, er sagte mir, wie schön er meinen Rock finde, und dann erst ging ich nach Hause. Dale sagte: »Ich komme zu dir rüber, Weib, ich komme rüber und ficke dich.« »Ach, Dale«, sagte ich, »nein, nicht jetzt, ich bin so müde.«

»Ach was, Weib«, sagte er, »du musst ja nichts machen«, und ich dachte, vielleicht hat er recht, vielleicht muss ich das tatsächlich nicht – sag jetzt nichts mehr, schieb ihn nicht weg und rutsch nicht vom Sofa, denn wenn du das tust, wenn du jetzt herumrutschst und ihn wegschiebst, gibt es eine hässliche Szene, und das willst du doch nicht, du willst keine hässliche Szene, nein, natürlich nicht, also tu nichts, es ist bloß Dale, der dich fickt, während du einfach nur müde bist, mehr nicht, mehr nicht, Dale, armer Dale, was glaubt er, was passiert, wenn er so rein und raus fährt rein und raus und ich hier liege und gar nichts mache, was glaubt er, glaubt er, dass ich keine Lust habe, dass ich faul bin oder einfach nur müde? Danach trank ich mein Bier aus, rauchte eine Zigarette und zeigte Dale die Bücher, alles sollte normal sein, der vergangene Tag und der Optimismus, den er geweckt hatte, sollten unbedingt zurückkehren der silberne Rock sollte immer noch schimmern und die Bücher in meiner Tasche sollten weiterhin lebendig und verlockend sein. Es dämmerte schon fast, als ich mich verabschiedete und durch ein paar Straßen zu meiner Wohnung zurückging. Zu Hause war alles still und niemand sonst war da. Ich zog mir etwas Weites an, vielleicht wusch ich mich auch, aber nur ganz schnell, weil das Wasser noch nicht warm war, und dann ging ich nach unten und kochte mir eine Tasse Tee. Ich wollte mit einer Tasse Tee und einer Zigarette an der Hintertür stehen, die Dämmerung sehen und die

Kälte spüren. Was ich dann auch tat. Ich stand da. Mit einem Becher Lapsang Souchong und einer Rothmans. Ich lehnte mich ganz leicht an den Türrahmen, denn wie ich merkte, zitterten meine Oberschenkel fürchterlich. Wenn man währenddessen nicht viel tut, kommt das alles erst später. Natürlich macht man mit, man kann nicht *nichts* tun, der Körper lässt sich nicht abschalten – warum hatte ich das nicht gewusst? Werde ich etwas essen? Einen Käsetoast vielleicht? Fühlst du dich schlecht? Ist es sehr schrecklich? Wirst du jetzt weinen? Hm? Oder zwingst du dich zum Weinen, weil du glaubst, es wäre angebracht? War es wirklich so schrecklich oder war es einfach nur unangenehm? Entscheide dich jetzt, und dann bleib dabei – wirst du dich aufregen oder nicht? Und dann ärgerte ich mich darüber, dass ich überhaupt daran dachte, denn wenn ich daran dachte, meldete sich anscheinend eine andere Stimme in mir, und diese Stimme gehörte einer nörgelnden, wichtigtuerischen Person von der Sorte, die ich meistens nicht leiden konnte und der ich aus dem Weg ging.

Ich aß einen Käsetoast, und danach nahm ich, weil niemand sonst zu Hause war, ein Bad und rauchte in der Wanne und las dabei eins der Bücher die ich in Brighton gekauft hatte *Lust und Laster* glaube ich und dann ging ich ins Bett und dann war es der nächste Tag und kurz darauf ging das Semester zu Ende und ich verbrachte Weihnachten zu Hause und übernahm abartig anstrengende Schichten im Supermarkt, und anschließend begann ein neues Semester mit neuen Modulen, eines davon nannte sich »Der Erste Weltkrieg und danach«, laut Seminarliste hatte Dale sich angemeldet, doch er tauchte weder in der ersten Woche auf noch in der zweiten, anscheinend schwänzte er das Abschlusssemester, anscheinend setzte er ein Semester aus und blieb stattdessen in Yorkshire. Ich zog in eine viel schönere WG in der Nähe des Clapham Common mein neues Zimmer war großzügig geschnitten und hatte eine hohe Decke und ein Erkerfenster mit Blick auf die Straße und ich war überglücklich. Manchmal saß ich einfach nur da, rauchte und betrachtete die Rohre, die sich durch die Wände in mein Zimmer bohrten, an der Wand hinunterkrochen und dann wieder verschwanden, an einen anderen Ort, den ich weder sehen noch erreichen konnte. Sie bewegten sich ein und aus, auf und ab und durchs ganze Haus – hatten weder einen Endpunkt noch einen Ursprung – von ihrer Strecke war nur ein kleiner Abschnitt sichtbar. Manchmal erschienen sie mir unheimlich wichtig und so anmutig, sie waren das anmutigste und zielstrebigste Wesen im Zimmer, hoch oben und so undurchsichtig, dass ich ihre Gleichgültigkeit manchmal kaum ertragen konnte und mir wünschte, ich wäre eine Spinne, denn dann bekäme ich den gespenstischen Staub an ihren Rückseiten zu sehen und könnte mich dort oben einrichten. Neben meinem Zimmer lag eine kleine Küche mit hohem

Fenster und am Ende des Flurs ein Bad und das Zimmer von Bettina. Bettina war aus Polen und nur selten zu Hause. Manchmal, wenn ich im Bad stand und sie plötzlich auf der anderen Seite der Wand hörte, hatte ich sofort ein Bild ihres Zimmers vor Augen, dunkel, fast leer und mit metallisch schimmernden Tüchern verhängt, die an Tropenfische in einem trostlosen Nachtclubaquarium erinnern. Im Obergeschoss wohnten zwei mehr oder weniger gleich alte Schwestern, die viele Kletterpflanzen, Howard-Hodgkin-Poster aus der Hayward Gallery und eine eigene, kleine, mit geflochtenen Girlanden aus Zwiebeln und Knoblauch geschmückte Küche hatten. Unten wohnten zwei Irinnen, auch sie hatten eine eigene Küche, die ziemlich groß war, weil sie im Erdgeschoss lag und ganz offensichtlich die eigentliche Küche des Hauses war, während die beiden oberen Küchen natürlich erst viel später hinzugekommen waren. Die Größe eines Raumes war mir nie besonders wichtig. Das Beste an meiner und Bettinas Küche war ihre Lage direkt über dem Hauseingang, was bedeutete, dass ich das Fenster hochschieben, mich auf den Sims setzen und die Füße aufs Vordach stellen konnte, das flach und voller kleiner Kiesel war. Manchmal, wenn ich dort eine Zigarette rauchte und zum Beispiel darauf wartete, dass das Nudelwasser kochte, warf ich das eine oder andere Steinchen auf die Straße. Bettina benutzte die Küche fast nie, nur hin und wieder lag plötzlich eine große Dauerwurst im Kühlschrank, döste tagelang vor sich hin und war plötzlich restlos verschwunden. Manchmal machte ich mir Sorgen um Bettina, hoffentlich war bei ihr alles in Ordnung. Manchmal hörte ich sie spätabends im Erdgeschoss telefonieren. Manchmal klang es, als wäre bei ihr nicht alles in Ordnung. Doch wer konnte das schon von sich behaupten – bei mir war fast nie alles in Ordnung, spätestens dann nicht mehr, wenn ich den Mund aufmachte. Am besten blieb ich zu Hause. Um die Ecke gab es einen Laden mit fast allem, was mein Herz begehrte. Wein, Cracker, Pistazien, Sardinen, Hummus, Schnittblumen, Joghurt, Äpfel, Schokolade, Käse und natürlich Zigaretten. Eigentlich alles, dabei war der Laden wirklich winzig, und wenn man um die Mittagszeit hinging, drängelten sich dort Bauarbeiter, die mit einem Brötchen in der Hand auf ihren Kaffee warteten, und einige von ihnen sahen wirklich nett aus. Ich konnte mir allerdings nicht erklären, woher sie kamen, denn in unserem Viertel war alles längst fertiggebaut. Einmal erzählte ich einem Freund davon, woraufhin er mich einen Trottel nannte und erklärte, wahrscheinlich seien das keine Bauarbeiter – »wahrscheinlich verlegen die irgendwelche Kabel, du Trottel«, sagte er, was ich aber nicht glaubte. In meinem Zimmer habe ich alles umgeräumt, das mache ich immer, selbst im Hotel, wobei das heutzutage kaum noch geht, weil alles festgeschraubt ist. Ich weiß noch, dass auf und in meinem Bett immer sehr viele Bücher lagen. Die meisten waren ziemlich schwer, und wenn die Bücher hier und dort dagegen stießen und von oben und von allen Seiten drückten, fühlte mein Körper sich formlos an. Fast alle stammten aus der Bibliothek, und zwischendurch musste ich immer wieder aufstehen und mir die Hände waschen, weil die Seiten von vielen fremden Händen berührt worden waren und meine sich irgendwann schmutzig anfühlten. Einmal fing ich spontan an zu masturbieren, ich hatte mir den ganzen Vormittag nicht die Hände gewaschen aber nun war es zu spät und es fühlte sich an als würde meine Vulva von hundert dreckigen Fingern betatscht und obwohl ich mir danach gewissenhaft die Hände wusch kam mir das Bild der vielen schmutzigen dreckigen Hände wieder in den Sinn sobald ich masturbierte. Im Bett gab es alles Mögliche zu tun, deswegen war mein bisweilen tagelanger Aufenthalt dort nicht weiter verwunderlich. Außerhalb des Bettes gab es nicht viel, was mich gestört hätte – das letzte Studienjahr neigte sich dem Ende zu und die Prüfungen standen bevor, was mir aber nichts ausmachte, denn die Prüfungen waren ein kurzes Rein und Raus, man musste mit niemandem reden, und was das Jobben betraf, so half ich gelegentlich als Kellnerin bei Champagnerempfängen in der Guildhall und im St James's Palace aus, wahrscheinlich hätte ich damit weitergemacht, weil es gutes Geld einbrachte, aber dann bekam ich einen Job in den Riverside Studios, wo ich noch lieber war und mich zudem mit einer Frau namens

Beth angefreundet hatte, die feministische Theaterstücke schrieb und in einer hübschen Wohnung gleich gegenüber wohnte. Die Arbeit war leicht und interessant – während der Schicht saß ich meistens mit weit aufgerissenen Augen im hinteren Teil des Kinosaals und sah mir Filme aus aller Welt an. Dann eines Nachmittags wird unser Telefon unten im Flur klingeln. Es wird klingeln und klingeln, immer weiter, und dann verstummen. Abermals klingeln. Es klingelt und klingelt. Ich werde merken, dass niemand zu Hause ist, weder die Schwestern noch Bettina oder die Irinnen, ich werde begreifen, dass das Klingeln erst aufhören wird, wenn ich ans Telefon gehe – also springe ich viel zu schnell auf, alles dreht sich, dreht sich zurück ins Bett – ins Zentrum des Universums – das Klingeln geht weiter und weiter, und ich taumele vorwärts, reiße meinen Bademantel von dem an die Kleiderschrankseite genagelten Haken und stehe eine wacklige Minute lang am Waschbecken. Hallo, werde ich in die Ecke sagen. Hallo, wiederhole ich, lauter diesmal. Hallo, sage ich wieder, und da ist sie, mehr oder weniger: meine Stimme. »Hallo.« Ich werde die Tür öffnen und in den Flur hinaustreten, und natürlich ist das Klingeln dort sehr viel lauter, es ist beängstigend laut, ich fliege die Treppe hinunter und ihm entgegen, weil ich will, dass es aufhört. »Hallo«, werde ich sagen, mehr oder weniger in meiner Stimme, und aus dem Hörer wird Dales Stimme ertönen und er wird ohne jede Einleitung sagen:

263

»Als du letztes Jahr aus Brighton zurückgekommen bist habe ich dich vergewaltigt oder?« Und dann schweigen wir, ich schiebe mit den Zehen meines linken Fußes vorsichtig ein paar Briefe herum, die an der Haustür am Boden liegen, ich blicke in die dunklen Spinnweben unter der Decke und ich höre mich zu Dale sagen: »Wenn du mich jetzt fragst ob du mit mir geschlafen hast obwohl ich es nicht wollte dann lautet die Antwort ja Dale«, und Dale wird fluchen, Dale wird »Scheiße, Scheiße« rufen, er wird mir erklären wie mies ich immer behandelt worden sei wie wütend ihn das gemacht habe er habe es nicht ertragen dass die widerlichsten arrogantesten Männer mich so mies behandelt hatten und nun stelle sich heraus dass er noch viel schlimmer war, schlimmer als sie alle zusammen, er wird sehr gefühlvoll klingen aber ich werde kein bisschen gefühlvoll sein, es ist mir eher peinlich und ich sage: »Vielleicht spreche ich ihre niederen Instinkte an«, was eigentlich scherzhaft gemeint ist, sich dann aber als mögliche Erklärung bei mir festsetzt und mir im Laufe der folgenden fünfzehn Jahre immer wieder in den Sinn kommen wird, und Dale sagt, wie schrecklich er sich fühle, wie schrecklich es gewesen sei, und ich werde zu dem armen Dale sagen: »Ach, Dale, zerbrich dir nicht den Kopf, ich tue das auch nicht, ich denke kaum noch daran – ich glaube, es war okay«, worauf er nichts erwidern wird, und seither frage ich mich, ob er mich tief in seinem Herzen für meine Worte hasst, denn wenn er schlimmer war als alle Männer, die er verflucht hatte und vor denen er mich retten wollte, wenn er mir das Schlimmste angetan und es trotzdem nicht geschafft hatte, mir unter die Haut zu gehen – was bedeutete das, was in aller Welt sagte es aus? Ich hatte ihm keine Absolution erteilt, sondern ihn ausgelöscht. Vielleicht hätte ich weinen sollen. Ja, ich hätte weinen sollen. Er hatte miterlebt, dass ich wegen weniger schwerwiegenden Übertritten und Übergriffen zusammengebrochen war – dann wiederum gibt es für so etwas vermutlich kein einheitliches Maß, das zuverlässig anzeigen würde, was uns trifft wie ein Stich ins Herz und was von uns abperlt. Ich hätte weinen sollen aber es ist zu spät ich bin ein Monster und Dale fehlen die Worte. Ich werde den Telefonhörer umklammert halten. Ich werde ihn mir so fest ans Ohr drücken als wollte ich mir das ganze große schwarze Teil in den Kopf schieben als wäre mein Gehirn ein allmächtiger Schwamm der die kalte gähnende Stille von Dales Demütigung aufsaugt. Ich werde mir den Hörer ans Ohr drücken. Mein Ohr soll Dales Demütigung aufnehmen und besiegen. Mein Gehirn soll sie bis auf den letzten Tropfen einsaugen. Und dann werde ich sie spüren, meine Stimme, da ist sie wieder, warm und voll in meiner Kehle ich werde den Griff um den Telefonhörer lockern und das schreckliche schwarze Schweigen wird ins Spiralkabel rutschen ich werde wie so oft während des Telefonierens die Haustür öffnen und im Bademantel im Flur stehen mit dem Hörer in der Hand und bei weit geöffneter Tür ich werde den eleganten Kronleuchter in dem schönen Wohnzimmer im Haus gegenüber sehen und Dale fragen ob er immer noch in Yorkshire ist und er wird bejahen und sagen, er habe seit fast drei Monaten keinen Schluck Alkohol mehr getrunken, er wird fragen, wie es mir geht, und ich werde sagen, nicht so gut, ich trinke immer noch zu viel, das aber nicht ständig – »Wahrscheinlich kann ich nicht mehr lange in London bleiben«, werde ich sagen, »meine Mietschulden sind so hoch, dass ich nicht weiß, was werden soll, wahrscheinlich muss ich zurück nach Hause. Vielleicht sollte ich eine kleine Reise machen«, werde ich sagen, »um mal den Kopf frei zu kriegen, ich bin schon ewig nicht mehr verreist«, und Dale wird sagen: »Warum kommst du nicht her, gleich morgen – ich bin ab morgen weg«, wird er sagen, »ich muss nach London und ein paar Sachen regeln, und meine Eltern fahren für ein paar Tage nach Nottingham, du hättest das Haus für dich allein«, und ich werde sagen, »okay, das klingt gut, Dale, vielen Dank und bis morgen«, und dann lege ich auf und stehe mitten am Tag im Bademantel im Flur und die Haustür ist weit geöffnet und ich starre so lange zu dem schönen, wie ein Lilienkranz geformten Kronleuchter im Wohnzimmer gegenüber, bis mein Körper vor Wut zittert, als könnte er nicht verstehen, warum er nicht dort in dem schönen Zimmer in dem schönen Haus gegenüber ist, sondern immer nur hier steht und rübersieht.

Dale und seine Mutter holen mich vom Bahnhof ab, und wir fahren sofort zum Supermarkt. Ich trage meine Sonnenbrille oben auf dem Kopf, aber in Gegenwart seiner Mutter kann Dale nichts dagegen sagen. Vielleicht würde er jetzt sowieso nichts mehr sagen. Schwer zu beurteilen, ob Dale immer noch ein schlechtes Gewissen hat oder ob er sich nur so vorbildlich benimmt, weil seine Mutter dabei ist. Ich kann mich an die weißen Linien auf dem Parkplatz erinnern, so plastisch, dass sie sich fast zu winden schienen, ich balancierte mit ausgestreckten Armen darüber, was Dale wahrscheinlich sehr geärgert hat, aber auch dazu sagte er nichts. Vielleicht konnte er mir nie wieder irgendwas sagen. Vielleicht führte ich mich absichtlich so auf. Im Supermarkt stellte sich heraus, dass wir nur meinetwegen dort waren. »Wir haben wahrscheinlich nicht das im Haus, was du magst«, sagte Dales Mutter, und ich fragte mich, was Dale ihr über mich erzählt hatte. Bei dem Gedanken, dass sie extra für mich einkaufen ging, wurde mir unwohl, aber sie ermunterte mich auf eine so fröhliche Art, dass ich bald alles Mögliche in den Einkaufswagen warf, den Dale, um kein Spielverderber zu sein, hin und her und um die Kurven schob. Earl Grey – Lapsang Souchong gab es nicht – Erdbeeren, Ananassaft, Grapefruit, Minzschokolade, Cracker, Joghurt, Sardinen, Avocados, Teilchen mit Zuckerguss, Hummus, Cheddar, Blauschimmelkäse, Camembert, Trauben, Gürkchen, Kekse mit Feigenfüllung,

Schoko-Ingwer-Kuchen, Tomaten, Pistazien, Bohnen in Tomatensauce, Vollkornbrot, Vanilleeis. »Isst du kein Fleisch?«, fragte sie. »Oh, doch«, sagte ich, »ich habe eine Schwäche für Bifi.« Als wir nach Hause kamen, saß Dales Vater im Wohnzimmer in einem Sessel und las Zeitung, ganz ohne sich zu bewegen, er hob nicht mal den Kopf. Was mich nicht störte, heute war schon genug passiert und vor der nächsten Vorstellungsrunde brauchte ich dringend eine Tasse Tee, trotzdem glaubte ich, dass es für Dales Mutter bestimmt schöner gewesen wäre, wenn sein Vater, als wir hereinkamen, etwas gesagt hätte. Dales Mutter hantierte in der Küche herum, sie wollte mir zeigen, wo alles stand und wo alles hingehörte. Die Küche war klein und sehr aufgeräumt, ich merkte gleich, dass Dale und sein Vater nicht viel damit zu tun hatten. Weil die Küche offen war, hatte ich einen freien Blick ins Wohnzimmer, wo der Vater im Sessel am Fenster saß und Zeitung las. Nach einer Weile faltete er die Zeitung zusammen, legte sie auf die Sessellehne, nahm die Brille ab, rieb sich übers Gesicht, beugte sich vor und spähte herüber in die Küche.

»Und, wie geht's?«

»Ganz gut, danke.«

»War die Zugfahrt okay?«

»Ja.«

»Wirklich toll, nicht wahr? Wir fahren morgen – wahrscheinlich hat Dale es schon erzählt.«

»Ja, hat er. Fahren Sie irgendwo hin, wo es schön ist?«

Dales Mutter sagte, ich könne vorne im Gästezimmer schlafen, oder ich schlief in Dales Zimmer, das nach hinten raus ging, und er im Gästezimmer, und sie wirkte ein bisschen enttäuscht, als ich das hintere, kleinere Zimmer wählte und nicht das vordere, das ziemlich groß und seltsam luxuriös wirkte. Anscheinend hatte sie sich große Mühe gegeben, es gemütlich und ladylike einzurichten – ich musste mich wirklich fragen, was Dale über mich erzählt hatte – es gab jede Menge kleine, feste, glänzende Kissen, eine Spenderbox für Kosmetiktücher und sehr viel Kleinkram, alle möglichen Deko-Objekte, einen Kleiderschrank mit verspiegelten Schiebetüren und ein Doppelbett. Vielleicht war es das, was mich abstieß. Damals kam mir gar nicht in den Sinn, dass sie womöglich viel Zeit damit verbracht hatte, das Zimmer für mich herzurichten. Hatte sie vielleicht gar nicht – vielleicht war das Zimmer schon immer so gewesen, und sie war einfach nur stolz darauf. Es war das schönste Zimmer im Haus, und trotzdem wollte ich es nicht, was hieß das? In Dales Zimmer gab es eine schräge Decke und ein Einzelbett. Auf dem Bett lag eine grau-rote Tagesdecke, und daneben stand eine riesige, mit Stickern beklebte Stereoanlage, die vermutlich nicht mehr funktionierte. Als ich Dale später danach fragte, erklärte er, der CD-Player sei kaputt, der Plattenspieler und das rechte Kassettendeck funktionierten aber noch. »Das sagt ja wohl alles«, fügte er hinzu. Dale und seine Eltern reisten am nächsten Morgen ab. Wahrscheinlich zusammen. Wahrscheinlich haben sie denselben Zug genommen. Alle reisten ab, und ich fühlte mich alleingelassen. Auf einmal wirkte London sehr verlockend, ich musste mich wirklich zusammenreißen, als die drei zum Bahnhof aufbrachen. Ich konnte tun und lassen, was ich wollte, und dann wiederum nicht. Man hatte mir einen Gefallen erwiesen. Dales Eltern waren anständige Leute. Ich hatte alles, was ich brauchte. Am Vorabend war Dale ziemlich selbstgefällig gewesen. Er war wieder in die alte Retterrolle zurückgefallen. Ich erinnere mich, dass wir einmal bei einem Konzert waren und irgendjemand ständig an meinen Haaren zog. »Dale«, sagte ich nach dem Song, »da zieht einer immer wieder an meinen Haaren.« Dale riss ungläubig die Augen auf, sah sich demonstrativ um, ohne jemand Bestimmtes in den Blick zu nehmen, und sagte sehr laut: »Wer hat dich an den Haaren gezogen? Wer? Wer?! Wer hat die Dame an den Haaren gezogen?« Das nächste Stück fing an, es war eines unserer Lieblingslieder, aber mittendrin zog wieder jemand an meinen Haaren, und diesmal wandte ich mich sofort an Dale und sagte: »Schon wieder!« – »Wer hat an ihren Haaren gezogen?«, brüllte Dale, »das ist eine Frechheit! Ich will sofort wissen, wer es wagt, an den wunderschönen Haaren dieser jungen Dame zu ziehen!« Da fiel bei mir endlich der Groschen, ich konnte nicht glauben, wie dumm ich gewesen war – ich drehte mich zu Dale um, packte ihn am Kragen

und sagte: »Wage es nicht noch mal – ich warne dich.«
Irgendwo gibt es ein schönes Foto von uns. Wahrscheinlich ist es, nachdem es eine Weile zwischen uns hin- und herging, bei ihm gelandet. Wenn ich es hätte, würde er es haben wollen, und wenn er es hätte, würde er wollen, dass ich es habe, denn auf dem Foto lächeln wir beide, vielleicht lachen wir sogar, was doch schließlich beweist, wie wahnsinnig gut wir uns verstanden haben, nicht wahr, was für eine wunderbare Zeit wir hatten und wie glücklich er mich gemacht hat. Nimm du es. Das Foto entstand im The Bread and Roses. Dale sieht in die Kamera. Ich schaue zu Boden. Wir lächeln beide. Vielleicht lachen wir sogar. Ja, wir lachen, und wie. Ich trage eine lila Bluse, und er trägt ein Sakko mit drei Knöpfen und darunter ein graues Joy-Division-T-Shirt. Auf dem Tisch sind Zigarettenschachteln, ein Aschenbecher und Gin-Tonics zu sehen. Damals habe ich sehr viel Gin getrunken. Eines Sonntags habe ich mich in meinem Zimmer eingeschlossen und eine ganze Flasche geleert, bis der Gin mir wieder in den Mund stieg. Ich staunte. Es war, als hätte ich mich tatsächlich randvoll abgefüllt. Ich schluckte den Gin wieder hinunter, er kam sofort wieder hoch und landete mit einem lustigen Ploppen im Glas. So viel dazu. Ich zerschnitt überbelichtete Fotos und ordnete sie zu einer Collage an. Sie war sehr geometrisch. Danach bemalte ich sie mit großen roten Kreisen und schwarzen Kalligrafieschnörkeln. Die Anmutung war sehr japanisch. Ich

saß auf dem Boden meines Zimmers. Die Farben besaß ich schon seit Ewigkeiten, die Mutter meiner Mutter hatte sie für mich im Discounter gekauft. So viele Tuben. Ich weiß nicht mehr, wie um alles in der Welt ich auf den Gedanken gekommen war, allein in dem Haus in Yorkshire zu bleiben. Das Dorf war trostlos und kein bisschen schön oder inspirierend. Selbst die umliegenden Hügel wirkten unangenehm, irgendwie widerwillig. Sie ragten ja kaum in die Höhe. Sie hatten nichts mit dem Himmel zu tun. Nein, sie waren vollkommen in das Kommen und Gehen auf der kilometerlangen Straße verwickelt. Sie standen dicht gedrängt wie Schuldeneintreiber, die das Sonnenlicht blockieren. Ich ging trotzdem wandern. Gab ja nichts anderes zu tun. Dales Vater hatte mir den Weg erklärt: zum Bahnhof gehen, die Brücke überqueren usw. Und anfangs war es tatsächlich okay, für die erste halbe Stunde oder so. Es gab dort sehr viele Bäume. Ich sah eine Frau mit einem weißen Hund. Los ging's, aber irgendwann hörten die Bäume auf, und die Stimmung änderte sich. Alles wirkte schrecklich düster und lieblos, geradezu verfallen. Wie eine Ruine. Wie die natürliche Ruine von etwas, das ohnehin nie besonders schön gewesen war. Hier gab es keine Jahreszeiten. Auch keine Tageszeiten. Nur das Hier und die Nacht. Licht an. Licht aus. An und aus. An und für sich. Über das, was dann geschah, habe ich schon oft geschrieben, allerdings nicht in den letzten Jahren. Ich habe es aufgegeben. Wann immer ich versucht habe, über das zu schreiben, was als Nächstes geschah, klang es schrecklich übertrieben, denn es war ein ziemlicher Schock, was bedeutete, dass meine Wahrnehmung sich augenblicklich aufspaltete, und weil diese Spaltung ein so wesentlicher Bestandteil der Erfahrung war, versuchte ich beim Schreiben jedes Mal viel zu angestrengt, sie abermals herbeizuführen. Oh ja, ein Teil von mir hatte sofort verstanden, was passiert war, während der Rest von mir es nicht verarbeiten konnte und hin- und hergerissen war. Es war ein ewiges Vor und Zurück aus Ungewissheiten und unwichtigen Details. Nun komm endlich auf den Punkt.

Ein Baumstamm ist ein guter Sitzplatz. Wenigstens fühlt er sich so an. Als könnte es gar keinen besseren Platz zum Hinsetzen geben. Egal, wie viel bis zu dem Moment falschgelaufen war – dort auf dem Baumstamm zu sitzen bedeutete, dass alles war, wie es sein sollte. Nach einer Weile erwies sich der Baumstamm als guter Sitzplatz.

Ich trug Schnürstiefel aus Canvas.

Das Gras war hoch und immer noch voller Bergtau, und als ich zur Schaukel ging, wurden meine Schuhe nass. Weil der Boden uneben war, schaukelte ich schräg. Ich legte den Kopf in den Nacken. Die Welt einnehmen und wieder verlassen, einnehmen und verlassen. Mir entging nichts.

Die ganze Zeit las ich die Welt.

Der Baumstamm war zwischen den Bäumen sichtbar, bislang war nichts besonders einladend, nein, es war nicht gerade himmlisch. Der enorme Druck, nachdenken zu müssen, und dann die Frage, wer dort unten lebt, in dem Tal. Für wen ist das Tal ein Zuhause, tagein und tagaus? Auf der Schaukel sitzen, die Welt einnehmen und wieder verlassen, einnehmen und verlassen.

Ich sah einen jungen Mann an einem Baum hängen.

Sich hochschaukeln, bis die Ketten erschlaffen und der Schwung im Eimer ist. Sich hochschaukeln, bis die Ketten erschlaffen und der Schwung im Eimer ist. Sich hochschaukeln, bis die Ketten erschlaffen und der Schwung im Eimer ist.

Ich sah einen jungen Mann an einem Baum hängen. Sein dunkles Haar war zu einem Pferdeschwanz gebunden.

Das Tal betrachtet und über alles nachgedacht, vom Baumstamm aufgestanden und auf die Schaukel gesetzt. Schwing. Schwung. Aus den Augen, aus dem Sinn. Kopf in den Nacken, ganz weit zurück. Die Welt stand kopf. Das ganze Ding. Sich hochschaukeln, bis beide Ketten zittern. Die Bäume, der Himmel. Kopf weit zurück. Ich sah ihn verkehrt herum. Einmal. Zweimal. Dreimal. Sprung ins Gras. Nasses, hohes Gras. Bergtau. Meine Hände. Meine gespreizten Hände im nassen, hohen Gras. Ich war mir nicht sicher, was ich gesehen hatte, aber ich wagte es nicht, mich umzudrehen. Ich blieb unten im Gras. Zitterte im Gras. Klammerte mich ans Gras.

Die Kinder waren in der Schule, sonst wären sie vielleicht dabei gewesen, wo es hier doch eine Schaukel und einen Baumstamm gab, sicher wussten sie davon, vielleicht war es nach der Schule ihr Treffpunkt, daran durfte sich nichts ändern, sie würden das Offensichtliche schnell erkennen, das gilt es zu verhindern, neben der Schaukel stehen, über das hohe, nasse Gras einen Blick zurück werfen, endlich bereit, bereit zu glauben, irgendwem muss man ja glauben.

Mitten am Tag stehe ich im Bademantel im Flur am Telefon, die Haustür ist weit geöffnet, und ich sehe den eleganten Kronleuchter in dem schönen Wohnzimmer im schönen Haus gegenüber.

Und zittere vor Wut.

Weil es sich um einen Parkplatz handelte, war der Untergrund glatt und eben und durch leuchtend weiße Linien in gleich große Buchten unterteilt, sie sind nur aufgemalt, falls man aus irgendeinem Grund daneben tritt, besteht kein Grund zur Panik, man wird nicht abstürzen, und sobald man im Supermarkt ist, kann man auf einem Wagen durch die Gänge rollen, bis man wieder zu Atem kommt.

Du Ratte, immer wenn es dir gerade passt, was?

Er wird den Kopf heben und mich sehen. Er wird sehen, wie ich ihn ansehe. Es konnte nicht anders sein. Er musste gesehen werden, und ich musste ihn sehen.

Aber ich ging nicht näher ran. Das Ganze war zu privat. Er war tot. Er hatte es getan. Ich ging nicht näher ran. Gleich wird er den Kopf heben. Warte.

Sein dunkles Haar war zu einem Pferdeschwanz zurückgebunden.

Aus den Augen, aus dem Sinn.

Sieh mich an.

Er wird den Kopf heben.

Warte
Warte

Mein Gott, Weib, hätte Dale genauso gut sagen können, du warst gerade mal fünf Minuten da. Er hatte sein ganzes Leben dort verbracht und so etwas nie gesehen. Er war neidisch, das spürte ich. Neidisch, wütend, aufgebracht und ängstlich. Er hatte Angst vor mir. Das Morbide in mir zog mich zu den schrecklichsten Dingen hin, wieder und wieder – ich war ein hoffnungsloser Fall. Es ist ja nicht nur so, dass ein Mensch gestorben ist, hätte Dale genauso gut sagen können. Wir standen an der Hauptstraße, gleich um die Ecke von meinem Zuhause in London. Nein, es gab keinen Fluss und keine Fotografien, wir waren nicht in Florenz, und ich konnte die Ellenbogen nicht auf eine Brüstung legen. Aber irgendetwas war passiert. Ich hatte im Bademantel im Flur gestanden, viele Kilometer von hier, und dann hatte ich mich angezogen, meine

Tasche gepackt und einen Zug genommen, und dann einen anderen und noch einen, bis an einen Ort, an dem ich noch nie gewesen war, und am nächsten Morgen hatte ich das leere Haus verlassen, in dem ein anderer aufgewachsen war, und eine Straße betreten, durch die ich noch nie gegangen war, vorbei an den Häusern von Leuten, die ich nicht kannte und nie kennenlernen würde, und weiter über eine Brücke, von deren Existenz ich noch am Vortag nichts geahnt hatte, vorbei an einem weißen Hund, der mit einer fremden Frau Gassi ging, und einen Weg hinauf, auch hier war jeder Zentimeter neu, hinauf auf einen unheilvollen, unveränderlichen Berg, der mir überhaupt nichts bedeutete, und auf der anderen Seite wieder hinunter, auch dort bekam ich alles zum allererste Mal zu Gesicht, näher, näher heran, jeder Schritt brachte mich näher zu dem Mann, dem jungen Mann, der im Tal gelebt hatte, der im Tal aufgewachsen war, unten im Tal, wo seine Familie wohnte, seine gesamte Familie, seit vielen Generationen, er verließ sein Haus im Tal und ging die Straße entlang, vorbei an den Nachbarhäusern, er wusste, wer in jedem einzelnen davon wohnte, und weiter über die Brücke und einen Weg hinauf, den er schon tausendmal gegangen war, und dann wieder hinunter, weiter, immer weiter, bis zum Baumstamm, bis zu den Schaukeln, bis zu dem Baum, als Teenager saß er mit anderen Teenagern auf dem Baumstamm, trank aus der Dose und gab den Joint weiter, als Kind schaukelte er auf der Schaukel, und dann der Baum, er war auf den Baum geklettert wie alle anderen, Kinder, Jugendliche, der Baum hatte gute, starke Äste, gute, starke Äste, die ihr Gewicht ohne ein Knarren trugen und nun auch sein Gewicht tragen würden, ein junger Mann, er war jetzt ein junger Mann, er hatte sich das dunkelbraune Haar zu einem Pferdeschwanz gebunden und lief über den Weg zum Baumstamm und zur Schaukel und zum Baum, näher, immer näher, in der Hand ein langes, blaues Seil, und da war ich, nicht weit hinter ihm, auch ich kam näher, immer näher, zum Baumstamm, zur Schaukel, zum Baum, zu dem Baum, und dann war ich da und er auch. Eins. Zwei. Drei. Ich sprang von der Schaukel. Ich stand aus dem Gras auf, drehte mich um und sah den jungen Mann, ich sah ihn, aber er sah mich nicht. Er würde nie wieder etwas sehen. Ich lief die zweieinhalb Kilometer zur nächsten Polizeiwache, und dann lief ich die zweieinhalb Kilometer wieder zurück, zwei Polizisten dicht auf meinen Fersen, denn die Wache verfügte über nur ein Auto, und das war gerade an einem viele Kilometer entfernten Ort im Einsatz. Ich war diejenige, die ihnen zeigte, wo du hingst, ich stand im hohen, nassen Gras, und mein Finger zeigte auf den Baum, und ich weiß nicht, warum ich es war, ich weiß nicht, warum es so gekommen ist, ob du sehr lange vor mir da warst, ich habe es nicht gewagt, dich zu berühren, es schien mir nicht richtig, dir zu nahe zu kommen, immerhin kannte ich dich nicht, ich hätte

mich, wärst du am Leben gewesen, nicht einfach an-
geschlichen, warum sollte ich es also jetzt tun, ich
wollte dir etwas Raum geben, etwas Privatsphäre, mit
dem hängenden Kopf sahst du aus wie Jesus, und wenn
ich heute versuche, mich an dich zu erinnern, habe ich
ihn vor Augen, wie traurig er den Kopf hängen lässt, so
traurig, für die Sünden der Welt, die Sünden der Welt,
die Welt hatte dich im Stich gelassen, was für eine Ver-
schwendung, es tut mir so leid, und ich schäme mich,
ich schäme mich für die Welt, in der wir leben und in
der die Gesellschaft am Ende nichts anderes mit dir
anzufangen wusste, als dich an einen Baum zu hängen, nicht dass irgendeine gewählte Amtsperson jemals die Verantwortung für deinen Tod übernehmen
würde, natürlich nicht, die Behörden werden auf den
Umstand verweisen, dass du Heroin genommen hast,
immer wieder wird man dich als den »Heroinab-
hängigen« bezeichnen, mehr wirst du nicht gewesen
sein, mehr warst du nie, und was hat ein Heroinab-
hängiger schon anderes zu erwarten, als am Ende an
einem Baum zu hängen? Ich lehnte an der Schaukel,
während der eine Polizist das Seil kappte und der andere den losgeschnittenen Leichnam des jungen Mannes auf die Schulter nahm. Als das geriffelte Messer
endlich den letzten Faden durchtrennt hatte, erbrach
ich auf die kleinen, ineinander gematschten Fuß-
abdrücke im Schlamm unter dem baumelnden, ver-
witterten Schaukelbrett.

Wir studierten Literatur, aber wir lasen nicht, um uns weiterzubilden oder die Prüfungen mit Auszeichnung zu bestehen – wir lasen, um zum Leben erweckt zu werden. Wir waren sehr bewandert darin, Metaphern, Symbole, Analogien und böse Omen zu erkennen, in Büchern ebenso wie in unserer unmittelbaren Umgebung. Wir verwechselten das Leben mit der Literatur und glaubten fälschlicherweise, dass alles, was ringsum geschah, uns etwas verraten würde, eine Wahrheit über unsere eigene kleine Existenz, unser noch nicht ganz entwickeltes Herz und, was am wichtigsten war, über unsere Zukunft. Was erwartete uns? Was? Wir wollten es wissen, wir wollten unbedingt wissen, was vor uns lag, wir konnten an nichts anderes denken, es war so unklar und doch allzu klar. Er kam aus dem Tal. Ich kam aus der am schnellsten wachsenden Stadt in Europa. Dort, wo wir herkamen, machte man den Schulabschluss und suchte sich einen Job, oft in einer Branche oder Firma, in der schon mindestens ein naher Verwandter arbeitete, und bald darauf heiratete man, zog ins erste Eigenheim und bekam zwei oder drei Kinder, man schob viele Überstunden und nach einer Weile erweiterte man das Haus durch einen Anbau oder zog in ein größeres um, man konnte sich auf neue Fernseher und Grillpartys und einmal im Jahr einen zweiwöchigen Urlaub im Ausland freuen, gar nicht so übel, kein schlechtes Los, aber aus unerklärlichem Grund waren weder ich noch Dale für dieses Leben geschaffen.

Wir wussten es beide, wir hatten es immer gewusst – die schleichende Unausweichlichkeit dieses Lebensentwurfs jagte uns Angst ein, seit wir ungefähr elf Jahre alt waren. Wir versuchten, die Angst mit lesen, schreiben, Alkohol und unserer Vorstellungskraft auf Abstand zu halten, mit der Energie und dem Einfallsreichtum, den wir daraus ziehen konnten, und immerzu hielten wir nach Zeichen Ausschau, nach Beweisen, Andeutungen, kleinsten Hinweisen darauf, auch wir könnten Potenzial haben, etwas Besonderes sein, und eines Tages würde unser Leben eine unerwartete Wendung nehmen. Und dann, wenige Tage vor dem Ende des letzten Semesters, hatte Dale mir die Hand gereicht, und ich war nach mehrmaligem Umsteigen in seiner Heimatstadt im Tal angekommen, und dort hatte ich einen jungen Mann an einem Baum gefunden. Was hieß das? Was genau hatte es zu bedeuten? Dale wollte mir den Namen des jungen Mannes nicht verraten. Wahrscheinlich wusste er ihn. Dann eben nicht. Wird er eben nicht zu einem Menschen. Bekommt er eben kein eigenes Leben. Soll er doch für immer ein Symbol bleiben. Der tote Mann, ausschließlich und für immer. Der Gehängte. Kopfüber, auf den ersten Blick. Wie auf der Tarotkarte. Eins. Zwei. Drei. Was sollte es bedeuten? Was sollte es nur bedeuten? Wie konnten wir den Tod eines Menschen als düsteres Motiv in unserem eigenen Leben betrachten, dann wiederum: wie nicht? Wir sprachen kaum ein Wort. Ich gab ihm seine Wohnungsschlüssel zurück, und er ging über die Hauptstraße davon, und ich betrat den winzigen Laden und kaufte Kippen und eine Flasche Wein, und als ich wieder herauskam stand Dale rauchend an der Bushaltestelle am Ende der Straße, ich winkte, und er winkte zurück, und dann bog ich um die Ecke und ging hinauf in mein Zimmer, um meine Sachen zusammenzupacken, denn ich würde in die am schnellsten wachsende Stadt Europas zurückkehren, sie boomte, es fehlte ihr nur eine Vision. Dale würde in sein Tal zurückgehen, in diese abgelegene Abraumhalde von Dorf, und ich würde ihn nie wieder zu Gesicht bekommen. Für ihn war unsere Geschichte zu Ende, es gab keine Seite mehr umzublättern – und könnte ich ihm da widersprechen? – sein erzählerisches Gespür war schließlich immer schon viel ausgeprägter gewesen als meins.

VII.

Frau aus dem Nichts

»Ich bin ihr Phantom, ich bewohne ihr vergangenes Ich.«

Erinnerungen eines Mädchens, Annie Ernaux

In dem Zimmer gab es einen sehr breiten Läufer und Deckenbalken. Dachsparren wahrscheinlich. Dachsparren, genau, und einen Schreibtisch. Ein nagelneuer Schreibtisch mit weißer Platte, den sie extra für uns angeschafft hatte. Sie hatte es am Telefon erwähnt. Wir hatten sie nie zuvor gesprochen. Wir kannten sie nicht. Nein. Jemand, den wir flüchtig kannten, kannte sie sehr gut, und so hatte eins das andere ergeben. Am Telefon hatten wir gefragt, ob es einen Schreibtisch gebe, nicht wahr, wir wollten uns vergewissern. Ja, es war uns ein echtes Anliegen, und wir wollten uns vergewissern. Wir sagten, wir hätten viel Arbeit zu erledigen, woraufhin sie sagte, sie werde einen besorgen. Wir haben viel Arbeit zu erledigen, sagten wir. Ich lasse mir etwas einfallen, keine Sorge, sagte sie. Wir bedankten uns, sagten »super«, wir wüssten das sehr zu schätzen. Bis in ein paar Wochen dann, sagten wir.

Wir wollten nach London.

Oh ja.

Für ungefähr einen Monat.

Vielleicht auch länger.

Vielleicht auch länger.

Ja.

Nach all den Jahren.

Wir freuten uns sehr auf den Tapetenwechsel.

Natürlich hatten wir die Stadt oft besucht.

Oh ja, seit wir vor etwa zwanzig Jahren unsere Sachen gepackt hatten, waren wir ab und zu in London gewesen.

Und haben mal hier und mal dort übernachtet.

Ja.

In diesem Gästezimmer, auf jenem Ausziehsofa und so weiter.

Manchmal sogar im Hotel.

Ehrlich gesagt haben wir vor zwanzig Jahren nicht unsere Sachen gepackt.

Nein.

Nein.

Nein, haben wir nicht.

Wir wollten nicht.

Oh, nein.

Also ließen wir alles, wo es war.

Genau.

Wir saßen mitten im Zimmer mit einer Flasche Wein auf dem Boden, umgeben von unseren Sachen, und alles war an seinem Platz. Genau dort, wo es hingehörte. Der Bademantel hing am Haken. Mehr als alles wünschten wir uns, die Sachen könnten bleiben, wo sie waren. Genau. Wir wollten bleiben, wo wir waren. Ja, wir wollten nicht weg, oder? Nein, natürlich nicht. Wir wollten unseren Bademantel von dem Haken nehmen, den wir seitlich an den Kleiderschrank genagelt hatten, durch den Flur gehen und neben Bettinas Zimmer ein langes, heißes Bad nehmen. Wir hatten gerade erst angefangen, uns in London einzuleben. Das ist richtig. Seit wir nicht mehr studierten und dieser Teil unseres Londoner Daseins vorbei war, fühlten wir uns dort schon sehr viel wohler. Seit die monumentale Enttäuschung in Sack und Tüten war, fühlten wir uns recht zuversichtlich. Oh, ja. Und wie. Wir fühlten uns unbeschwert wie ein Vogel und waren sogar ziemlich gut drauf. Aber wir hatten kein Geld. Oh nein, im Gegenteil – wir hatten Schulden. Wirklich. Was wir fühlten und wollten, war also weder hier noch dort. Wir mussten realistisch sein. Genau, wir mussten der Realität ins Auge blicken. Realistisch sein. Realistisch sein. Wollten wir aber nicht. Nein. Nein. Nein, auf keinen Fall.

Unser Vater kam und wurde sehr wütend, weil wir noch nicht gepackt hatten. Er hatte erwartet, dass wir startklar sind. Waren wir aber nicht. Oh, nein. Wir saßen mitten im Zimmer und tranken Wein. Er hatte sich einen Lieferwagen geliehen. Genau. Einen großen, weißen Lieferwagen, der dem Vater seiner Freundin gehörte. Der Lieferwagen stand draußen auf der Straße. Wir stellten uns ans Fenster und sahen hinunter. Mein Vater ging zu dem winzigen Laden um die Ecke und kaufte ein paar große, schwarze Müllsäcke. Genau. Der winzige Laden, der alles anbot, was unser winziges Herz begehrte. Wein, Pistazien, Zigaretten. Und jetzt war unser Vater dort und scannte die vollgestopften Regale nach einer Rolle großer, schwarzer Müllsäcke ab. Sobald er zurück war, rupften wir sie ihm aus der Hand und rissen alles heraus. Oh ja. Wir leerten die Schubladen und fegten alles vom Kaminsims in einen großen schwarzen Sack. Münzen, Postkarten, Blu-Tack, Briefmarken. Schlüpfer, Halsketten, Muscheln, Lippenstifte, Strumpfhosen, Murmeln. Klebebänder, Cremes, Notizblöcke, Schere, Antibabypille. Fotos, Teelichter, Tannenzapfen, Bücher, Räucherstäbchen, Knochen, Schuhe, Hüte, Tampons, Sonnenbrille. Schals, Stifte, Boo-Boo-Bär, Lapsang Souchong. Kamera. Jeans, Eyeliner, Collagen, Blusen, Tagebücher, Watte. Feuerzeuge, Bonbons, Röcke, Handtücher, Messer, Kristalle, Nagellack. Ohrringe, Broschen, Rasierer, Kerzenständer. Badezusätze, Schallplatten, Haarklammern, Farben. Und wenn ein Sack voll war, warfen wir ihn aus dem Fenster. Genau, wir schoben das Fenster bis zum Anschlag hoch und warfen die schwarzen Tüten mit unseren Habseligkeiten nach unten auf die Straße, wo unser

Vater mit in die Taille gestemmten Händen wartete. Er fing die Säcke auf und stopfte sie in den Laderaum des weißen Lieferwagens. Es dauerte nicht lange, das Zimmer zu räumen. Oh, nein. Wir waren aufgebracht und betrunken und arbeiteten wie im Rausch. Unsere Sachen in Müllsäcke werfen. Unsere Sachen aus dem Fenster werfen. Runter auf die Straße. Auf die Straße mit den schönen Häusern. Einen Sack nach dem anderen. Straßen über Straßen. Mit wunderschönen, absolut stillen, viktorianischen Häusern. Einen nach dem anderen. Nichts bewegt sich. Weiter und weiter. Und als es geschafft war, schlossen wir das Fenster mit einem Knall und nahmen den Wein mit. Wirklich. Den Wein haben wir gebraucht. Wir saßen vorn im Lieferwagen und tranken Wein, während unser Vater mit Vollgas die M4 runterdonnerte. Die M4. Die M4. Hinter uns die in schwarze Müllsäcke gestopften Habseligkeiten. Das war's dann also.

Runter

Runter

Die Schmach.

Die Schmach.

Was wäre, wenn wir, sobald wir nach all den Jahren wieder in London sind, einfach in unserem Dachgeschosszimmer bleiben und jeden Abend zwei Flaschen Bier aus dem Express-Supermarkt an der Ecke trinken und dazu Käse und Jacob's-Cracker essen? Wir haben uns gefragt, ob das wirklich so schlimm wäre, nicht wahr, und wir sind zu dem Schluss gekommen, dass es, wären wir zwanzig oder auch nur zehn Jahre jünger, gar nicht schlimm wäre. So aber schon. Oh, ja. Vor zehn oder zwanzig Jahren hätten wir wahrscheinlich genau das getan, Abend für Abend, es hätte uns nicht im Geringsten gestört und wäre auch nicht weiter schlimm gewesen, doch in diesem neuen Lebensabschnitt wäre so ein Verhalten absolut unpassend.

Verachtenswert.

Jämmerlich.

Bizarr.

Wir mussten natürlich an die beiden kleinen Töchter denken, und die Vorstellung, Nacht für Nacht mit zwei Flaschen Bier, einem Klotz aus Cheddar und Crackern, die vom Teller auf den schönen Läufer rutschen, auf dem Dachboden zu sitzen, während die beiden Töchter eine Etage tiefer in ihren hübschen Einzelbetten liegen, gefiel uns gar nicht. Sicher würden sie sich bald fragen, warum eine Frau in unserem Alter aus dem Nichts auftaucht, sich oben unter dem Dach einrichtet und bis tief in die Nacht herumknarrt. Vielleicht bekämen sie sie zu sehen, die Frau aus dem Nichts, wie sie mit glasigen Augen und leicht benebelt auf der Treppe steht. Die Altglaskiste unten in der Kammer füllt sich mit braunen Flaschen. Alle würden sich schnell einen Reim darauf machen. Und warum war die Frau aus dem Nichts, die oben unter dem Dach wohnte und Abend für Abend

Bierflaschen leerte und Cracker in den schönen pastell-
farbenen Läufer trampelte, überhaupt hier? Diese Vorstellung erschien uns sehr trostlos. Oh, ja. Und so kam
es, dass wir zwar am ersten Abend im Express-Supermarkt an der Ecke zwei Flaschen Bier, einen Klotz aus
Käse und eine Schachtel Jacob's-Cracker kauften, aber
wir taten es nie wieder, beziehungsweise doch, aber nur
wenige Male, und insgesamt waren wir fünf Wochen
dort, was bedeutet, dass wir in den Augen der beiden
Töchter keinesfalls eine verachtenswerte, jämmerliche,
bizarre Frau waren, die aus dem Nichts aufgetaucht
war und nun unter ihrem Dach saß und Abend für
Abend zwei Flaschen Bier leerte und freudlos auf großen Klumpen aus Fabrikcheddar herumkaute; wahrscheinlich benutzte sie nicht einmal ein Messer.

Der Schreibtisch war wirklich groß, und wir haben
ihn verschoben, bis er nicht mehr an der Wand stand.
Wir wollten aus dem Fenster sehen. Zwischen kahlen
Weißbirken am hinteren Ende des sehr langen Gartens
leuchteten Wohnblocks aus rotem Backstein. Im Laufe
des Abends trat eine Frau immer wieder aus ihrer Wohnung, um im Dunkeln und mit verschränkten Armen
eine Zigarette zu rauchen. Eigentlich rauchen wir nicht
mehr, oder? Nein. Nein. Ganz selten mal eine oder
zwei. Ja. Eine oder zwei. Eine oder zwei, ganz selten.
Ein- oder zweimal stellten wir uns vor dem Schlafen-
gehen ans hintere Ende des sehr langen Gartens und

rauchten eine oder zwei Zigaretten. Unter den kahlen Weißbirken. Gelbe Augen. Gelbe Augen. Blinzel, blinzel. Und weg. Wie sich herausstellte, waren wir neun Abende hintereinander unterwegs. Wirklich. In der ganzen Stadt. In der ganzen Stadt. Und wohin wir auch gingen, nahmen die Leute an, dass wir in London leben, nicht wahr? Solange sie nichts anderes hörten, nahmen sie an, dass wir in London leben wie sie. Was vollkommen verständlich ist. Ja. Die Annahme schmeichelte uns – wir waren geschmeichelt von dem Gedanken, dass sie uns ein Leben in der Stadt zutrauten und glaubten, wir besäßen die nötigen Mittel. Ja, die Mittel und das Geld. Das Geld. Schon komisch. Wenn wir zu Besuch sind, glauben die anderen, wir wären zu Hause, und wenn wir zu Hause sind, glauben sie, wir wären zu Besuch. Wir gehören an keinen der beiden Orte. Nein, nicht so richtig, was uns vielleicht ganz gut passt. Du hast den Akzent nicht verloren, sagen die Leute. Sie weisen uns oft darauf hin, und es stimmt, wir sprechen immer noch wie der Südwesten Englands. Ja. Ja. Oh, ja. Nach all der Zeit. Wären wir dort geblieben, hätten wir den Akzent wahrscheinlich verloren, und das ist das Seltsame daran. Wären wir geblieben, hätten wir wahrscheinlich an unserem Akzent gearbeitet. Das tun die Leute, nicht wahr? Ja, viele Leute tun das. Beispielsweise sagt unser Bruder, er habe seinen Akzent etwas glätten müssen, als er vor ungefähr sechs Jahren nach London kam. Jawohl, er hatte einen neuen Job in Mayfair und wollte bei den Meetings nicht wie ein Bauer klingen. Ein Bauer. Ein Bauer. Ein Bauer in Mayfair. Und als Nächstes? Du glaubst es nicht! Kommt er auf einem Esel ins Büro. In einer Schubkarre. Aus den auf Hochglanz polierten Anzugschuhen und der Brusttasche ragen Gerstenähren. Einmal lud er uns im The Little Square zum Mittagessen ein. Jawohl, wir trafen ihn vor der Green Park Station. Das hier ist die A4, sagte er und zeigte mit dem großen Regenschirm die Piccadilly auf und nieder. Führt von hier bis nach Marlborough! In der Tat haben wir einen stärkeren Akzent als er, und das, obwohl wir England vor über zwanzig Jahren verlassen haben. In Irland verspüren wir nicht das Bedürfnis, an unserem Akzent zu arbeiten. Nein. Nein. Nur ein paarmal ganz zu Anfang und aus einem völlig anderen Grund als dem, warum Engländer in England an ihrem Akzent arbeiten. Zu Beginn haben ein paar Leute heftigen Anstoß an unserem Akzent genommen, aber jetzt nicht mehr. Nicht mehr. Schon länger nicht. Aber man soll niemals nie sagen. Nein. Wir haben unseren Akzent behalten und finden die Vorstellung witzig, dass ausgerechnet jene Menschen, die England verlassen, die regionalen Akzente bewahren. Auf der heimischen Scholle sterben sie aus. Jawohl. Was nicht weiter verwundern sollte, denn schließlich neigen Menschen mit akzentfreier Aussprache dazu, alle möglichen widerwärtigen Spekulationen über den Stammbaum, die Intelligenz, die Ziele und das ästhetische Empfinden von Personen mit Akzent anzustellen. Vielleicht sind sie sich dessen nicht einmal bewusst. Vielleicht. Dann wiederum gibt es andere, die sich dessen sehr bewusst sind und ihr unfaires Urteil dennoch für gerechtfertigt halten. Erst gestern haben wir einen Zeitungsartikel über Studierende gelesen, die allein aufgrund ihres Akzents an den englischen Universitäten gemobbt werden. Wenn du so redest, wirst du es nicht weit bringen – das sagte beispielsweise ein Dozent zu einem Studenten aus Northumbria. Du klingst dumm. Dumm, das sagte der Dozent. Ich unterdrücke meinen Akzent, erzählte eine junge Frau der Zeitung. Sie hat ihn unterdrückt, ja, jeden Tag, vier Jahre lang, und sie war bestimmt nicht die Einzige, oder? Natürlich nicht. Um sich anzupassen, Gehör zu finden und ernst genommen zu werden, verstümmeln Abertausende kluge, junge Menschen aus ganz England absichtlich die treffenden, geistreichen und verspielten Begriffe, die ihnen aus dem Mund wollen. Oder sie halten ihn ganz. Eine Studentin aus Durham sagt aus Angst vor dem Hohn und Spott der anderen grundsätzlich kein Wort in ihren Seminaren. Kein Wort. Andernfalls würde sie schiefe Blicke und hämisches Grinsen ernten, glaubt sie. Das zu lesen, brachte unser Blut in Wallung. Oh, ja. Sich tagein, tagaus für den Klang der eigenen Stimme schämen zu müssen. Die Vorstellung, was das mit dem Selbstvertrauen anrichtet. Wie soll man da noch glauben, jemand interessiere sich dafür, was man zu sagen hat? Wie soll man glauben, die eigenen Gedanken könnten von Bedeutung oder von Wert sein? Wie sollte man da noch unbefangen, ausdrucksstark und furchtlos schreiben? Was hören wir alles nicht? Welche Worte dringen einfach nicht zu uns durch? Manchmal fragen die Leute, was unserer Meinung nach passiert wäre, hätten wir England nie verlassen. Höchstwahrscheinlich wären wir immer wütender geworden. Wir ahnten es schon damals, als wir noch dort lebten, nicht wahr? Oh, ja. Wir ahnten es. Wir waren damals schon wütend. Und wie. Aber wir wollten nicht unser ganzes Leben mit dieser Wut verbringen. Nein. Nein. Sie verlangt uns zu viel ab. Oh, ja. Viel zu viel. Aber es ist schön, England hin und wieder zu besuchen. Ja. Ja. Als Besucherin. Ja. Wir hatten viel Spaß in London, oder? Ja, hatten wir. Neun Abende hintereinander. Neun Abende in der Stadt! Wir hatten Spaß. Jawohl. Und danach waren wir ausgelaugt. Vollkommen erschöpft. Und konnten trotzdem nicht schlafen. Haben kein Auge zugemacht. Unglaublich. Oh, ja. Wir hatten dicke Tränensäcke unter den Augen. Bei Boots in der Holloway Road haben wir uns extra eine Abdeckcreme gekauft. Wirklich. Zu unserem Leidwesen wurde unsere irische Kundenkarte nicht akzeptiert. Nein. Nein. Wie provinziell.

Das Bett war schön. Wirklich schön. Das Zimmer war auch schön. Es gab eine Schrägdecke und Dachsparren und jede Menge Platz. Wirklich. Es war groß, aber auch gemütlich. Wir hatten viel zu lesen dabei. Was sonst. Wir hatten Bücher mitgebracht. Und natürlich kamen sehr schnell weitere hinzu. Wo wir auch hinkamen, schenkte man uns Bücher, nicht wahr? Oh ja. So war es. Überall ging das so. Schon bald stapelten sich die Bücher. Überall. Dabei mögen wir Bücherstapel eigentlich nicht. Nein. Nein. Eigentlich nicht. Wir mögen ein Buch zur Zeit, damals wie heute. Oh, ja. Die ganze Nacht liegen wir wach, und neben uns auf der Bettdecke liegt ein Buch. Hellwach. Ja. Wir konnten nicht schlafen, oder? Nein, und die Tränensäcke waren immer noch da. Ein Buch. Jawohl. Aufgeschlagen und mit dem Cover nach oben auf der Bettdecke. Das Haus gehörte uns nicht, oder? Nein. Nein, auf keinen Fall. Eines Abends sagte die Frau, der das Haus gehörte, bisweilen habe sie wegen des großen Hauses fast ein schlechtes Gewissen. Wir sagten, sie sei sehr nett und tue viel Gutes und habe keinen Grund, ein schlechtes Gewissen zu haben. Genießen Sie es. Jawohl, sagten wir, Sie sollten es genießen. Am darauffolgenden Abend gingen alle früh zu Bett, weil am nächsten Tag Schule war, und das Haus wurde still. Das Haus war die ganze Nacht lang still. Wir konnten nicht einschlafen. Nein. Nein. Aber irgendwie machte es uns nichts aus. Nein, wirklich nicht. Alles Mögliche fiel uns wieder ein, ohne dass wir uns groß anstrengen mussten, und nichts davon brachte uns aus der Fassung, oder? Nein, eigentlich nicht. Wir fühlten uns sehr ent-

spannt. Geradezu alterslos. In der Tat fühlten wir jedes
Alter, in dem wir je gewesen waren, alle auf einmal. Oh
ja, alle auf einmal. Jedes Alter, in dem wir je gewesen
waren, und alle zur selben Zeit. Ja. Gelegentlich nahmen wir das Buch, das neben uns lag, und lasen ein bisschen. Jawohl. Mit Frauen reden. Das war der Titel des
Buchs. Es hieß tatsächlich *Mit Frauen reden*. Genau.
1964 klapperte Nell Dunn in London ihre Freundinnen
ab und sprach mit ihnen über Liebe, Sex, Kinder, Geld
und so weiter. Ann Quin kommt auch vor. Sie ist – sie
ist noch nicht tot, also kommt sie vor. Sie kommt vor,
aber ihr Interview haben wir nicht gelesen, das war erst
später, als wir wieder in Irland waren. Genau, das Interview mit Ann Quin haben wir zu Hause gelesen. Sylvia
Plath ist tot, also kommt sie nicht vor. Nein, sie nicht.
Aber sie hätte drin sein können, oder? Ja. Ja. Sie hat in
London gelebt. Ja. Sie ist in London gestorben. Ja. Ein
Jahr zuvor. Sie starb 1963, genau. Ein Jahr zuvor. Janet
Malcolm schreibt, alle Fotos von Sylvia Plath hätten sie
enttäuscht. Sie sieht langweilig aus, schreibt sie. Genau,
laut Janet Malcolm sieht Sylvia Plath erst langweilig
aus und später dann wie eine Hausfrau. Janet Malcolm
findet das enttäuschend: »Von ihrer *Ariel*-Persönlich-
keit – Königin, Priesterin, Mädchen des Zauberers, die
rothaarige Frau, die Männer wie Luft ißt, Frau in Weiß,
verliebte Frau, Erdmutter, Mondgöttin – findet man in
den Photographien keine Spur.« Womit Janet Malcolm
im Grunde nur sagt, dass man Plath nichts davon an-

sieht. Wir genießen es sehr, nicht wahr, wenn die Gefühle und das Verhalten einer Frau nicht mit ihrem Erscheinungsbild übereinstimmen. Oh, ja. Und warum nicht. Ja, warum auch nicht. Sollen sie sich doch den Kopf zerbrechen. Ja, sollen sie doch. Haben die Surrealisten Alice im Wunderland nicht deshalb so geliebt – weil sie trotz des Goldmädchenlooks und des Haarbands, das natürlich Plaths Haarband ähnelt, eigenwillig und unerschrocken war und dorthin ging, wo sie nicht sein sollte? Und noch weiter. Und weiter. Die Surrealisten schwelgten in den Widersprüchen. Ja. Es handelt sich um einen Riss in der Realität, und nichts lieben die Surrealisten mehr, nicht wahr. Rein gar nichts. Edna O'Brien ist drin. Oh ja, und zwar genau in der Mitte. Unwahrscheinlich, dass irgendwer, der sich alte Fotos von Edna O'Brien ansieht, enttäuscht wird. Es ist wahr. In diesen stillen, schlaflosen Nächten war sie eine angenehme Gesellschaft. Wirklich. Wir wagten es nicht, Musik aufzulegen, nicht mal leise, oder jemanden anzurufen, oder? Nein, auf keinen Fall. Wir haben uns nicht einmal die Mühe gemacht, Nachrichten zu schreiben. Nein. Edna und Nell unterhalten sich über Liebe und Sex und Geld und Kinder und so weiter, gegen Ende des Interviews fragt Nell, was sie durchhalten lasse, und Edna antwortet: »Nun, das variiert von Tag zu Tag. Manchmal warte ich auf einen Anruf oder die nächste Mahlzeit oder darauf, meine Kinder abzuholen, aber wenn ich genauer nachdenke und mir die Frage bewusst stelle, ist es wohl so, dass ich mit der Zeit ein anderer Mensch sein werde und meine Umwelt sich deswegen ebenfalls verändert. Es gibt diesen ständigen Wunsch, die eigene Haut abzustreifen und in eine andere Wirklichkeit einzutauchen. Manchmal sieht man Gemälde von Felsen oder dem Meer oder der Wildnis und denkt sich, ich werde nicht nur dort sein, sondern völlig neue Erfahrungen machen. Auf diesen Felsen oder in diesem Meer werde ich wiedergeboren, und das Ich, das heute leidet und lacht, wird auf eine andere und vielleicht ergiebigere Weise leiden und lachen.«

Oft lagen wir wach, bis die beiden Töchter aufstanden und sich für die Schule fertig machten. Sie liefen rauf und runter, nicht wahr, treppauf und treppab. Ja, genau, rauf und runter. Wo ist dieses, wo ist jenes. Und die Mutter stand rufend im Flur. Beeilt euch. Beeilt euch! Habt ihr dieses, habt ihr jenes. Jawohl. Es war schön. Wirklich. Es war nicht unser Haus, oder? Nein. Es waren nicht unsere Töchter. Nein. Aber das machte nichts, oder? Nicht wirklich. Wir genossen es sehr, nach der durchwachten Nacht im Bett zu liegen und zu hören, wie die Töchter durchs Haus liefen, treppauf und treppab, und nach diesem und jenem fragten, und wie die Mutter sie rief. Wir haben gemerkt, dass wir auch das genießen können, was uns nicht gehört, nicht wahr? Genau, es macht uns gar nichts, wenn uns etwas nicht gehört. Eine tolerante und eher ungewöhn-

liche Einstellung, die uns früher einmal viel Ärger ein-
gebracht hat. Früher einmal. Ja. Und nur ein Mal. »Du
glaubst nicht an Regale, was?« Nein. Nein. Und was
genau hat dir dein Glauben an Regale nun gebracht? Sobald sie sich auf den Schulweg gemacht hatten, wurde es
wieder still im Haus, und wir lagen im Bett und dachten
an die Küche unten und ans Kaffeekochen, und nach
einer Weile standen wir auf und stiegen die Treppe hinunter und gingen in die Küche und kochten Kaffee. Oh
ja, wir gingen hinunter in die Küche, die uns nicht gehörte, und kochten uns eine Kanne Kaffee, die wir dann
auf einem Tablett, das uns gehörte, auf den Dachboden
trugen. Das Tablett gehörte uns wirklich. Wir hatten es
mitgebracht. Wir hatten ein Tablett eingepackt. Das aus
dem Amsterdamer Museum, weiße Reiher im Schnee.
Weil das Zimmer unter dem Dach war, hatten wir die
Nützlichkeit des Tabletts vorausgeahnt. Und wir hatten
recht behalten, es war sehr nützlich. Treppauf, treppab.
Treppauf, treppab.

Morgens schien die Sonne herein und gegen zehn Uhr
fiel sie direkt auf den Schreibtisch, und die Schreib-
tischplatte war weiß. So weiß. Sie leuchtete förmlich,
nicht wahr? Oh, ja. Und wie. Wir waren auch da, nicht
wahr, gleich morgens haben wir uns an den großen,
weißen, glänzenden Schreibtisch gesetzt. Wirklich, wir
saßen dort mit Tränensäcken und einer zweiten Kanne
Kaffee. Schreiben. Genau. Schreiben bei Tageslicht.

Bei Tageslicht, ganz genau. Von der Nacht erfüllt bei Tageslicht. Wir schrieben darüber, wie alles begann. Ja. Ja. Die DIN-A4-Stapel, die unser Vater von der Arbeit mitbrachte, die verbotenen Mahagonischubladen, der Geruch des wenig gefahrenen Rovers unserer Groß-eltern. Tipp-Ex. Ja. Und niemals eine Seite heraus-reißen. Unter keinen Umständen. Und wie wir hin-ten ins Arbeitsheft ein Gesicht gezeichnet haben, das sich schnell in ein hässliches Knäuel aus verhedderten Fäden verwandelte, die sich wiederum streckten und einem raupenhaften Impuls folgend die Form von be-stimmten Wörtern annahmen. Und die laufenden Wör-ter ergaben eine Geschichte. Als wäre sie schon immer dagewesen. Die Geschichte eines Mädchens, das ganz allein in einem Verlies sitzt und im flackernden Licht einer einsamen Kerze die schimmernden, bauschigen Kleider der Schwestern ausbessert. Weder seufzt sie, noch schneidet sie Grimassen oder singt, sie flucht oder weint auch nicht. Sie arbeitet einfach immer wei-ter. Stunde um Stunde. Anscheinend hat sie nicht das geringste Problem damit, und so ergibt sich seltsamer-weise eine friedliche Szene. Die aber leider nicht von Dauer ist. Etwas muss sich ändern, und in der Tat än-dert sich etwas. Ziemlich bald sogar. Es gibt keine gute Fee. Oh, nein. Und keinen Märchenprinzen. Nein. Kein Schloss. Kein weißes Ross. Das ist es nicht. Nein. Nein. Keiner wird den Tag retten. Nein, natürlich nicht. Etwas ändert sich in ihr. Auf einmal werden ihre Finger sehr schnell sehr dünn. Sie verlängern sich und werden biegsam. Sie werden zu Fäden. Die Nadel, die sie eben noch so fleißig und hingebungsvoll geführt hat, fällt ihr aus der Hand und wird von einer schäbigen Dunkelheit verschluckt, die sich gierig an ihre bläulichen Knöchel wirft. Sie kommt auf die Beine. Sie erhebt sich. Lange Fäden schießen aus ihren Händen und wirbeln durch den Raum wie elektrostatisch aufgeladene Lassos. Sie wirbeln herum. Sie finden keinen Halt, nirgendwo. Sie peitschen hin und her. Und natürlich ist es nur eine Frage der Zeit, bis sie mit der Kerzenflamme in Berührung kommen. Die bislang klein und jämmerlich war und jetzt so hell und stolz wie eine Trompete leuchtet. Eine Trompete. Und die Fäden erfreuen sich an der kleinen kecken Flamme und entfachen ihren Appetit. Die Flamme wird mutig und zerteilt sich. Hüpft an den zehn Fäden empor wie rote Eichhörnchen, die nach dem Aufwachen über die knospenden Äste einer Buche springen, und dann erreicht sie die Brust des Mädchens. Die Brust des Mädchens explodiert. Geht sofort in Flammen auf. In helle, lodernde Flammen. Ja. Ja. Die Flammen brechen aus ihr heraus, als wären sie immer schon da gewesen. Immer schon. Als hätten sie nur gewartet. Auf den richtigen Zeitpunkt. Sie lodert. Sie glüht. Die Feuersbrunst ist prächtig. Eine gleißende Scheibe aus weißem Feuer. Springt, taucht, stürzt in den staubtrockenen Korb mit den pompösen Kleidern. Jubilierend. Ja. Das ganze Ding geht in Flammen auf. In

Flammen. Es tost. Ja. Alles verbrennt so schnell. Auch jeder Zentimeter ihres Körpers. Ja. Zurück bleibt nur ein Häuflein blasser, weicher Asche. Die Sorte Asche, in der man herumstochern möchte. Weicher als Daunen. Zieh die Finger hindurch. Zieh die Finger hindurch. Es kribbelt, nicht wahr? Ja. Ja. Ja, und wie. Wir können es spüren. Unsere Finger. Unsere Finger kribbeln wie verrückt, nicht wahr? Ja, und wie sie kribbeln. Sie kribbeln. Wir können es spüren. Sie kribbeln wie verrückt. Unsere Finger kribbeln wie verrückt, ja, wie verrückt, und es ist, als erwachten sie zum Leben.

Quellenangaben

Ingeborg Bachmann, *Malina*. © 1977 Suhrkamp Verlag Frankfurt am Main

Annie Ernaux, *Erinnerung eines Mädchens*. Übersetzt von Sonja Finck. © der deutschen Ausgabe 2018 Suhrkamp Verlag Berlin. © 2016 Éditions Gallimard, Paris

Elias Canetti, *Das Gewissen der Worte*. © 1975 Carl Hanser Verlag GmbH & Co. KG, München

E. M. Forster, *Zimmer mit Aussicht*. Übersetzt von Werner Peterich. © 1986, 2002 Nymphenburger in der F. A. Herbig Verlagsbuchhandlung GmbH, München. Mit freundlicher Genehmigung des Langen Müller Verlags Stuttgart

Alfred Hayes, *In Love*. Übersetzt von Matthias Fienbork. © 2015 Nagel & Kimche in der MG Medien Verlags GmbH, München

Clarice Lispector, »Federzeichnung eines Jungen«, in: dies., *Aber es wird regnen*. Übersetzt von Luis Ruby. © 2020 Penguin Verlag

Janet Malcolm, *Die schweigende Frau. Die Biographien der Sylvia Plath*. Übersetzt von Friederike Levin. © 1994 Edition Kellner

Javier Marías, *Der Gefühlsmensch*. Übersetzt von Elke Wehr. © 2016 S. Fischer Verlag GmbH, Frankfurt am Main

Die englische Originalausgabe erschien 2021 unter dem Titel
»Checkout 19« bei Jonathan Cape, London.

Penguin Random House Verlagsgruppe FSC® N001967

1. Auflage
Copyright © 2021 Claire-Louise Bennett
Copyright © der deutschen Ausgabe 2023
Luchterhand Literaturverlag, München,
in der Penguin Random House Verlagsgruppe GmbH,
Neumarkter Str. 28, 81673 München
Umschlaggestaltung buxdesign | München
unter Verwendung eines Motivs von © Ruth Botzenhardt
Satz: Buch-Werkstatt GmbH, Bad Aibling
Druck und Einband: Friedrich Pustet, Regensburg
Alle Rechte vorbehalten.
Printed in Germany
ISBN 978-3-630-87711-2

www.luchterhand-literaturverlag.de
www.facebook.com/luchterhandverlag
www.twitter.com/luchterhandlit